アジ研選書38

アジアの障害者教育法制
― インクルーシブ教育実現の課題 ―

小林 昌之　編

アジア経済研究所
IDE-JETRO

まえがき

　本書は，アジア経済研究所が2012年度と2013年度の2年間実施した「開発途上国の障害者教育——教育法制と就学実態——」研究会の成果である。本研究は，前年度までの研究会の成果——小林昌之編『アジア諸国の障害者法——法的権利の確立と課題——』アジア経済研究所2010年，および小林昌之編『アジアの障害者雇用法制——差別禁止と雇用促進——』アジア経済研究所2012年——をふまえて実施されている。

　先行研究では，アジア7カ国の障害者立法の全体像を明らかにしたうえで，個別分野のうち最も喫緊な課題である障害者の雇用に焦点を当てて研究を行った。ここで明らかになったのは，障害者が一般労働市場で就労するためには，その前提として十分な教育・訓練を受けることが必要となっていることである。そこで本研究では，主として法学の視点から障害者教育に焦点を当て，障害者権利条約の諸規定を基準に，開発途上国における教育法制とそれに基づく就学実態を調査し，障害者の教育の権利実現に向けた課題について分析した。

　研究会委員は，現地の法律と言葉に精通しているアジア法を専門とする研究者と「障害と開発」やアジアの障害当事者運動に造詣の深い研究者・実務家ならびに障害者教育を専門とする委員によって構成された。研究は両者が協働する形で進められ，議論と現地調査をとおして，各章とも現地の法制度，法文化，障害当事者の動向をふまえた論考とすることができた。障害問題は貧困削減の重要な一部であり，障害者の雇用と教育はその中核的課題である。本書によって，わずかながらでもアジア各国の知見の共有が促進されることになれば幸いである。

　研究会では，本書を執筆した委員のほか，外部の有識者からレクチャーをいただき，貴重なアドバイスをいただいた。2012年度は，元JICA国際協力専門家の二羽泰子氏から日本の特別支援教育と開発途上国支援に関して，佛教大学専任講師の今川奈緒氏からアメリカ障害者教育法の発展と課題に

関して，茨城キリスト教大学専任講師の宮内久絵氏からイギリスの特別なニーズ教育の現状と課題に関して，大変興味深い内容のレクチャーをいただいた。2013年度は，筑波技術大学准教授の一木玲子氏からイタリアのインクルーシブ教育の現状と課題に関して，ご報告いただいた。また，手話通訳者各氏には難解な議論の通訳をサポートしていただいた。ここに記して感謝の意を表したい。

　最後に，研究会の内部および外部の匿名の査読者の方々からも的確なご批判と貴重なコメントを頂戴し，最終原稿に向けたとりまとめに大いに参考にさせていただいた。また，現地調査に際しては多くの方々に貴重な時間を割いていただき，有用な情報をいただいた。この場を借りて感謝申し上げたい。

2014年12月

編　者

目　次

まえがき
略語一覧

序　章　開発途上国における障害者教育法制の課題
……………………………………………………小林昌之　*1*

はじめに　*1*
第1節　障害者権利条約と教育　*2*
第2節　障害者教育に関する先行研究　*6*
第3節　アジア諸国の障害者教育法制　*8*
第4節　本書の構成　*14*
おわりに　*17*

第1章　韓国の障害者教育法制度と実態 ……………崔　栄繁　*23*

はじめに　*23*
第1節　韓国の特殊教育の概要　*24*
第2節　特殊教育法　*28*
第3節　障害者差別禁止法　*34*
第4節　就学等の実態　*41*
おわりに──評価と今後の課題──　*44*

第2章　中国の障害者教育法制の現状と課題………小林昌之　*53*

はじめに　*53*
第1節　障害者の就学状況　*54*
第2節　障害者教育の政策と立法の変遷　*59*
第3節　障害者教育の法制度　*65*
第4節　障害者権利条約との整合性　*73*
おわりに　*78*

第3章　タイにおける障害者の教育を受ける権利とその現状
　　　　　　　　　　　　　　　　　　……………西澤希久男　83

はじめに　83
第1節　タイにおける障害者学校の歴史と現状　85
第2節　タイにおける障害者教育法制の歴史的変遷　90
第3節　タイにおける障害者教育法制の現状とその評価　94
おわりに　106

第4章　フィリピンにおける障害者教育法　………森　壮也　111

はじめに　111
第1節　フィリピンの障害児の教育状況と障害児教育制度　112
第2節　障害児教育関連主要法制　120
第3節　障害児教育ガイドラインと法制　127
第4節　特別支援教育担当教員の養成にかかわる諸問題　131
第5節　K-to-12法（2013）と新たな夜明けへの期待　135
おわりに　138

第5章　マレーシアの障害児教育制度の現状と課題
　　　　　　　　　　　　　　　　　　……………川島　聡　145

はじめに　145
第1節　歴史　146
第2節　現況　147
第3節　課題　152
おわりに　155

第6章　ベトナムの障害者教育法制と就学実態
　……………………………………………………黒田　学　*163*

　はじめに　*163*
　第1節　障害者に関する法と関連諸施策の展開　*165*
　第2節　障害者法の概要と障害児教育・インクルーシブ教育
　　　　　との関連　*168*
　第3節　障害児の就学実態と各機関の取り組み　*170*
　第4節　障害児教育・インクルーシブ教育の充実と
　　　　　就学率向上のための課題　*183*
　おわりに　*186*

第7章　インドにおける障害者教育と法制度……浅野宜之　*193*

　はじめに　*193*
　第1節　インドにおける障害者と教育　*194*
　第2節　障害者の教育にかかわる法律　*196*
　第3節　1995年法および同法改正法案　*200*
　第4節　障害者教育にかかわる政策　*210*
　おわりに　*219*

索　引　*225*

〔略語一覧〕

ADHD	Attention Deficit Hyperactivity Disorder（注意欠陥・多動性障害）
AFOB	American Foundation for Overseas Blind（米国海外盲人基金会）
ASL	American Sign Language（アメリカ手話）
BMF	Biwako Millennium Framework（びわこミレニアムフレームワーク）
CBDS	Community-based Delivery System（[フィリピン] コミュニティを基盤とした訪問指導）
CBM	Christoffel-Blindenmission（旧称）（シービーエム（国際障害NGO））
CBR	Community-based Rehabilitation（地域に根ざしたリハビリテーション）
CCT	Conditional Cash Transfer（[フィリピン] 条件付現金給付）
DECS	Department of Education, Culture and Sports（[フィリピン] 教育・文化・スポーツ省）
ECCD	Early Childhood Care and Development（[フィリピン] 幼児教育開発）
EFA	Education for All（万人のための教育）
ESCAP	Economic and Social Commission for Asia and the Pacific（国連アジア太平洋経済社会委員会）
FSL	Filipino Sign Language（フィリピン手話）
GIZ	Deutsche Gesellschaft für Internationale Zusammenarbeit（ドイツ国際協力公社）
IEP	Individualized Education Program（個別教育支援計画）
IRR	Implementing Rules and Regulations（施行規則）
JICA	Japan International Cooperation Agency（国際協力機構）
MDGs	Millennium Development Goals（ミレニアム開発目標）
MOET	Ministry of Education and Training（[ベトナム] 教育訓練省）
MOH	Ministry of Health（[ベトナム] 保健省）
MOLISA	Ministry of Labour, Invalids and Social Affairs（[ベトナム] 労働傷病兵社会省）
MTB-MLE	Mother Tongue Based-Multi Linguistic Education（[フィリピン] 母語に基づいた多言語教育）

NCCD	National Coordinating Committees on Disability（障害者施策国内調整委員会）
NCERT	National Council of Educational Research and Training（［インド］国立教育研究研修評議会）
NEDA	National Economic Development Agency（［フィリピン］国家経済開発庁）
NGO	Non-Governmental Organization（非政府組織）
NSS	National Sample Survey（全国標本調査）
ODA	Official Development Assistance（政府開発援助）
OGCDC	Office of Genetic Counseling and Disabled Children（［ベトナム］遺伝病障害児相談センター）
PDRC	Philippine Deaf Resource Center（フィリピンろうリソースセンター）
PEPT	Philippine Educational Placement Test（フィリピン転入学試験）
PFD	Philippine Federation of the Deaf（フィリピンろう連盟）
PNASLI	Philippine National Association of Sign Language Interpreters（フィリピン全国手話通訳者協会）
PRID	Philippine Registry of Interpreters for the Deaf（フィリピンろう者のための通訳者登録機構）
PSL	Pilipino Sign Language（ピリピノ手話）
RA	Republic Act（［フィリピン］共和国法）
RTE	The Right of Children to Free and Compulsory Education（Act）（［インド］無償義務教育に関する子どもの権利(法)）
SEC	Special Education Classes（［フィリピン］障害児の特別教室）
SEE	Signing Exact English（手指英語）
SPED	Special Education(Center)（［フィリピン］特別支援教育(センター)）
SSA	Sarva Shiksha Abhiyan（［インド］「万人に教育を」計画（全国初等教育完全普及計画））
UNESCO	United Nations Educational, Scientific and Cultural Organization（国連教育科学文化機関）
UNICEF	United Nations Children's Fund（国連児童基金）
WB	World Bank（世界銀行）
WHO	World Health Organization（世界保健機関）

序章
開発途上国における障害者教育法制の課題

小 林 昌 之

はじめに

　国際連合（United Nations: UN——以下，国連）はこれまで障害者[1]の人口を世界人口の10パーセントとしてきたが[2]，2011年に発表された世界保健機関（World Health Organization: WHO）と世界銀行（the World Bank: WB）の『障害者に関する世界報告』では15パーセントという調査結果が示された（WHO & WB 2011, 29）。このうち障害児童（0～14歳）の人数は9300万から１億5000万人と推計されており，歴史的に障害者の多くは普通教育を受ける機会から排除されてきたと指摘する（WHO & WB 2011, 205）。

　同報告書はまた障害者が教育に包摂されることが重要であることの理由を４つ挙げている（WHO & WB 2011, 205）。第１に，教育は人間の能力形成に役立ち，それゆえに個人の幸福と福祉の重要な決定要因であること。第２に，障害者を教育や雇用の機会から排除することのほうが，社会的・経済的コストが高いこと。第３に，障害児童の教育へのアクセスを保障しなければ，「万人のための教育」（Education for All: EFA）や普遍的な初等教育の修了という「ミレニアム開発目標」（Millennium Development Goals: MDGs）を達成することはできないこと。第４に，「障害者の権利に関する条約」（Convention on the Rights of Persons with Disabilities——以下，障害者権利条約）の締約国であれば，第24条（教育）の義務の履行が果たせないこと，である。

小林 (2012) は個別分野で最も喫緊な課題である開発途上国における障害者の雇用について分析し，障害者が一般労働市場で就労するためには，その前提として十分な教育・訓練を受けることが求められていると指摘する。教育の有無は必ずしも実際の雇用に直結しないものの，開発途上国において一般企業に障害者雇用を求める法制度が整備されつつあるなか，実際の採用に当たっては障害者の働く能力の基礎となる教育・訓練の欠如が阻害要因のひとつとなっている。

　そこで本研究では，主として法学の視点から障害者の教育に焦点を当て，障害者権利条約に照らしながら，開発途上国における障害者の教育の権利実現について論ずる。障害者権利条約によって障害者に関する規範的人権基準が明確となったものの，条約が締約国に求めているように障害者の権利を現実に確保するためには，国内法に障害者の諸権利が組み込まれることが必要である。近代国家においては，司法の基準となり，行政の行動を律する憲法や法律のもつ作用は大きく，権利実現のためには法律の制定が第一義的には重要だからである。各国は障害者権利条約が謳っている障害者の教育の権利，教育における差別の禁止，インクルーシブ教育をどのように実現しようとしているのか。本研究では，各国の障害者教育法制が障害者権利条約の定める教育の権利と整合性ある方向に向かっているのか，各国の現状と課題を明らかにすることを目的に考察する。

　以下，本章ではまず障害者権利条約が求める障害者の教育の権利について概説し，そのうえでアジア7カ国の障害者教育法制ならびに各国におけるインクルーシブ教育の位置づけと実態について考察し，最後に本書の構成として各章の要約を紹介する。

第1節　障害者権利条約と教育

　2006年12月に国連で採択された障害者権利条約[3]により障害者の人権に関する国際社会のコンセンサスがまとまり，障害分野においても権利に基づくアプローチによる開発枠組みが整った。条約は前文で，障害者の人権お

よび基本的自由の完全な享受ならびに障害者の完全な参加を促進することにより，社会の人間・社会・経済開発ならびに貧困根絶の著しい前進がもたらされることを強調している。障害者権利条約そのものは障害者に対して新しい権利を創造するものではなく，障害者が既存の人権を実際に享有できることをめざしており，「すべての障害者によるあらゆる人権及び基本的自由の完全かつ平等な享有を促進し，保護し，及び確保すること並びに障害者の固有の尊厳の尊重を促進することを目的」（第1条）に掲げている。また，本条約は障害の社会モデル[4]に立脚し，障害者の問題の原因と責任を障害者個人ではなく社会に帰属するものとして構成し（川島・東 2008, 20），社会の責任を明らかにしている。

　障害者権利条約は締約国の義務として，一般原則をふまえ，「障害を理由とするいかなる差別もなしに，すべての障害者のあらゆる人権及び基本的自由を完全に実現することを確保し，及び促進する」ために，すべての適切な立法措置，行政措置その他の措置をとることが明記されている（第4条）。また，本条約は平等および非差別を確保するために，「障害を理由とするあらゆる差別を禁止するものとし，いかなる理由による差別に対しても平等のかつ効果的な法的保護を障害者に保障」し，かつ「平等を促進し，及び差別を撤廃することを目的として，合理的配慮が提供されることを確保するためのすべての適当な措置をとる」ことを締約国に要求している（第5条）。立法措置による障害者の人権確保は本条約の枠組みの核心部分であり，条約は締約国に，障害を理由とする差別を禁止する法律の制定を求め，さらに非差別が社会で実質的に確保されるよう合理的配慮の提供や罰則などによる保証を求めている（Byrnes 2009, 3）。このように障害者権利条約は，各国が，障害の医学モデルから社会モデルへとパラダイム転換を果たし，障害者を福祉・保護の客体ではなく権利の主体として，非差別を確保するための法制度を整備していくことを期待している。

　なお，ここでいう「合理的配慮」とは，従来の人権条約にはみられない新しい概念で（川島 2009, 6-7），「障害者が他の者と平等にすべての人権及び基本的自由を享有し，又は行使することを確保するための必要かつ適当な変更及び調整であって，特定の場合において必要とされるものであり，

かつ，均衡を失した又は過度の負担を課さないものをいう」(第2条)。すなわち，合理的配慮とは，障害者の人権を保障するために行う，その個人の個別具体的な場面に必要な変更や調整をいい，その変更や調整が過度の負担でないかぎり，合理的配慮を行わないことは障害に基づく差別とされる。この意味で，合理的配慮は差別禁止が実質的に確保されるためのキーコンセプトであるといえる。

障害者の教育に関しては，1994年に採択された「特別なニーズ教育における原則，政策，実践に関するサラマンカ声明ならびに行動の枠組み」（サラマンカ宣言）で提唱されたインクルーシブ教育を採用し，締約国の義務としてあらゆる段階におけるインクルーシブな教育制度の確保を要求している。特別なニーズ教育は障害児教育を議論の根源としながらも，人種，言語，居住環境などあらゆる特別な状況とそれへの対処の必要性を有する児童への教育を対象として広く認知されるようになったが，それにともない障害者の問題はそのなかに埋もれかけている状態にあった。たとえば，2000年に採択されたミレニアム開発目標（MDGs）でも，すべての子どもが男女の区別なく初等教育の全課程を修了できることが目標とされ，男女の格差是正は認識されていたものの，障害者の問題は当初周辺化されていた。障害者権利条約の制定によって，改めて，教育，開発，人権分野において障害者の問題を主流化することが認識され始めている[5]。前述のとおり，インクルーシブ教育は，多様な学習者に対応するために，教育制度やその他の教育環境を改革するアプローチであり（UNESCO 2005, 15），障害の医学モデルから社会モデルへの国際的な転換のなかで，インクルーシブ教育は障害者の権利のひとつであることが認知され，社会モデルに立脚する条約の制定で確固とした権利となったといえる。

障害者権利条約第24条は教育について定めている（章末資料序-A）[6]。まず障害者の教育の権利が明示的に規定され，締約国は，障害者が差別なしにかつ機会の均等を基礎としてこの権利を実現するために，あらゆる段階におけるインクルーシブな教育制度および生涯学習を確保するべきものとされた（第1項）。具体的には，(a) 障害者が障害を理由として一般教育制度[7]から排除されないこと，また障害者が障害を理由として無償かつ義務的な

初等教育または中等教育から排除されないこと，(b) 障害者が他の者との平等を基礎としてその生活する地域社会においてインクルーシブで質の高い無償の初等教育および中等教育にアクセスすることができること，(c) 各個人のニーズに応じて合理的配慮が行われること，(d) 障害者がその効果的な教育を容易にするために必要とする支援を一般教育制度のもとで受けること，(e) 完全なインクルージョンという目標に則して，学業面の発達および社会性の発達を最大にする環境において，効果的で個別化された支援措置がとられること，を求めている（第2項）。

　第24条は続けて，障害者が教育制度および地域生活に完全にかつ平等に参加することを容易にするための生活技能および社会性の発達技能を習得するために適切な措置をとることを求めている（第3項）。具体的には，(a) 点字，代替文字，拡大代替コミュニケーションの形態，手段および様式，ならびに歩行技能の習得を容易にすることやピア・サポートおよびピア・メンタリングを容易にすること，(b) 手話の習得およびろう社会の言語的なアイデンティティの促進を容易にすること，(c) 盲人，ろう者，盲ろう者の教育が，その個人にとって最も適切な言語ならびにコミュニケーションの形態および手段で，かつ，学業面の発達および社会性の発達を最大にする環境で行われることを確保すること，を挙げている。このうち最後の(c) は，盲学校，ろう学校，盲ろう学校などの特殊学校を含み，第2項(e) が求める「完全なインクルージョンという目標」に則した方針をとるかぎりにおいて，特殊学校も，分離教育としてではなく，学業面の発達および社会性の発達を最大にする教育の場として認めるものである。

　第4項は障害のある教員を含む，手話や点字についての適格性を有する教員の雇用および教育従事者に対する訓練の必要性を定め，第5項は障害者が差別なしにかつ他の者との平等を基礎として，一般の高等教育，職業訓練，成人教育および生涯学習にアクセスすることを定める。アクセスを可能とするために締約国は障害者に対して合理的配慮が行われることを確保することが求められている。

　上記のとおり，インクルーシブ教育は，障害者権利条約において障害者が差別なく教育の権利を享受することができる最も適切な方法であると認

識されている[8]。障害を理由に教育から排除することはもちろんのこと，非障害児と分けて障害児童のみを対象とした特殊教育学校や学級に就学させる分離教育（セグリゲーション）は批判され，その後，障害児童を普通学校・学級に就学させる統合教育（インテグレーション）に向かった。しかし，統合教育は障害児童個人に学校への適応を求めるものであり，障害の社会モデルに立脚する障害者権利条約とは相いれないばかりでなく，障害児童は何の支援も受けることなくただ非障害児童と同じ学級におかれ，しばしばダンピング[9]状態にあることが指摘されてきた（山口・金子 2004, 62-63, 100）。

障害者権利条約がいうインクルーシブ教育は，普通学校を含む教育制度や学習環境の改革を求め，障害児童が差別なしに，かつ，必要とする合理的配慮を受けながら，非障害児童と同じく生活する地域社会において質の高い無償の初等教育および中等教育を受けることをいい，究極的にはすべての学齢児童がいわゆる普通学校の普通学級に通えることを目標におく。

なお，視覚障害当事者や聴覚障害当事者から強い要望のあった盲学校，ろう学校などの特殊教育学校は，「学業面の発達および社会性の発達を最大にする環境」として例外的に認められているものであり，分離教育を認めていることとは同義でなく[10]，あくまでも教育制度が漸進的に「完全なインクルージョンという目標」に向かっていることを前提とする（清水 2012, 39）。また，サラマンカ宣言においては，特殊教育学校は，インクルーシブ教育にとって貴重なリソースとなることが期待されている。

第2節　障害者教育に関する先行研究

障害者権利条約における教育の位置づけについては，長瀬・東・川島（2008）が紹介しているものの，障害者権利条約と個別国や個別法との関係については論じていない。本研究の視点に近い障害者の教育と法の問題については，UNESCO（1996）が，特別ニーズ教育に関する法律の調査を行っている。ここでは調査に協力した52カ国について，法律の適用範囲，執行

責任機関，統合教育の実態などの情報が整理されている。すでに20年近く経過しており内容が古くなっているものの，過去の立法動向および当時の課題を掌握するための参考とする。最近の状況を紹介するものとしては，「万人のための教育」の促進を目的としたガイドラインとして作成されたUNESCO（2009）が障害児童のインクルーシブ教育についてアジア太平洋地域にある4カ国の事例を分析している。

　障害者の教育についての論文は比較的多く，国立特別支援教育総合研究所が発行している『世界の特別支援教育』が特殊教育，特別支援教育の角度から各国の様子の調査報告を掲載している（国立特別支援教育総合研究所各年版）。ほとんどが欧米先進国を対象としているが，国際的な動向のなかで本研究を位置づけるための参考とする。開発途上国の教育開発については，米村（2003）などいくつかの論文があるが，黒田（2007）が障害者との関連で「万人のための教育」を論じている。個別事例としては，古田（2001）をはじめとした古田弘子によるスリランカの障害者教育についての一連の論考がある。いずれも背景理解のためには重要であるが，法学の視点から障害者教育を分析したものはなく，障害者権利条約の諸規定を基準に各国の教育法制および就学実態を論ずることにより，本研究は新たな知見を提供できるものと考える。

　そこで本研究では，主として法学の視点から障害者の教育に焦点を当て，障害者権利条約の諸規定を基準に，開発途上国における教育法制とそれに基づく就学実態を分析し，障害者の教育の権利実現に向けた課題を明らかにすることを目的とする。障害者権利条約が謳っている障害者の教育の権利，教育における差別の禁止，インクルーシブ教育を実現するために各国において法制度がどのように構築され，どのような課題を抱えているのか明らかにする。対象国は，韓国，中国，ベトナム，タイ，インド，フィリピンおよびマレーシアの7カ国である。なお，分析対象は主として義務教育課程とした。

第3節　アジア諸国の障害者教育法制

　各国の法律は，その歴史，文化，発展段階および法制度によって異なっており，各国の障害者立法も障害概念のとらえ方やその目的によって異なる（小林 2010）。前述のとおり，障害者権利条約は締約国の義務として立法措置を求めており，条約に沿った法整備の実施が期待される。アジア各国は障害者権利条約の制定段階から少なからず前向きに取り組み，同時にそれは各国の国内法制にも影響を及ぼし，障害者立法の制定，改正につながってきた。ただし，障害者を権利の主体としてとらえ直しパラダイムの転換を果たした国がある一方，条約との整合性を図ってきたと主張する国においてもその整合性は表面にとどまる場合があることも明らかとなっている（小林 2010）。

　日本では障害者権利条約の署名・批准をふまえて，障害者の教育については紆余曲折する議論を経て，中央教育審議会初等中等教育分科会から2012年に「共生社会の形成に向けたインクルーシブ教育システム構築のための特別支援教育の推進（報告）」[11]の提言が発表されている。「報告」では，「インクルーシブ教育システムにおいては，同じ場で共に学ぶことを追求する」ことが謳われ，個別の教育的ニーズに最も的確に応える指導を提供する仕組みとして「小・中学校における通常の学級，通級による指導，特別支援学級，特別支援学校といった，連続性のある『多様な学びの場』を用意しておくこと」が示されている。

　しかし，これに対しては，現状維持を訴えているにすぎないとの批判がある（有松 2013；清水 2012；渡邉 2012）。学校教育法[12]の第8章は特別支援教育について定めており，障害種別・程度により，教育を受ける場所を分けている。学校教育法施行令[13]が定める就学基準に該当する障害児童は，従来，原則的に特別支援学校に就学するものと定められており，例外的に「認定就学者」として普通学校に入学が許された。これは障害を理由として一般教育制度から排除しないことを求める障害者権利条約のインクルーシブ教育原則に抵触するとされた（有松 2013, 3）。2013年の施行令改正で，

就学基準に該当する障害児童は特別支援学校に原則就学する制度から，就学基準に該当し，市町村教育委員会が特別支援学校での就学が適当であると「認定特別支援学校就学者」として認めた障害児童が特別支援学校に就学する制度に改められたものの，原則普通学校に入学する方針への実質的な転換はなされていない。また，分離された「連続性のある多様な学びの場」を用意することで，条約が最終的に求めているフル・インクルージョンを実現できるのか明確になっておらず（渡邉 2012, 19-20），日本でもパラダイムの転換が課題となっている（清水 2012, 41）。

なお，2011年の「障害者基本法」[14]の改正では，従来，障害者の「年齢，能力及び障害の状態に応じ」教育を受けられる施策を講ずるとのみ規定されていた規定は，「年齢及び能力に応じ，かつ，その特性を踏まえ」かつ「可能な限り障害者である児童及び生徒が障害者でない児童及び生徒と共に教育を受けられるよう配慮しつつ」教育を行うと書き改められ（第16条），同じ場で学ぶことの重要性は認知されつつあるとはいえる。

さて，障害者権利条約は教育に関して，障害者が差別なしにかつ機会の均等を基礎として教育の権利を享受するために，あらゆる段階におけるインクルーシブな教育制度および生涯学習を確保するための立法を含む適切な措置をとることを締約国に求めている。以下，国別各章の論述によりながら，まずアジア各国の障害者立法および障害者の教育にかかわる個別法の立法状況を概観する。つぎにインクルーシブ教育の原則の採用および位置づけを論じ，最後に障害者の就学実態について考察する。

1．障害者教育法制

アジア地域での障害者立法の状況を概観すると（表序-1），韓国は2007年の障害者差別禁止および権利救済に関する法律のなかで教育分野を含めた差別禁止と合理的配慮義務を定め，同年に制定された障害者等に対する特殊教育法が特殊教育に関する基本法となっている。中国は2008年に障害者保障法を改正したものの，個別分野を規制する障害者教育条例（1994年）は改正作業中となっている。タイの「仏暦2550年（2007年）障害者の生活の質

の向上と発展に関する法律」(障害者エンパワーメント法)はアクセス権のなかで教育に言及するにとどまるものの，1999年の国家教育法が障害者の教育を受ける権利とアクセスの保障を定め，2008年の障害者教育運営法がインクルーシブ教育を含め教育面における特別なサービスおよび支援を受ける権利を定めている。フィリピンでは1992年の障害者のマグナカルタが教育における差別を禁止しているものの，障害者教育に関する基本法は有していない。その代わりに「特殊教育のための政策とガイドライン（改訂版）」（2008年）が教育省および学校のよりどころとなっている現状がある。マレーシアの2008年障害者法はインクルーシブ教育について言及せず，教育分野の障害者差別を適切に規制し得る構成となっていない。1996年の教育法および特別教育規則（1997・2013年改正）が障害児教育について定めをおいている。ベトナムは2010年に制定した障害者法において障害者の教育権およびインクルーシブ教育を含む教育方法について規定する。しかし，教育法には障害者のための学校・学級の設立について定めるものの障害児教育に関する条文はなく，そのほかに障害児教育に関する個別法は存在しない。インドは1995年障害者（機会均等，権利保護および完全参加）法という差別禁止法を有するが，障害者権利条約との整合性を図るために新しい法案が上程されており，教育に関しても新しい条文がみられる。

2．インクルーシブ教育の位置づけ

　対象の7カ国は，障害者権利条約との整合性は別として，各国とも基本的に「インクルーシブ教育」を障害者教育の方針に掲げている。韓国では1994年の特殊教育振興法の改正によってインクルーシブ教育に法的根拠が与えられ，2007年の障害者等に対する特殊教育法がその方向を後押ししている。特殊教育法は，インクルーシブ教育を「特殊教育対象者が，一般学校において，障害種別・障害の程度により差別を受けることなく，同年代の仲間とともに，個人の教育的要求に適合した教育を受けること」と定義し，個別化教育の充実，差別の禁止などを定め，実質的な教育機会の平等をめざしている。

序章　開発途上国における障害者教育法制の課題

表序-1　アジア地域の条約締結状況と障害者教育関連法

(2014年2月1日現在)

国　名	CRPD[1]	障害者立法	障害者教育関連
日本	◎	1970年　障害者基本法（2011年改正） 2013年　障害者差別解消法	学校教育法（2007年）
韓国	◎	1989年　障害者福祉法（1999年改正） 2007年　障害者差別禁止・権利救済法	教育基本法（1997年）障害者等に対する特殊教育法（2007年）
北朝鮮	○	2003年　障害者保護法	
モンゴル	◎	1995年　障害者社会保障法（1998年改正）	基礎教育法
中国	◎	1990年　障害者保障法（2008年改正）	義務教育法（1986年） 障害者教育条例（1994年） 教育法（1995年）
香港	—[2]	1995年　障害差別条例（Cap487）	教育条例（Cap279）
マカオ	—[2]	1999年　障害予防と障害者のリハビリ・社会包摂制度・政令	特殊教育制度・政令（1996年）
台湾	—	2007年　身心障害者権益保障法（2011年改正）	特殊教育法（2013年修正）
ベトナム	○	2010年　障害者法	教育法（1998年）
カンボジア	◎	2009年　障害者の権利保護・促進法	
ラオス	◎	（2007年草案：障害者の権利に関する政令）	
タイ	◎	2007年　障害者の生活の質の向上と発展に関する法律	国家教育法（1999年） 障害者教育運営法（2008年）
フィリピン	◎	1992年　障害者のマグナカルタ[3]（2007, 2010年改正）	2013年拡張基礎教育法（K-to-12法）
マレーシア	◎	2008年　障害者法	教育法（1996年） 特別教育規則（2013年）
シンガポール	◎		
インドネシア	◎	1997年　障害者法	特殊教育・政令（1991年）インクルーシブ教育・省令（2009年）
ブルネイ	○		義務教育令（2007年）
東ティモール			
ミャンマー	◎	1958年　障害者リハビリテーション・雇用法	児童法（1993年）
バングラデシュ	◎	2001年　障害福祉法	
インド	◎	1995年　障害者（機会均等・権利保護及び完全参加）法	2014年障害者権利法案　無償義務教育への児童の権利法（2009年）
ネパール	◎	1982年　障害者保護福祉法	教育法（1971年）障害者保護福祉規則（1994年）
ブータン	○		
スリランカ	○	1996年　障害者権利保護法（2003年改正）	
パキスタン	◎	1981年　障害者（雇用・リハビリテーション）令	
モルディブ	◎		特別なニーズを有する人の権利保護と財政支援提供法（2009年）

（出所）　筆者作成。
（注）　1）CRPDは「障害者権利条約」，◎は批准，○は署名を示す。
　　　　2）中国の障害者権利条約批准は，香港，マカオへも適用される。
　　　　3）正式名称は，共和国法第7277号「障害者のリハビリテーション・自己開発・自立ならびに社会の主流への統合およびその他の目的を定める法律」。

中国では2013年の障害者教育条例の改正草案が初めてインクルーシブ教育に言及するが，現行法に記載はない。中国は伝統的に行われてきた普通学級に障害児童を在籍させる「随班就読」がインクルーシブ教育の一形態であると主張している。「随班就読」という用語での定めはないものの，1990年の障害者保障法のなかで法律上の位置づけを得た。その後，1994年に「障害児童少年随班就読事業を展開することに関する試行規則」が具体的な政策措置を定めたものの，定義は存在しない。

　タイでインクルーシブ教育の文言が初めて法律上登場するのは2008年の障害者教育運営法においてである。そこではインクルーシブ教育とは「障害者がすべての段階および多様な形態の一般教育制度に入って学習することであり，障害者を含めたすべての集団にとって教育が受けられることを可能とすることを含む」とされる。

　フィリピンでは1992年の障害者のマグナカルタが教育機関における入学差別を禁じるとともに政府による特別な措置や支援を定めるものの，障害者教育に関する包括的な法律やインクルーシブ教育を定める法律は存在しない。その代替となっているのが「特殊教育のための政策とガイドライン（改定版）」（1970年策定，1986・1997・2008年改定）であるが，ガイドラインはフィリピンの障害児教育が隔離から統合に向かい始めた時期に刊行されたことからインクルーシブ教育の位置づけについては未熟であるとされる。

　マレーシアの2008年障害者法はインクルーシブ教育という文言を用いないものの，一般教育制度からの排除の禁止，合理的配慮の提供，生活・社会技能の習得など教育へのアクセスを定める。2013年の特別教育規則は，特別教育ニーズのある児童・生徒が国立学校または政府補助学校の同じ学級において他の児童・生徒とともに受ける教育プログラムをインクルーシブ教育プログラムとして規定をおく。

　ベトナムは2010年の障害者法で，障害者の教育方法には，インクルーシブ教育，セミ・インクルーシブ教育，特別教育が含まれ，インクルーシブ教育が障害者にとって主要な教育方法であり，奨励すると謳っている。ただし，実践においては障害児童への特別なケアや必要なサポートは整備されていないことが指摘されている。

インドの1995年障害者法は普通学校へのインテグレート促進について定めるにとどまるが，2012年の法案は障害者権利条約の批准などを反映して，政府と教育機関によるインクルーシブ教育の促進・提供を求める。ここでは，インクルーシブ教育は「障害・非障害を含むすべての生徒がほとんどまたはすべての時間一緒に学び，かつすべての生徒の学習成果が満足のいく質を達成するよう教育・学習方法が異なるタイプの生徒の学習ニーズに合致するよう適切に調整された教育制度をいう」と定義づけられている。

3．障害者の就学実態

障害者統計は限られ，信頼性の問題もあるなか，国別各章で調べた障害者の就学率をみると，中国の義務教育就学率は2007年の63パーセントから2013年には72パーセントに改善しているものの，なお9万人以上が受けるべき教育を享受できていない状況にある。フィリピンでは学齢期の障害児童のうち2011年現在で97パーセントがいまだ教育を受けられていないとされる。ベトナムの2009年における障害児童の就学率は40パーセント程度と推計され，インドの2002年における障害者の就学率は2002年現在で約50パーセントであった。

インクルーシブ教育の原則である普通学校での就学割合をみると，韓国では就学している障害児童のうち普通学校に在籍する生徒の割合は2008年の67パーセントから2013年には71パーセントに増加しており，インクルーシブ教育が進んでいることがうかがえる。中国では就学している障害児童のうち普通学校に在籍する生徒の割合は2003年の66パーセントから2012年には54パーセントに減少している。したがって，統計からみると中国はインクルーシブ教育に向かう趨勢ではなく，むしろ特殊教育学校での受入れが強化されていることがうかがえる。中国の障害者教育の最大の課題はなお就学率の向上にあり，政府は特殊教育学校の増築・新築を進めており今後もこの傾向が続くことが示唆されている。ただし，インクルーシブ教育の理念が浸透している韓国においても特殊学校設置の地域的な不均衡など障害児童や保護者のニーズへの対応から特殊学校が増設される予定であり，増

設そのものは必ずしも問題なのではなく，いかにインクルーシブ教育の原則に基づいた障害者教育が設計されるかにある。マレーシアで普通学級に通っている障害児童は6パーセントとされ，インドでは就学している生徒のうち94パーセントが普通学校に在籍しているとされる。

第4節　本書の構成

　上記の背景・目的のもと，本書ではアジア7カ国における障害者の就学実態および教育法制の現状と課題について国別に検討を行った。以下，各章の要約を紹介する。

　第1章の崔論文は「韓国の障害者教育法制度と実態」について論じる。韓国の一般児童の義務教育は小学校と中学校であるが，障害者等の選定された特殊教育対象者は幼稚園から高校まで義務教育化されている。特殊教育対象者は自分の住居から一番近い学校に行くインクルーシブ教育制度が原則となっている。本章では，特殊教育振興法と特殊教育法ならびに障害者差別禁止法と国家人権委員会法を検討している。特殊教育振興法が障害者の教育権の確立とインクルーシブ教育を原則とした特殊教育の方向性を示し，特殊教育法がその方向で個別化教育を充実させ，差別を禁止し，実質的な教育の機会の平等を図る法律となっている。また，特殊教育法は特殊教育に関する基本法として教育環境の整備を進める施策推進の法律であるのに対して，障害者差別禁止法は教育現場における差別を明確化して禁止し，被害者を救済する役割を有すると論じる。

　第2章の小林論文は「中国の障害者教育法制の現状と課題」について論じる。1990年の障害者保障法に基づいて個別分野を律する障害者教育条例が1994年に制定されている。障害者保障法は2008年に改正され，それによって障害者教育は義務教育の普及・実施から義務教育の保障・修了へと力点を移した。しかし教育方法については，障害種別および受容能力に基づいた普通教育方式または特殊教育方式が維持されている。現在，障害者教育条例は上位法の改正や障害者権利条約の批准を受けて改正作業中にある。

改正草案ではインクルーシブ教育を前面に掲げる姿勢がみえるものの，中国はパラダイム転換なしに伝統的な障害者教育の形態である「随班就読」をインクルーシブ教育に位置づけ，十分にその理念や条約内容をふまえようとしているのかという点で疑義が生じる。とくに障害児童個人の受容能力に基づいた選別や特殊教育への資源配分の偏重が問題となっていると指摘する。

　第3章の西澤論文は「タイにおける障害者の教育を受ける権利とその現状」について論じる。本章は，障害児童の就学に大きく関係する義務教育，就学免除および教育費用の問題を柱に検討を行っている。就学免除の恣意的利用，授業料以外の負担は障害児童の教育を受ける機会を制限しかねないからである。国家教育法は12年以上の無償基礎教育の権利を定め，障害者については特別の基礎教育の権利を認め，障害者教育のための特則を規定する。障害者は，生後または障害が生じたときから無償で教育を受けることができ，省令に従って必要な施設の利用，サービスの提供，支援を受けることができる。実施のための特別法として2008年に障害者教育運営法が制定され，国家教育法の特則として12年間に限定されない「ゆりかごから墓場まで」の無償教育が権利として定められた。就学免除は2002年の義務教育法制定により廃止され，障害者教育法の差別禁止規定と相まって教育を受ける権利の保障につながっていると評価する。

　第4章の森論文は「フィリピンにおける障害者教育法」について論じる。障害者法制の核となる障害者のマグナカルタは一章を教育にあてており，障害者への良質な教育の提供や障害を理由とした教育機関の入学拒否の禁止を謳っている。しかし，障害児教育全般を包括的に扱う基本法は存在せず，それに代わるものとして「特殊教育のための政策とガイドライン改訂版（2008）」が関係者のあいだで用いられている。当ガイドラインは，フィリピンの障害児教育が隔離から統合に向かった時期に刊行されており，その時代の制約を背負っている。すなわち，障害児教育は統合教育への一過程にすぎず，障害児教育自体に独自の位置づけもなく，今日のインクルーシブ教育の理念は反映されていない。障害児に教育の権利は与えられているものの，問題のひとつはそれを実効ある形で国家に強く義務づける特殊

教育（特別支援教育）法の不存在にあると主張する。

　第5章の川島論文は「マレーシアの障害児教育制度の現状と課題」について論じる。マレーシアは，包括的な障害者立法として2008年障害者法を制定した。しかし，それは障害者権利条約が求める教育分野における障害者差別を十分に規制するものになっていない。合理的配慮の定義は設けられたものの，この否定は差別であると定めていないことにも表れている。よってマレーシアが条約の差別禁止義務を誠実に履行することは困難であるとみられる。他方で，教育法と特別教育規則に基づいてマレーシアはインクルーシブ教育制度に向けて一定の進歩をみせている。とくに1997年規則において一部の重度障害児を排除することを可能としていた「教育可能」（educable）という文言が2013年規則において削除されたことで，条約との抵触問題は法文上では解消されたと指摘する。

　第6章の黒田論文は「ベトナムの障害者教育法制と就学実態」について論じる。ベトナムは「2001〜2010年教育発展戦略についての首相決定」において障害児への教育施策の方向性を定めた。インクルーシブ教育（通常学校），セミ・インクルーシブ教育（障害児学級），特別教育（特別学校）の3つの形態のひとつによって学習の機会を増やし，障害児の就学率を2005年までに50パーセント，2010年までに70パーセントにすることが目標とされた。しかし，障害者の教育権が規定される障害者法などの法的拘束力が不十分であり，就学率は40パーセントにとどまっている。とくに施策の具体的実施は各地方に任せられ，各省，各地方行政機関が法制度に基づき実施してもその到達点に格差が生じている。さらに，ベトナムでは義務教育であっても学年進級試験に基づく留年や退学がある課程制教育制度がとられており障害児にとっては就学継続の壁となっている。障害児・者の学習実態をふまえ，支援の在り方や進級試験制度そのものの見直しが必要であると論文は問題提起する。

　第7章の浅野論文は「インドにおける障害者教育と法制度」について論じる。「障害のある子どもおよび青年に対するインクルーシブ教育のための行動計画」では，教育を受ける権利を基本的権利としてとらえ，学習環境を整備することで障害がある児童，青年の教育へのインクルージョンをめ

ざしている。また，無償義務教育に関する子どもの権利法では 6 歳から14歳までの無償教育が謳われている。インドは障害者権利条約批准のため，障害者の権利法の改正を進め，2011年に草案が作成され，2012年に議会に法案が提出されている。2011年草案と2012年法案のちがいを検討した結果，草案段階では詳細に規定されていた事項は包括的な規定となり，条文数も減らされたことが判明した。ただし，障害児・者に対して教育を受ける権利を18歳まで延長することは受け継がれている。また教育環境の整備も謳われたものの，執行の問題は課題として残っていると分析する。

おわりに

　障害者権利条約は，障害者の教育の権利を明示的に規定し，締約国は，障害者が差別なしにかつ機会の均等を基礎としてこの権利を実現するために，あらゆる段階におけるインクルーシブな教育制度および生涯学習を確保するべきものとされた。検討した 7 カ国はいずれも障害者の教育として「インクルーシブ教育」を採り入れている。ただし，障害者権利条約が謳うインクルーシブ教育の原則に従い，かつ，権利として法的に担保する国がある一方で，条約が根ざしている社会モデルへのパラダイム転換を果たさないまま障害者を普通学校に入れるにとどまる国もある。障害者の就学率の向上は重要課題であるものの，後者においては必要な支援が得られず，教育を受ける権利を適切に享受できているとはいえない。また，インクルーシブ教育の原則においては，特殊学校も障害者の学業面の発達および社会性の発達を最大にする場として，また生徒や教員を支援するリソースセンターとして認められているが（松井・川島 2010, 174），インクルーシブ教育を謳う国であっても実際には特殊学校を障害者教育の主流としている国もあった。しかし，特殊学校はあくまでも障害者権利条約が求める完全なインクルージョンという目標に向かう制度設計がなされたなかに位置づけられるべきである。

　教育場面では，民間企業が主体となる雇用場面よりも政府がより重要な

役割を果たし得る。換言すれば，障害者権利条約に合致した障害者の教育の権利実現は，政府が障害者の教育の権利を法的問題または政治的問題としてとりあげ，コミットすることにかかっているのである。もちろん，開発途上国においては障害児童が義務教育課程から排除されず，就学率を高めることが最重要課題であるが，そこでの教育制度は条約が求めているようなインクルーシブ教育の原則のなかで構成されることが期待される。

〔注〕
(1) 障害の概念や用語法は重要な論点でもあるが，本書は基本的に障害者権利条約も立脚する障害の社会モデルの視点に立ち，「障害」を個人の属性ではなく，社会の側に存在する問題であるととらえる。したがって，「障害者」の表記は社会によって不利益をこうむっている人という意味を含意する（杉野 2007, 5-6）。ただし，障害者の定義については各国によって異なるので，各章においては対象国における文脈で論じている。
(2) WHO（1976）で示された推計値が長らく使用されてきた。
(3) 2006年12月13日に国連総会で採択，2008年5月3日に発効。2014年1月末現在，障害者権利条約に署名した国は158カ国，批准した国は141カ国である。アジア地域では，日本，韓国，モンゴル，中国，カンボジア，ラオス，タイ，フィリピン，マレーシア，シンガポール，インドネシア，ミャンマー，バングラデシュ，インド，ネパール，パキスタン，モルディブの17カ国がすでに批准を済ませており，北朝鮮，ベトナム，ブルネイ，ブータン，スリランカの5カ国が条約に署名している。
(4) 従来は，障害という現象を個人的な問題ととらえ，医学・福祉に属する課題として治療や社会適応によって対処しようとしてきた（障害の医学モデル）。
(5) 「万人のための教育」の目標達成に向けた2000年の「ダカール行動枠組み」（The Dakar Framework for Action）においても障害への言及はない。なお，国連児童基金（United Nations Children's Fund: UNICEF）が「児童の権利に関する条約」（Convention on the Rights of the Child）の内容実施に関して助言，検討する立場から，最近においては開発途上国の障害児の早期教育問題に取り組んでいる。また　国連教育科学文化機関（United Nations Educational, Scientific and Cultural Organization: UNESCO）も，すべての子どもに教育を普及することを目的に，その旗艦として，国際機関と協力しながら障害児の教育への完全参加を進めることを表明している。
(6) 日本は2007年9月28日に署名，2014年1月20日に批准。
(7) 一般教育制度（general education system）は，一般的な教育省の管轄下の制度を意味する（長瀬・東・川島 2008, 152）。
(8) UN Human Rights Council, "Thematic Study on the rights of Persons with Disabilities to Education"（Report of the Office of the United Nations High Commissioner for Human Rights), 18 December 2013（A/HRC/25/299), para.3, 18.
(9) ダンピング（dumping：投げ込み）とは，障害児童のニーズに合わせた支援や教育的対応がないまま，障害児童が単に普通学校・学級に入れられることを意味する。

⑽　注8，para. 51．
⑾　「共生社会の形成に向けたインクルーシブ教育システム構築のための特別支援教育の推進（報告）」平成24年7月23日，初等中等教育分科会，(http://www.mext.go.jp/b_menu/shingi/chukyo/chukyo3/044/attach/1321669.htm)．
⑿　「学校教育法」(1947年3月31日法律第26号，最終改正2011年6月3日法律第61号)．
⒀　「学校教育法施行令」(1953年10月31日政令第340号，最終改正2013年8月26日政令第244号)．
⒁　「障害者基本法」(1970年5月21日法律第84号，最終改正2011年8月5日法律第90号)．

〔参考文献〕

＜日本語文献＞
有松玲　2013．「障害児教育政策の現状と課題——特別支援教育の在り方に関する特別委員会審議の批判的検討——」『Core Ethics』9　1-13．
川島聡　2009．「障害者権利条約の概要——実体規定を中心に」『法律時報』81(4)　4-14．
川島聡・東俊裕　2008．「障害者の権利条約の成立」長瀬修・東俊裕・川島聡編『障害者の権利条約と日本—概要と展望』生活書院　11-34．
黒田一雄　2007．「障害児とEFA—インクルーシブ教育の課題と可能性——」『国際教育協力論集』10(2)　10月　29-39．
国立特別支援教育総合研究所　各年版．『世界の特別支援教育』（前称『世界の特殊教育』）(http://www.nise.go.jp/cms/7,0,32,138.html)．
小林昌之編　2010．『アジア諸国の障害者法—法的権利の確立と課題—』アジア経済研究所．
───編　2012．『アジアの障害者雇用法制——差別禁止と雇用促進——』アジア経済研究所．
清水貞夫　2012．『インクルーシブ教育への提言—特別支援教育の革新』クリエイツかもがわ．
杉野昭博　2007．『障害学—理論形成と射程』東京大学出版会．
長瀬修・東俊裕・川島聡編　2008．『障害者の権利条約と日本——概要と展望』生活書院．
古田弘子　2001．『発展途上国の聴覚障害児早期教育への援助に関する研究—わが国のスリ・ランカに対する援助を中心に』風間書房．
松井亮輔・川島聡編　2010．『概説障害者権利条約』法律文化社．
山口薫・金子健　2004．『特別支援教育の展望』（第3版）日本文化科学社．
米村明夫　2003．『世界の教育開発—教育発展の社会学的研究』明石書店．
渡邉健治編　2012．『特別支援教育からインクルーシブ教育への展望』クリエイツかもがわ．

＜外国語文献＞
Byrnes, Andrew. 2009. *Disability Discrimination Law and the Asia Pacific Region: Progress*

  and Challenges in the Light of the United Nations Convention on the Rights of Persons with Disabilities. Background paper for Expert Group Meeting on the Harmonization of National Legislations with the Convention on the Rights of Persons with Disabilities in Asia and the Pacific, 8–10 June 2009, Bangkok. (http://www.unescap.org/esid/psis/meetings/EGM_CRP_2009/DisabilityDiscriminationLaw.pdf　2010年1月27日アクセス).

UNESCO. 1996. *Legislation Pertaining to Special Needs Education*. (http://unesdoc.unesco.org/images/0010/001055/105593e.pdf　2014年9月17日アクセス).

――― 2005. *Guidelines for Inclusion: Ensuring Access to Education for All*. Paris: UNESCO.

――― 2009. *Towards Inclusive Education for Children with Disabilities: A Guideline*. Bangkok: UNESCO Bangkok.

WHO (World Health Organization). 1976. *Disability Prevention and Rehabilitation*, A29/INF.DOC/1. Geneva: WHO, April 28.

WHO&WB (World Health Organization & World Bank). 2011. *World Report on Disability*. Geneva: WHO Press.

〔章末資料〕

〈資料序-A〉障害者権利条約（外務省公定訳）

第二十四条　教育

1　締約国は，教育についての障害者の権利を認める。締約国は，この権利を差別なしに，かつ，機会の均等を基礎として実現するため，障害者を包容するあらゆる段階の教育制度及び生涯学習を確保する。当該教育制度及び生涯学習は，次のことを目的とする。
　(a) 人間の潜在能力並びに尊厳及び自己の価値についての意識を十分に発達させ，並びに人権，基本的自由及び人間の多様性の尊重を強化すること。
　(b) 障害者が，その人格，才能及び創造力並びに精神的及び身体的な能力をその可能な最大限度まで発達させること。
　(c) 障害者が自由な社会に効果的に参加することを可能とすること。

2　締約国は，1の権利の実現に当たり，次のことを確保する。
　(a) 障害者が障害に基づいて一般的な教育制度から排除されないこと及び障害のある児童が障害に基づいて無償のかつ義務的な初等教育から又は中等教育から排除されないこと。
　(b) 障害者が，他の者との平等を基礎として，自己の生活する地域社会において，障害者を包容し，質が高く，かつ，無償の初等教育を享受することができること及び中等教育を享受することができること。
　(c) 個人に必要とされる合理的配慮が提供されること。
　(d) 障害者が，その効果的な教育を容易にするために必要な支援を一般的な教育制度の下で受けること。
　(e) 学問的及び社会的な発達を最大にする環境において，完全な包容という目標に合致する効果的で個別化された支援措置がとられること。

3　締約国は，障害者が教育に完全かつ平等に参加し，及び地域社会の構成員として完全かつ平等に参加することを容易にするため，障害者が生活する上での技能及び社会的な発達のための技能を習得することを可能とする。

このため，締約国は，次のことを含む適当な措置をとる。
(a) 点字，代替的な文字，意思疎通の補助的及び代替的な形態，手段及び様式並びに定位及び移動のための技能の習得並びに障害者相互による支援及び助言を容易にすること。
(b) 手話の習得及び聾社会の言語的な同一性の促進を容易にすること。
(c) 盲人，聾者又は盲聾者（特に盲人，聾者又は盲聾者である児童）の教育が，その個人にとって最も適当な言語並びに意思疎通の形態及び手段で，かつ，学問的及び社会的な発達を最大にする環境において行われることを確保すること。

4　締約国は，1の権利の実現の確保を助長することを目的として，手話又は点字について能力を有する教員（障害のある教員を含む。）を雇用し，並びに教育に従事する専門家及び職員（教育のいずれの段階において従事するかを問わない。）に対する研修を行うための適当な措置をとる。この研修には，障害についての意識の向上を組み入れ，また，適当な意思疎通の補助的及び代替的な形態，手段及び様式の使用並びに障害者を支援するための教育技法及び教材の使用を組み入れるものとする。

5　締約国は，障害者が，差別なしに，かつ，他の者との平等を基礎として，一般的な高等教育，職業訓練，成人教育及び生涯学習を享受することができることを確保する。このため，締約国は，合理的配慮が障害者に提供されることを確保する。

第1章

韓国の障害者教育法制度と実態

崔　栄繁

はじめに

　韓国では障害者[1]に対する教育を「特殊教育」(특수교육) という。韓国の特殊教育は1977年の「特殊教育振興法」(특수교육진흥법) の制定と1994年の同法改正により発展してきた。とくに1994年の改正で統合教育（以下，インクルーシブ教育）[2]制度の法的根拠ができたことで，インクルーシブ教育志向の特殊教育体制の基礎ができた（김주영［キムジュヨン］2010, 113）。さらに2007年には特殊教育振興法が「障害者等に対する特殊教育法」(장애인등에 관한 특수교육법――以下，特殊教育法) に変わる形で制定され，2009年から全面施行されることで，インクルーシブ教育を志向した特殊教育がさらに拡大されている。また，同時期の2007年には「障害者差別禁止及び権利救済等に関する法律」(장애인차별금지 및 권리구제에 관한 법률――以下，障害者差別禁止法) が制定され，2008年には国連の「障害者の権利に関する条約」（以下，障害者権利条約）を批准しており，韓国の障害者をとりまく状況は目まぐるしく動いている[3]。

　本章では，国際法規範たる障害者権利条約の規定を手掛かりに，すでにインクルーシブ教育制度を導入し，障害者差別禁止法を施行している韓国の障害者教育法制度と現状について，義務教育課程を中心に検討する。そして，今後の課題を明らかにすることで，アジア諸国における障害者教育法制度の方向性を提示する。

論考の前提として，障害者権利条約で関連する規定を確認しておく[4]。まず，同前文（e）や同第1条の規定から，社会的不利としてとらえる障害（disability）の原因は，機能障害（impairment）ではなく，社会的環境と機能障害との相互作用が原因，とみなす「障害の社会モデル」を採用していると解釈される（川島・東 2012）。第2条では，障害に基づく差別ならびに合理的配慮（reasonable accommodation）を定義している。障害に基づくあらゆる形態の差別を禁止し，合理的配慮の否定も障害に基づく差別に含まれるとしている[5]。

　第24条の教育条項では，第1項の柱書きで教育の権利の保障，差別禁止，機会の平等を規定し，そのためにあらゆる段階におけるインクルーシブな教育制度の確保を規定している。第2項はインクルーシブ条項である。自己の住む地域社会においてインクルーシブな教育に無償でアクセスできるようにすること，合理的配慮の提供の確保などが規定されている。そして（e）では，個別化された支援措置は完全なインクルージョン（full inclusion）という目的に即して行うこと，とされている。第3項は，視覚障害者や聴覚障害者などが自らのコミュニケーション方法や言語に即した教育を受けることができるとし，ろう者の手話を使う集団としてのアイデンティティの確保も規定されている。すなわち，障害者権利条約は，生涯にわたって自己の住む地域でのインクルーシブ教育が原則であると規定しており[6]日本も含む障害者権利条約の批准国や，今後批准をめざす国は，インクルーシブ教育制度を原則とした障害者教育法制度の整備が必要となる[7]。

第1節　韓国の特殊教育の概要

1．韓国の障害者の現況等

　まず，韓国の障害者の全般的な現況である。韓国には日本の障害者手帳制度と類似した障害者登録制度があり，登録障害者数は251万7313人である。1級から6級に区分されており，そのうち，重度障害者とされる1～2級

の障害者は22.8パーセントである。一方で韓国政府は登録をしていない障害者数を推定値で出しており，その数を入れると全国には268万3447人の障害者がいるとされている[8]。これらの数字は韓国の全人口である約5000万人の5.5パーセントほどの比率であり，この点は日本とほぼ同様である[9]。

　韓国の教育制度は日本と同じく，初等学校，中等学校，高等学校，大学の6・3・3・4制である。一般の児童生徒の義務教育は初等，中等教育である。一方，障害者等の特殊教育については日本と韓国ではいくつかのちがいがある。まず，選定された特殊教育対象者は幼稚園から高等学校までが義務教育化されている。つぎに，特殊教育対象者の義務教育課程では原則として特殊教育対象者も自分の住む場所から一番身近な学校に行くこととされ，原則インクルーシブ教育制度が導入されている。上記2点がとくに日本と大きく異なる点である。

2．教育の法的枠組みと特殊教育行政のしくみ

(1) 特殊教育の概要

　大韓民国憲法（대한민국헌법）第31条には，均等に教育を受ける権利と初等教育および法律が定める教育を受けさせる義務，義務教育の無償化が規定されており，すべての教育体系法の基本法である教育基本法（교육기본법）の第3・4条に，学習権と教育の機会均等の規定がされている。第18条では特殊教育について国および地方自治体の役割について，「国家及び地方自治団体は，身体的・精神的・知的障害等により特別な教育的配慮が必要な者のための学校を設立・運営しなければならず，これらの教育を支援するために必要な施策を立案・実施しなければならない」と規定している。

　そして，教育基本法第18条に制定の根拠をおく特殊教育法が2007年に制定されている。1997年の教育基本法の改正により，初・中等教育法や高等教育法に分化され，教育基本法のなかに英才教育や幼児教育などと並んで特殊教育が位置づけられている。よって，特殊教育法は，初・中等教育法や高等教育法の特別法という位置づけではなく，教育のいくつかある分野のなかのひとつである特殊教育に関する基本法である，とみることができ

る（김원경［キムウォンギョン］他 2010, 139）。内容としては，差別の禁止，特殊教育やインクルーシブ教育の定義を定め，特殊教育対象者の選定，障害種別や特性に応じて教育内容の立案や支援を行う個別化教育の義務化，個別化教育計画の作成，特殊教育関連サービスの決定等の手続き，就学先の決定手続きなどの重要なことが規定されている。

　また，障害者に対する差別を禁止する法律として，障害者差別禁止法と国家人権委員会法が存在する。とくに障害者差別禁止法は，4つの類型の差別を禁止し，教育分野を含むあらゆる分野において正当な便宜の提供義務等，すなわち合理的配慮義務を規定している[10]。とくに正当な便宜の提供を拒否した場合は原則として差別になるため，個別支援が必要となる特殊教育において，非常に重要な法律となる。

　韓国の特殊教育の予算規模は，2010年度から2013年度まで1兆6676億ウォン，1兆9662億ウォン，2兆1384億ウォン，2兆2457億ウォンとなっており，国家の一般会計における教育予算の約4.5パーセントを占める（교육부［教育省］2013b, 74）。全体的に特殊教育の予算は伸びていることがわかる。

(2) 特殊教育行政のしくみ

　政府において特殊教育を主管する部署は教育省特殊教育課（교육부특수교육과）である。その他，日本の都道府県や政令市に当たるソウル特別市，および各広域市や道に計17の教育庁があり，各教育庁のもとに地域ごとに教育支援庁がおかれ，その数は181に上る。教育庁，教育支援庁は日本の教育委員会に該当する。そして，特殊教育法によって，教育支援庁のもとに特殊教育支援センターの設置が義務づけられており，それら特殊教育支援センターが，特殊教育対象者の早期発見や診断，その評価，教授・学習活動の支援，特殊教育関連サービス支援などを行う。教育支援庁は必要な場合には複数の特殊教育支援センターを設置することができるようになっている。

　また，特殊教育法第5条に依拠して，政策の方向性と各種数値目標を掲げた特殊教育発展5カ年計画を立て，政策を推進している。2013年から，第4次特殊教育発展5カ年計画が実施されている[11]。

写真1-1　ソウル市江西特殊教育支援センター

（筆者撮影）

3．特殊教育の歴史

　韓国の特殊教育は，米国の宣教師ロゼッタ・シャーウッド・ホール（Rosetta Sherwood Hall）氏が1894年に視覚障害のある子どもたちに点字教育を行ったことから始まったとされる。ロゼッタ・シャーウッド・ホール氏は，1909年に最初のろう学校を設立するなど韓国の特殊教育へ大きく貢献した（이효자［イヒョジャ］2007，3-4）。

　1910年からは1945年までの日本による植民地時代に特殊教育の公教育化が始まり，特殊学校の設置が始まることとなった。独立後の1949年に「教育法」が制定され特殊学校の設置等が明記された。しかし，韓国における特殊教育は，私立の教育機関によって主導されてきたこともあって，公立の初等学校の特殊学級は1971年に初めて設置された（滝川・西牧　2008，79）。しかしこの特殊学級の目的が学力不足や成績不振の児童のために設置されたものであり，分離教育のためのものであった（이효자　2007，3）。

　1977年に「特殊教育振興法」が制定され，1979年に施行された。これにより，特殊学校，特殊学級，その他初等学校で提供するすべての教育が無償で提供されることとなった。1988年には，ソウルでパラリンピックが開催

されたことにより，障害者や特殊教育への理解が進み，1994年の「特殊教育振興法」の全文改正に向けた社会的後押しとなったともいわれる（滝川・西牧 2008，79）。当初は法の改正ではなく，教育の保障とインクルーシブ教育，個別化教育を方針にして「障害者教育基本法」の策定をめざしたものであったが[12]，少なくとも1994年の改正は，その後の韓国の特殊教育制度の方向性を決定づけるものとなった。まず，特殊教育対象者に対する初等学校および中学校課程における教育を義務教育とし，幼稚園および高等学校課程における教育も無償教育となった。また，理念にとどまっていたインクルーシブ教育の実現が法的に位置づけられた。さらに，学校選択に関して教育委員長（교육감）に権限を与え，学校長が生徒を恣意的に選べないようにし，教育の機会の保障を強化した。その他，早期特殊教育，巡回教育，治療教育，個別化教育等に関して法律に明記された。後述する特殊教育法の基礎となる部分がすでにできていたのである。また，この改正時に，特殊教育に関する研究や政策の開発，教育課程や教科書の開発などを行う国立特殊教育院（Korea National Institute for Special Education）が設立された。ここは現在に至るまで特殊教育に関して重要な役割をはたしている。そして2007年の特殊教育法の制定を迎えることになる。

第2節　特殊教育法

1．制定の背景

　1997年の特殊教育振興法の改正は，大きな意義をもつものであったことは先にみたとおりであるが，課題も多かった。特殊教育振興法は，初・中等教育を中心に規定されていたため，それ以外の障害のある嬰幼児および成人の障害者への教育支援が明確ではないことや，国および地方自治体の役割が明確になっていないことなどから，実効性に問題があった。たとえば，統合教育の現場においては，物理的統合が行われるが，児童，生徒に対する十分な教育的配慮が行われない場合があるなどの問題点が指摘され

ていた（佐藤 2010，8）。

　法改正に至る大きな理由のひとつに，障害当事者や保護者，教育関係者などが2003年に結成した「全国障害者教育権連帯」（전국장애인교육권연대──以下，教育権連帯）の活動が挙げられる。教育権連帯は上記問題の解決のために，2005年から特殊教育振興法を廃止し，障害者教育支援法を制定する運動を開始した。自ら法律の草案を作成し，法制定に向けた運動を展開したことで，2006年には，民主労働党のチェスニョン（최순영）議員が教育権連帯の草案を反映させた「障害者の教育支援に関する法律案」を国会で発議した。教育権連帯はさらに国会前でのテント籠城などの運動を展開し，法律の制定を訴え続けた。その結果，特殊教育関連議員案8件と，政府で提出した「特殊教育振興法の全部改正法律案」の全9件を統合する形で，国会教育委員会が，「障害者等に関する特殊教育法」を対案として法制司法委員会に提出し，2007年4月，本会議で採択された。同年5月に公布され2008年5月に施行されたのである[13]。

2．特殊教育法

(1) 特殊教育法の概要と特殊教育振興法とのおもなちがい

　特殊教育法は，6章38条からなっており，第1章「総則」，第2章「国家および地方自治体の任務」，第3章「特殊教育対象者の選定および学校配置等」，第4章「嬰幼児および初・中等教育」，第5章「高等教育および生涯教育」，第6章「補則および罰則」という構成である。

　特殊教育法と特殊教育振興法とのおもなちがいをいくつか挙げる。新旧の法律について，表1-1からもわかるとおり，義務教育期間の年限を増やすなど，特殊教育対象者の拡大と同時に教育の質向上のためのさまざまな改正が行われている。対象者の一生涯を射程に入れていることも特徴的である。

(2) 第1章「総則」（第1条～第4条）
　おもな規定を総則からみることとする。

表1-1 特殊教育振興法と特殊教育法

名称	既存法 特殊教育振興法	制定法（新法） 特殊教育法	意義と評価 障害児の教育権の強化
義務教育年限	小・中は義務教育。幼稚園と高校は無償教育	幼稚園から高校まで義務教育	特殊教育に対する国の責務を強化
嬰幼児教育	規定無し	3歳未満の障害乳幼児は無償教育	早期発見及び早期教育が可能。私的教育費の負担減
高等教育	規定無し	大学内の障害学生支援センターを設置，各種学習支援の根拠を用意	障害者の高等教育を受ける権利を確保
生涯教育	規定無し	障害者生涯教育について規定	成人障害者の生涯教育の法的根拠
特殊教育実態調査	5年ごとに実施	3年ごとに実施	特殊教育政策立案の正確さを高める
特殊学級設置基準	施行令で規定。障害児が1～12人でひとつの学級を設置	〔幼稚園〕1～4人で1学級。超過時は2学級以上設置 〔初等・中等〕1～6人で1学級。超過時は2学級以上設置 〔高校〕1～7人で1学級。超過時は2学級以上設置	設置基準を強化し，法律に明記
特殊教育支援センター	規定無し	地域に特殊教育支援センターの設立を法律に明記	特殊教育関連の支援を強化のためのセンター設立の法的根拠
治療教育	特殊学校に治療教育担当教員を配置し，治療教育を実施	治療教育条項を削除し，治療支援を関連サービスに包含	医療的専門性が必要な理学療法等のサービスの質の向上

（出所）『「障害者等に対する特殊教育法」制定の経過及び主要内容』(2007年5月1日，「障害者特殊教育法」制定経過等，貧富格差・差別是正委員会）を整理した。(『「장애인 등에 대한 특수교육법」 제정 경과 및 주요 내용』('07.05.01，「장애인특수교육법」 제정 경과 등, 빈부격차・차별시정위원회))。

　まず，第1条で，国や自治体が，特別な教育的要求のある者に対して統合された教育環境を提供し，ライフステージにより，障害種別や程度，特性を考慮した教育を実施すること，それらの人の自我実現と社会統合に寄与することを目的としている。

　第2条は定義規定であるが，とくに重要なものをいくつか挙げる。第2

条第1号で「"特殊教育"とは，特殊教育対象者の教育的要求を充足させるために，特性に適合した教育課程及び第2号に伴う特殊教育関連サービス（특수교육 관련서비스）の提供を通じて行われる教育をいう」と特殊教育を定義している。第2号では特殊教育関連サービスを以下のように定義づけた。「"特殊教育関連サービス"とは，特殊教育対象者の教育を効果的に実施するために必要な人的・物的支援を提供するサービスであり，相談支援・家族支援・治療支援・補助人員支援・補助工学機器支援・学習補助機器支援・通学支援および情報アクセス支援等をいう」とする。教育の機会の平等を実質化させるもので非常に大切な規定である。第6号ではインクルーシブ教育を定義しており「"インクルーシブ教育"とは，特殊教育対象者が，一般学校において，障害種別・障害の程度により差別を受けることなく，同年代の仲間とともに，個人の教育的要求に適合した教育を受けることをいう」と規定した。「一般学校において」「同年代の仲間とともに」「個人の教育的要求に適合した教育」がキーワードとなる。第7号では「個別化教育」の定義を行っており，「各級学校の長が特殊教育対象者個人の能力を開発するため，障害種別および障害の特性に適合した教育目標・教育方法・教育内容・特殊教育関連サービス等が含まれた計画を立案し，実施する教育」としている。また，第11号では「"特殊学級"（특수학급）とは，特殊教育対象者のインクルーシブ教育を実施するために，一般学校に設置された学級をいう」と特殊学級を定義している。韓国の特殊学級の運用形態は，そこに配置される特殊教育対象者は一般学級に学籍をおき，科目によって必要な時に特殊学級に通う，という体制であり，日本の通級学級に近い。学籍を一般学級と異にする日本の特別支援学級と異なる点であり，すべて一般学級で行う特殊教育（完全統合）とともに，韓国のインクルーシブ教育制度の根幹のひとつである。

　第4条は差別禁止規定である。第1項で，学校長に対し，教育機会の平等の確保の観点から，特殊教育対象者の入学拒否ならびに入学支援の拒否も禁止している。第2項では，国や地方自治体，学校長に対し，特殊教育関連サービス提供や，授業や学校内外の活動の参加から排除することなど4類型の差別を禁止している[14]。機会の平等をさらに徹底させるものであ

るが，障害者差別禁止法の差別禁止規定の内容や文言との整合性，統一性が問題となる。

(3) 第2章「国家および地方自治体の任務」(第5条～第13条)

第5条で国や地方自治体の責務を規定し，第11条で教育委員会の委員長に対する特殊教育支援センターの設置と運営義務等を規定している。同章は，特殊教育支援センターという，地域での特殊教育の実施するためのエンジンともいえる機関に対する国や自治体の責務を明確にしたという点で重要な意義をもつもので，この法律の大きな特色のひとつである。

(4) 第3章「特殊教育対象者の選定および学校配置等」(第15条～第17条)

第15条では特殊教育対象者を規定し，施行令での別途規定を含む11の障害種別を挙げている(15)。また，第16条で特殊教育対象者の選定の手続き等を規定しており，特殊教育支援センターが判断・評価して最終意見を作成，その後，教育委員長等が最終的に保護者に対象者か否か，対象者となった場合の支援の内容等を通知する。そして，診断や評価の過程で，親や保護者の意見陳述の機会が十分に保証されなければならないと規定されている(第4項)。

第17条は，インクルーシブ教育の実施のうえで重要な要素となる学校配置，すなわち，就学先決定についての規定である。ここで，教育委員長等は特殊教育対象者を，一般学校の一般学級，一般学校の特殊学級，特殊学校のいずれかに配置しなければならないとされており(第1項)，第2項で「教育長または教育委員長は，第1項により特殊教育対象者を配置するときには，特殊教育対象者の障害程度，能力，保護者の意見等を総合的に判断し，居住地に一番近いところに配置しなければならない」と定めている。この「居住地に一番近いところに配置する」義務規定が，韓国が法制度上，原則としてインクルーシブ教育制度を採用していることの根拠規定となる。

(5) 第4章「嬰幼児および初・中等教育」(第18条～第28条)

まず，第21条にインクルーシブ教育条項があり，学校長に対して，第2

条で定義されているインクルーシブ教育の理念を実現する努力義務規定がなされている。学校長はこの規定によって，統合された環境づくりに向かって努力しなければならないという方向性が決められている。すなわち，統合された環境が最優先で，次は一部統合，そして分離という優先順序があることを意味している。この規定も先にみた第17条第2項の規定同様，インクルーシブ教育の法的根拠のひとつと考える。そして第22条では個別化教育について規定しており，特殊教育対象者の教育的要求に適合した教育提供のために，保護者や教員などの関係者で個別教育支援チームをつくり，そこで個別化教育計画の作成を義務づけている。この義務づけは教育の質を高め，教育の機会の実質的な平等を図るための実施規定であるというこの法律制定の目的に沿ったものであり，この法律の大きな特色のひとつである。

　第27条では，表1-1で示した一般学校の特殊学級や特殊学校の学級の設置基準を法定化し，第28条では特殊教育関連サービスを教育委員長や学校長に義務づけしている。たとえば第3項では「各級学校の長は，特殊教育対象者のための補助人員を提供しなければならない」と規定しており，第5項では通学支援対策を立てることを義務づけている。これは障害者差別禁止法の「正当な便宜」（정당한 편의）との概念と明らかに重複しており，これも障害者差別禁止法との関係において，法規定の実施等のうえでどちらの法律の対象となるのかという問題が出る。

(6) 第5章（第29条～第34条）・第6章「補則および罰則」（第35条～第38条）
　第5章は「高等教育および生涯教育」，第6章は「補則および罰則」である。第5章も，特殊教育に高等教育と生涯教育を法律として明確に組み込んだという点で意義がある。第30条では障害学生支援センターの設置と運営を大学長に義務づけ，便宜の供与などの同センターの役割について規定している。第31条では「便宜提供」規定であるが，各種便宜を積極的に講ずることや提供を義務づけている。そして内容をみると，就学支援や教育補助人員配置など，特殊教育関連サービスとほぼ同様である。

3．小括

　以上，特殊教育法のおもな内容を整理してみると，同法は，「特殊教育の機会の拡大」から「機会の拡大を図りながら質を充実させること」へ重点を移したものである（劉 2009, 102；김주영 2010）。すなわち，特殊教育振興法が，障害者の教育権の確立と，インクルーシブ教育を原則とした特殊教育の実施という方向性を示した法律であり，特殊教育法は，その方向性で個別化教育を充実させ，差別を禁止し，実質的な教育の機会の平等を図ることを主眼にした法律であると整理することができる。さらこ，特殊教育対象者に対するさまざまな支援や配慮，施策推進における国や自治体の義務を明確にした点で大きな意義をもつ。とくに，第11条の特殊教育支援センターは，これまでの障害関連法のなかで一番発展的な概念をもつ機構であるとされる（김주영 2010, 121-122）。

　一方で，特殊教育法の運用実態上の課題や，本章で若干ふれたとおり，障害者差別禁止法と特殊教育法の整合性の問題がある。両法における差別禁止規定の整合性の問題や，特殊教育法上の「特殊教育サービス」や同法第31条の便宜提供の「便宜」と，障害者差別禁止法の「正当な便宜」との整合性の問題である。これらについては，本章の「おわりに」で考察する。

第3節　障害者差別禁止法

1．障害者差別禁止法のおもな内容

(1) 概要

　障害者差別禁止法は2007年4月に公布され，2008年から施行された。ただし，正当な便宜供与義務については，義務が発生する各種機関や事業所の規模等によって，施行年を2009年から3年ごとに3段階に分ける段階適用を行っている。そして，障害者差別禁止法における被害者の救済機関は，

国家人権委員会（국가인권위원회）である。
　障害者差別禁止法のおもな内容は以下のとおりである。第1章の総則規定では，差別や正当な便宜の定義規定のほか，第6条で過去の障害の経歴や障害があると推定される場合にも差別を禁止する規定がなされており，第7条では自己決定権・選択権ならびに選択権を保障するために必要となるサービスと情報が提供される権利を定めている。第2・3章は各生活領域における差別禁止の実体規定である。第4・5・6章が救済に関する規定となる。障害者差別禁止法の管轄部署は保健福祉省障害権益支援課（보건복지부 장애권익지원과）である。
　総則における重要な規定として，まず，差別の定義が挙げられる。第4条で，①直接差別，②間接差別，③正当な便宜の拒否，④広告による差別という4つの類型の障害を事由とした差別を禁止している。つぎに，「正当な便宜」に関する規定である。公共機関や一定の事業者等に，正当な便宜の提供が義務づけされ，提供を拒否した場合は障害を事由とした差別であると規定している。「正当な便宜」は，障害者権利条約の合理的配慮とほぼ同義である（崔 2010, 51-53）。

(2) 教育に関する規定
　第2章の各則第2節第13条と第14条が，教育に関する実体規定となる。また，障害者差別禁止法施行令第8条で「正当な便宜」の内容を，第9条ならびに章末の資料1-Cで，「正当な便宜」の適用範囲や適用時期等を規定している[16]。障害者差別禁止法の規定は以下のとおりである。

第13条（差別禁止）
① 教育責任者は，障害者の入学支援および入学を拒否することはできず，転校を強要できず，「嬰幼児保育法」による保育施設，「幼児教育法」および「初中等教育法」による各級学校は，当該教育機関に転校することを拒絶してはならない。
② 第1項の規定による教育機関の長は「障害者等に対する特殊教育法」第17条の規定を遵守しなければならない。

③　教育責任者は，当該教育機関に在学中の障害者およびその保護者が第14条第１項各号の便宜供与を要請するとき，正当な事由なくこれを拒絶してはならない。
④　教育責任者は，特定の授業や実験・実習，現場見学，修学旅行等の学習を含むすべての校内の活動で，障害を理由に障害者の参加を制限，排除，拒否してはならない。
⑤　教育責任者は，就業および進路教育，情報提供において，障害者の能力と特性に合った進路教育および情報を提供しなければならない。
⑥　教育責任者および教職員は，教育機関に在学中の障害者および障害者に関係を有する者，特殊教育教員，特殊教育補助員，障害者関連業務の担当者を冒涜し，あるいは，さげすんではならない。
⑦　教育責任者は，障害者の入学支援時，障害者ではない志願者と異なる追加書類，別途の様式による志願書類等を要求し，または障害者のみを対象にした別途の面接や身体検査，追加試験等（以下"追加書類等"とする）を要求してはならない。ただし，追加書類等の要求が，障害者の特性を考慮した教育施行を目的にすることが明白な場合には，この限りではない。
⑧　国家および地方自治団体は，障害者に「障害者等に対する特殊教育法」第３条第１項による教育を実施する場合，正当な事由なく該当教育課程に定めた学業時数を違反してはならない。

第14条（正当な便宜供与義務）
①　教育責任者は，当該教育機関に在学中である障害者の教育活動に不利益がないよう，次の各号の手段を積極的に講じ，提供しなければならない。
　　１．障害者の通学および教育機関内での児童およびアクセスに不利益がないようにするための各種移動用補装具の貸与および修理
　　２．障害者および障害者に関係を有する者が必要とする場合の教育補助人員の配置

３．障害による学習参加の不利益を解消するための拡大読書器，補聴機器，高さ調節用机，各種補完・代替意思疎通道具等の貸与および補助犬の配置や車いすでのアクセスのための余裕空間の確保
　　４．視・聴覚障害者の教育に必要な手話通訳，文字通訳（速記），点字資料，字幕，拡大文字資料，画面朗読・拡大文字プログラム，補聴機器，携帯用点字ディスプレイ，印刷物音声変換出力器を含む各種障害者補助器具等の意思疎通手段
　　５．教育課程を適用することにおいて，学習診断を通じた適切な教育および評価方法の提供
　　６．その他，障害者の教育活動に不利益がないようにするに当たり，必要な事項として大統領令が定める事項
　②　教育責任者は，第１項の各号の手段を提供するに当たり，必要な業務を遂行するために障害学生支援部署または担当者を置かなければならない。
　③　第１項を適用することにおいて，その適用対象の教育機関の段階的範囲と第２項による障害学生支援部署および担当者の設置および配置，管理監督等に必要な事項は大統領令で定める。

　これらの規定ぶりは，雇用などのほかの分野と比べて詳細であり，第13条（第４項）など，強い差別禁止規定をおいているのが特徴である。一方，インクルーシブ教育に関する直接的な規定はなされていない。
　差別禁止法と特殊教育法の性質については，特殊教育法が教育環境の整備を進めるためのいわば施策推進の法律であり，一方，差別禁止法は教育現場における差別を明確にし，それを禁じ，被害者を救済するというちがいがある。

２．救済のしくみと実績等

（１）国家人権委員会の概要
　障害者差別禁止法では国家人権委員会を救済機関として位置づけている。

2001年に「国家人権委員会法」(국가인권위원회법) を根拠法として,「国家機構の地位に関する原則」(国際連合総会決議48/134),いわゆるパリ原則に基づいて設置された人権救済機関である。ソウルにおかれ,プサン,光州,大邱の3カ所に地域出先機関として「人権事務所」がおかれている。国家人権委員会は,立法,行政,司法の三権から独立した国家機関であり,権利侵害や差別からの救済がおもな役割となっている。

国家人権委員会法第2条では,「平等権侵害の差別行為」を,性別,障害,年齢,社会的身分などの18の類型において,雇用や財やサービス利用,交通手段,教育における,特定の者への優待,排除,区別,不利益扱い,セクシャルハラスメント行為,と規定しており,障害分野においては,じつは,国家人権委員会法は,障害者差別禁止法とは別の差別禁止法制として併存する形となっている[17]。障害差別に関する担当部署は障害差別1課,2課 (장애차별1과,2과) である。

(2) 処理案件数等
①国家人権委員会への申立て案件の概要

国家人権委員会が取り扱う差別事由のうち,障害者差別禁止法施行年である2008年以降,障害を理由とした差別案件 (以下,障害差別案件) の申立て案件の数や総申立て案件数における比率は顕著に高まっている。2001年11月25日から2008年4月10日までは,障害差別案件は総申立て案件の20.4パーセントにすぎなかったが,2008年4月11日から2012年12月までのそれは53.2パーセントに達しており,2012年単年では52.6パーセントとなっている。これは障害者差別禁止法が大きく影響しているのは明らかである (조형석 [チョヒョンソク] 2013, 64)。

また,2012年の統計から障害差別案件のなかで分野別件数をみてみると,建物や交通機関の利用に関する申立てが一番多く全体の障害差別案件の申立て件数の18.9パーセントを占めている。つぎに商品の売買やサービス利用における申立てとなっており (13.9パーセント),教育分野は総件数のうちの7.2パーセントである (表1-2)。

これらの申立て案件の処理状況については,まず全体をみると,権利救

表1-2 申立て案件の処理類型別現況（2008年4月11日～2012年12月31日）

(件)

区分		合計	調査対象					却下(取消)	調査中止	移送
			権利救済の対象			権利救済の非対象				
			勧告	調停成立	合意終結	調査中解決	棄却(事実や差別ではない案件)			
全体	件数	4,626	291	1	166	1,168	759	2,202	13	26
	比率(%)	100				68.2	31.8	—	—	—
						51.6	47.6	0.3	0.6	
教育	件数	268	11	—	22	45	30	157	—	3
	比率(%)	100				72.2	27.8	—	—	—
						40.3	58.6	0	1.1	

(出所) 조형석（チョヒョンソク）(2013, 87, 表13) より筆者作成。
(注) 「調査中解決」とは事案調査中に権利救済が完了し，それ以上の措置が必要なくなり棄却処理されることで，「却下」とは申立の内容が調査対象に該当しない場合，被害者が調査を望まない場合，申立事案の原因の発生から1年すぎた場合，申立人が申立てを取り消した場合のことをいう（조형석（チョヒョンソク）2013, 88）。

済対象の案件のうち，3分の2の案件が合意終結や調査中解決になっているのが特徴である（表1-2）。また，申立て件数の約半数は調査対象とされておらず，却下（取消）の占める割合が多い。さらに，調査対象のうち，権利救済の非対象となり棄却された案件も調査対象の案件のなかで30パーセント以上を占める（表1-2）。ちなみに，同時期における勧告履行率は，公共部門が93.0パーセント，民間部門が95.4パーセントであり，全体で94.4パーセントである（조형석 2013, 89）。数字上はかなりの勧告履行率となっており，勧告の効果は評価できるものの，障害者差別禁止法の実効性を総合的に把握するためには，却下や棄却の理由の詳細な分析が今後の課題となる。

②教育分野について

つぎに教育分野の詳細を検討する。まず，申立て案件が2012年に大幅に増えている。案件の類型をみると，特殊学級の設置について2010年に4件，2011年に3件だった申立て件数が2012年に51件となっている（表1-3）。特殊学級の設置は，韓国のインクルーシブ教育体制における個別化教育の柱の

ひとつであり，申立て件数の増加は，それだけ関心が高く，ニーズがあることを示している。しかしながら，障害者差別禁止法第14条の正当な便宜に，特殊学級については明記されておらず，特殊教育法においても，第27条の特殊教育関連サービスや第31条の便宜提供規定に明記されておらず，同法での設置義務も曖昧である。後述するが，特殊学級の数は毎年増えている。障害者差別禁止法上の正当な便宜に位置づけるのか，あくまでも環境の整備，施策推進の法制度の枠のなかに位置づけるのか，検討の余地は大きいが，韓国の特殊教育制度の根幹をなす部分であることから，個別請求を認める正当な便宜として位置づけるべきであると考える[18]。

また申立て案件の処理状況をみると，調査対象になる案件は40パーセント程度と，全体の平均に比べて低く，そもそも調査の対象とならない案件として却下される申立ても教育分野における申立て案件総数の60パーセント近くになっている（表1-2）。

表1-3　教育分野における申立て案件の細部類型

(件)

区分		合計	進入学拒否	施設へのアクセスや利用	授業や試験での便宜供与	校内活動からの排除	特殊学級の設置	いじめ	その他
2010	公共	35	—	1	7	4	4	7	12
	民間	20	4	9	5	2	—	—	—
	合計	55	4	10	12	6	4	7	12
	比率(%)	100	7.3	18.2	21.8	10.9	7.3	12.7	21.8
2011	公共	43	6	5	1	—	3	—	28
	民間	19	4	1	6	1	—	—	7
	合計	62	10	6	7	1	3	0	35
	比率(%)	100	16.1	9.7	11.3	1.6	4.8	0	56.5
2012	公共	79	3	1	9	2	51	2	11
	民間	17	6	1	4	1	—	—	5
	合計	96	9	2	13	3	51	2	16
	比率(%)	100	9.4	2.1	13.5	3.1	53.1	2.1	16.7

（出所）　조형석（チョヒョンソク）(2013, 74-75, 表8) を基に筆者作成。

(3) 小括

　教育分野の申立て件数は増加しており，障害者差別禁止法が教育分野でも定着しつつあるようである。今後，インクルーシブ教育体制における質の向上のために個別化支援を進めていくなかで，正当な便宜についての申立ては増えると予想される。

　国家人権委員会の担当者によれば，正当な便宜に関する課題として，人的配慮と物理的配慮について，どちらが優先するか等の基準を作成することや，発達障害者への正当な便宜のガイドラインの作成を挙げている。

　また，以下の例は，障害者差別禁止法の適用範囲を考察するうえで参考になる。たとえば，学校と保護者どちらが学生生徒の保護をどこまですべきか，という問題については，学校内と学校の活動，家庭から学校までの便宜は，障害者差別禁止法の適用範囲としている。その例として，修学旅行に親の同行を押し付けることは機会の平等の観点から差別に該当し，修学旅行での生徒の保護は学校が行うべき義務，という判断をしているという。さらに，特殊学校には，特殊教育法によって，生徒と特殊教員の定員を定める設置基準が規定されており，そのために特殊学校に入学できなかった生徒の保護者からの，特殊学校に就学できないことが差別であるという申立てを却下した，という事例を挙げ，定員の数が差別に該当するかどうかという施策の内容についてまでの差別判断は行わない，とのことである[19]。これらの解釈は，上述の特殊学級の設置問題とも関係するものであり，教育の機会と質の保障において，現時点における，障害者差別禁止法の適用範囲を示している。

第4節　就学等の実態

1．特殊教育対象者の現況

　2012年の特殊教育対象者の現況である。特殊教育対象者の総数は8万6633人であり，特殊教育法が施行された2008年から2013年まで，その数自体は，

約 1 万5000人増加している（表1-4）。少子高齢化の進行が急激に進んでいる韓国では大きな増加とみることができる。理由としては，特殊教育対象者の早期発見等が進み，対象者になり支援を受けようとする雰囲気が醸成されつつあること，義務教育の年数が幼稚園から高等学校までに延ばされたこと，などが挙げられる。これに応じて，特殊学級と特殊教員の数も大きく増えている。しかし，韓国の全学校 2 万229校のなかで特殊学級を設置している学校は6915校であり，34.2パーセントにとどまっている（교육부 2013b，27）。

また，特殊学校は現在162校であり，内訳は国立が 5 校，公立が66校，私立が91校となっている。さらに2016年までに，公立12校，私立 1 校の計13の特殊学校を設立する予定である（교육부 2013b，23）。明確な理由は明らかでないが，特殊学校の設置における地域的な不均衡や，先に述べた特殊学級の設置問題からみられるように，障害児や保護者のニーズへの対応と関連している可能性がある。

2．特殊教育対象者と学校配置

配置された学校，学級についてみてみると，一般学校に配置されている

表1-4　年度別特殊教育の変化の推移

		2008	2009	2010	2011	2012(A)	2013(B)	(B)−(A)
特殊学校数（校）		149	150	150	155	156	162	6
特殊学級数（学級）		6,352	6,924	7,792	8,415	8,927	9,343	416
教員数（人）		13,165	13,997	15,244	15,934	16,727	17,446	719
学生数（人）特殊教育対象	計	71,484	75,187	79,711	82,665	85,012	86,633	1,621
	障害幼児	―	288	290	356	403	578	175
	幼稚園	3,236	3,303	3,225	3,367	3,675	4,190	515
	初等学校	33,974	34,035	35,294	35,124	34,458	33,518	−940
	中学校	16,833	17,946	19,375	20,508	21,535	22,241	706
	高等学校	15,686	17,553	19,111	20,439	21,649	22,466	817
	専攻科	1,755	2,062	2,416	2,871	3,292	3,640	348

（出所）　教育省（2013，10，表 1・2）を基に筆者作成。

特殊教育対象者の数も割合も増えていることがわかる（表1-5）。2008年には一般学校に配置された学生の数は4万8084人で7万1484人の特殊教育対象者全体で67.3パーセントであったのが，2013年には1万3000人ほど増加し，6万1111人が一般学校に配置され，比率も70.5パーセントとなった。一般学級にいる生徒の数も年々増えている。一方，特殊学校や特殊教育支援センターに配置された生徒は数で1500人程度増えているが，全体の比率は32.7パーセントから29.5パーセントに減少している。統計のうえでは，インクルーシブ教育が進んでいるといえよう。

また，先述のとおり，特殊教育振興法が特殊教育法，特殊教育対象者の学校の配置は，特殊教育法第17条2項の規定により，教育委員長等が，特殊教育対象者の障害程度，能力，保護者の意見等を総合的に判断し，居住地に一番近いところに配置しなければならないとされているが，現状は父母・保護者の希望により就学先がほぼ決まっており，父母や保護者は一般学校への就学を望むことが多いとのことである[20]。これについては，父母や保護者の教育の専門性の欠如等を理由に批判的な意見も聞かれるが，一面では，インクルーシブ教育推進の原動力になっていることは確かである。

表1-5 「年度別特殊教育対象者学生の配置」

（人，％）

年　度	特殊学校および特殊教育支援センター配置学生数	一般学校配置学生数			全体学生数
		特殊学級	一般学級	小　計	
2008	23,400 (32.7%)	37,857	10,227	48,084 (67.3%)	71,484 (100%)
2009	23,801 (31.7%)	39,380	12,006	51,386 (68.3%)	75,187 (100%)
2010	23,944 (30.0%)	42,021	13,746	55,767 (70.0%)	79,711 (100%)
2011	24,741 (29.9%)	43,183	14,741	57,924 (70.1%)	82,665 (100%)
2012	24.932 (29.3%)	44,433	15,647	60,080 (70.7%)	85,012 (100%)
2013	25,522 (29.5%)	45,181	15,930	61,111 (70.5%)	86,633 (100%)

（出所）　教育省（2013, 11, 表1・8）を基に筆者作成。

おわりに——評価と今後の課題——

　韓国では，障害者と障害のない人がともに生きていく方法をともに学び，障害者自体の自立能力の向上と社会的条件の改善に役に立つ，というインクルーシブ教育の理念が浸透しており，揺らぐことのない基礎的な理念として受け入れられてきた（姜・金 2010, 24；김주영 2010, 131）[21]。
　また，インクルーシブ教育の運営に対する満足度調査においても，比較的満足していることがわかっている。保護者の場合，17.5パーセントが大変満足，37.2パーセントが満足，34.9パーセントが普通である，と答えている。教師も，18.8パーセントが大変満足，36.8パーセントが満足，32.5パーセントが普通であると回答している（국립특수교육원［国立特殊教育院］2011, 343）。教育の現場においても，原則インクルーシブ教育体制を前提とした特殊教育制度は，ある程度評価され，定着していると考えられる。
　特殊教育関連サービスでは，実際に，特殊教育用の教科書や国立特殊教育院によるパソコン筆記の遠隔送信による障害学生への情報保障の取り組み，福祉サービスを使った介助者が通学支援を行う場面等もみることができ，支援の水準の高さを感じることもできた。
　しかしながら，今だ「場」のみの物理的統合に終わっていることが多い，という批判も多い。初等学校，中学校は一般学校に通い，高校になって特殊学校に戻ってしまうケースも多いとのことである。以下，特殊教育の課題を考察する。
　まず，特殊教育法と障害者差別禁止法の関係である。両法の差別禁止規定をみると，障害者差別禁止法第13条の差別禁止の対象と，特殊教育法第28条で「特殊教育関連サービス」の提供において差別を禁止している内容のうち，特殊教育対象者の家族支援や理学療法の提供，寄宿舎の設置が可能であること等の規定はない。また，特殊教育法で禁止している個別化教育支援チームの参画における父母に対する差別や，特殊教育関連サービス提供における差別禁止規定は障害者差別禁止法には存在しない。同様の分野において，法律が禁止対象とする差別の内容が異なるのである。また，

写真1-2　国立特殊教育院における聴覚障害学生支援

（筆者撮影）

　障害者差別禁止法の「正当な便宜」と，特殊教育法の「特殊教育関連サービス」の概念の整理も必要である。正当な便宜と特殊教育関連サービスの内容は，特殊教育関連サービスにある寄宿舎設置条項以外はほぼ，同一の内容である。また，両者とも学校長や教育委員長などに対して提供を義務づけている。ただし，特殊教育関連サービスを拒否した場合に差別になるという規定は特殊教育法にされていない。このことから，特殊教育関連サービスは正当な便宜とは異なる性質をもつものであることがわかる。

　両法の性質のちがいは，障害者差別禁止法が民事法的な性質をもち，差別行為の禁止や正当な便宜への個人の請求権を保障するものであるのに対し，特殊教育法の義務づけ対象者は，あくまでも担当行政部署への責任を負う行政法的な法律であり，個人の請求権を認める法律ではない，ということである。これは，2009年に特殊学級設置・増設義務履行請求訴訟で，特殊学級の設置の申請権は学校長にあり，父母が請求することはできないという理由で訴えが却下された事例から推測できる（김기룡［キムギリョン］2013, 139）。ほぼ同一の内容の規定にもかかわらず，障害者差別禁止法では個別の請求権が存在し，特殊教育法では存在しない，というのは整合性に欠け，混乱を招く。整合性の確保と教育の質の保障という観点から，特殊

教育法の差別禁止規定と特殊教育関連サービス提供規定は，将来的には障害者差別禁止法に委ねてもよいのではないだろうか。

つぎに，物理的統合のみに終わっているという指摘について考察する。長期的な視点から，インクルーシブ教育を行うためには，特殊教育の教員だけではなく，一般の教員も含めたすべての教員や関係者が主体的に業務にかかわるべきであり，そのためには，法律や行政機関の統合が必要である，との提起がされている。特殊教育に関する規定はすべて特殊教育法に取り出され，教育基本法や初等・中等教育法，高等教育法など，ほかの教育関連法からまったく別の扱いとなり，特殊教育にかかわる者とそうでない者を分けてしまい，特殊教育を一般教育のなかに融和させることが困難なためである，との理由である（김주영 2010, 137）。教職課程の内容をどのようにするのかなど，熟慮すべき点も多いと思われるが，今後の議論の深化に期待する部分である。

さらに，一般学級の教師（一般教師）と特殊教師の関係にも課題がある。インクルーシブ教育を進めるうえでは，本来，特殊教師は一般学校において，特殊教育のマネージャーとしての権限をもって，普通学校での特殊教育を一般教師とともに進めていかなければならないが，そうした役割を果たせていない。理由として，特殊教師が2000年以降多く排出されてきたために，一般教師と経歴の差が出てしまうことが多いことや，一般教師の特殊教育への認識不足が挙げられる[22]。一般教師が，教職課程等においてあまり特殊教育にかかわってこなかったということもある。これは，先に述べた特殊教育法の在り方に関連する問題でもあり，今後の議論や実践の蓄積が待たれる。

こうした課題は抱えつつも，韓国の障害者教育法制度は，ともに生きる，ともに学ぶというインクルージョンの理念に従って，生まれた地域にある学校において教育を受けることを原則とし，幼児から高校までを義務教育化することで特殊教育の機会の拡大を図りながら，個別支援の充実を進めている。2011年の障害者基本法改正や2013年の学校教育法施行令の改正によって，法制度上は，障害の有無により別の学校に通う原則別学制度から，「ともに学ぶことに配慮しつつ」[23]という原則インクルーシブ教育制度に舵を切っ

た日本や，ほかのアジア諸国が，障害者権利条約に基づいた障害者教育法制度を確立していくうえで，韓国の障害者教育法制度は参考になると思われる。

〔注〕
(1) 韓国では「障害者」を「障碍人」（장애인）と表記する。日本ではさまざまな議論があり，本章ではとりあえず一般的に使用されている「障害者」という表記を，翻訳等も含め採用する。
(2) 韓国ではインクルーシブ教育（inclusive education）を「統合教育」（통합교육）と訳している。障害者権利条約の韓国政府訳文からそのように解釈が可能である。以下，外交通商省ウェブサイト（http://www.mofat.go.kr/trade/humanrights/file/190.pdf）参照。（2014年1月18日アクセス）。
(3) 本章で言及する韓国の法律の韓国語原文は韓国法制処（Ministry of Government Legislation）の国家法制情報センターのウェブサイト（http://www.law.go.kr/LSW/main.html）を参照。（2014年1月6日アクセス）。その他，日本語訳は崔。障害者差別禁止法の日本語訳は崔（2011）。
(4) 障害者権利条約の日本語訳については，外務省より2013年12月25日付けで政府訳が出されている。民間では，川島聡・長瀬修氏の仮訳が出されている。
(5) 障害者権利条約の障害に基づく差別についての論考として東（2012）。
(6) 障害者権利条約の第24条の成立の経緯等については長瀬（2012）。
(7) 障害者権利条約第34条によって設置されている障害者権利委員会（The Committee on the Rights of Persons with Disabilities）から締約国に対して示されている最終見解（Concluding observations）からも確認することができる。たとえば，2012年9月に出された中国政府の最初の報告（Initial reports）に対する最終見解では，特別学校数が多いことおよび特別学校を積極的に発展させていることへの懸念が示され，特別教育システムから普通学校でのインクルーシブ教育への資源の再配分を勧告している。"Concluding observations on the initial report of China adopted by the Committee at its eighth session (17–28 September 2012), 35. 36" (United Nations CRPD/C/CHN/CO/1 Convention on the Rights of Persons with Disabilities, Distr.: General 15 October 2012)。
(8) 数字等は보건복지부／한국보건사회연구원（保健福祉省／韓国保健社会研究院）（2012, 4-8）。
(9) 平成26年度障害者白書によれば，日本国内の障害者の概数は約788万人であり，人口の約6パーセントである。
(10) 障害者差別禁止法の「正当な便宜」と障害者権利条約に規定する合理的配慮との概念は重なるものである。それについては崔（2010, 51-53）。
(11) 1997年から2001年までが第1次計画期間である。その後の第3次計画まで，名称は「特殊教育総合計画」であった。第4次計画の目標は，特殊教育の均衡発展を図ることによる教育格差の解消，特殊教育専門の先生の強化による教育の質の向上，国の責務の強化による障害学生の幸せな学校生活の促進，となっている。また，4

47

つの推進分野として，特殊教育の教育力と成果の増進，特殊教育支援の高度化，障害学生の人権に親和的な雰囲気の醸成，障害学生の能動的な社会参加とエンパワメント，とされている（교육부［教育省］2013a, 17）。
⑿　2012年11月18日の김주영（キムジュヨン）韓国福祉大学副教授（当時）へのインタビューより。
⒀　おもに教育権連帯のウェブサイト（http://www.eduright.or.kr/law_progress）を参照。（2013年12月21日アクセス）。
⒁　第4条は障害者差別禁止法との関係上重要であるため，章末の資料1-Aに条文を掲載する（訳は崔栄繁）。
⒂　11の障害とは，視覚障害，聴覚障害，知的障害（原文では「精神遅滞」），情緒・行動障害，自閉性障害（これに関連する障害も含む），意思疎通障害，学習障害，健康障害，発達障害，その他政令で定める障害である。
⒃　障害者差別禁止法施行令の教育に関する規定は章末の資料1-Bおよび1-Cを参照。
⒄　国家人権委員会の救済のしくみ等については崔（2010, 32-34, 47-48）。
⒅　김기룡（キムギリョン）も障害者差別禁止法の正当な便宜として位置づけるべきとしている（김기룡 2013, 154）。
⒆　2012年11月16日の国家人権委員会訪問時のインタビュー。
⒇　2012年11月16日の教育科学技術省特殊教育課（当時）訪問時のインタビュー，および11月17日の教育権連帯김기룡（キムギリョン）事務処長へのインタビュー。
(21)　2012年11月15日のソウル特別市立ソウル孔津初等学校訪問時のインタビューで，이봉학（イボンハク）校長もインクルーシブ教育の理念について同様の主旨のことを述べていた。
(22)　2012年11月15日のソウル特別市立ソウル孔津初等学校訪問時のインタビュー。
(23)　2011年に改正された障害者基本法第16条第1項で，「可能な限りともに学ぶことができるように配慮しつつ」という規定が入れられ，日本において初めてインクルーシブ教育の理念が法律に反映された。

〔参考文献〕

＜日本語文献＞
姜景淑・金圭一　2010.「韓国の特殊教育」『特別支援教育コーディネーター研究』(6) 3月　19-24.
川島聡・東俊裕　2012.「障害者の権利条約の成立」長瀬修・東俊裕・川島聡編『障害者の権利条約と日本──概要と展望』（増補改訂版）生活書院　13-36.
滝川国芳・西牧謙吾　2008.「韓国における特殊教育と健康障害教育の動向」『世界の特別支援教育 (22)』独立行政法人国立特殊教育総合研究所（D-265）79-86.
崔栄繁　2010.「韓国の障害者法制―障害者差別禁止法を中心に―」小林昌之編『アジア諸国の障害者法―法的権利の確立と課題―』アジア経済研究所　29-63.
───　2011.「2011年5月13日内閣府障がい者制度改革推進会議差別禁止部会発表資料」8-39（http://www8.cao.go.jp/shougai/suishin/kaikaku/s_kaigi/b_4/pdf/s2.pdf）.

佐藤竜二　2010.「韓国における障害のある子どもへの合理的配慮―法的根拠と具体的配慮について―」『世界の特別支援教育（24）』独立行政法人国立特別支援教育総合研究所（D-291）　79-84.
内閣府　2014.『平成26年度障害者白書』　内閣府.
長瀬修　2012.「教育」長瀬修・東俊裕・川島聡編『障害者の権利条約と日本―概要と展望―』（増補改訂版）生活書院　145-181.
東俊裕　2012.「障害に基づく差別の禁止」長瀬修・東俊裕・川島聡編『障害者の権利条約と日本――概要と展望』（増補改訂版）生活書院　37-74.
劉賢国　2009.「韓国障害者の特殊教育法改正の概要」『筑波技術大学テクノレポート』16　3月　102-106.

＜韓国語文献＞
이효자 [イヒョジャ] 2007.「한국 통합교육의 실태 및 전망」[韓国インクルーシブ教育の実態と展望]（第7回日韓特殊教育セミナー資料・特殊研 D-255）国立特殊教育総合研究所・韓国国立特殊教育院.
김기룡 [キムギリョン] 2013.「장애인차별금지법의 실효적 이행을 위한 영역별 평과 및 제언 : 교육 영역을 중심으로」[障害者差別禁止法の実効的な履行のための領域別評価と提言：教育領域を中心に]『2013「장애인차별금지법」시행 5주년기념토론회 』[2013 「障害者差別禁止法」施行5周年記念討論会]（국가인권위원회 2013.4）[国家人権委員会 2013.4] 131-158.
김원경 [キムウォンギョン] 他 2010.「특수교육법 해설」[特殊教育法解説] 교육과학사（教育科学社）.
김주영 [キムジュヨン] 2010.「장애인 등에 대한 특수교육법」[障害者等に対する特殊教育法]『장애인 법률, 그 비판과 전망전만』[障害者の法律，その批判と展望] 장애우권익문제연수소 [障害友権益問題研究所] 12月　111-142.
국가인권위원회 [国家人権委員会] 2012a.「2012「장애인차별금지법」시행 4주년기념토론회」[2012「障害者差別禁止法」施行4周年記念討論会] 資料.
―――― 2012b.「장애차별 결정례집 제 4 집」[障害差別　決定例集　第4集].
―――― 2013.「2013「장애인차별금지법」시행 5 주년기념토론회」[2013「障害者差別禁止法」施行5周年記念討論会] 資料.
국립특수교육원 [国立特殊教育院] 2011.「2011 특수교육실태조사」[2011 特殊教育実態調査].
교육부 [教育省] 2013a.「제 4 차 특수교육발전 5 개년 계획（'13～'17）」[第4次特殊教育発展5カ年計画（'13～'17）] 8月.
―――― 2013b.「특수교육연차보고서 2013.9」[特殊教育年次報告書 2013.9].
보건복지부／한국보건사회연구원 [保健福祉省／韓国保健社会研究院] 2012.『2011 년 장애인 실태조사』(2011年障害者実態調査).
조형석 [チョヒョンソク] 2013.「장애인차별금지법 시행 5 주년 성과와 평가」[障害者差別禁止法履行5周年　成果と評価].『2013「장애인차별금지법」시행 5주년 성과와 평과』[2013「障害者差別禁止法」施行5周年]（국가인권위원회 2013.4）[国家人権委員会 2013.4] 63-108.

〔章末資料〕

<資料1-A> 特殊教育法　第1章　第4条（差別の禁止）

① 各級学校の長，または大学（「高等教育法」第2条による学校をいう。以下同様）の長は，特殊教育対象者がその学校に入学しようとする場合には，その者がもつ障害を理由に入学の支援を拒否し，または，入学試験の合格者の入学を拒否するなど，教育機会における差別をしてはならない。
② 国家，地方自治体，各級学校の長，または大学の長は，次の各号の事項に関し，障がいのある人の特性を考慮した教育施行を目的とすることが明白な場合以外は，特殊教育対象者および保護者の差別をしてはならない。
1．第28条による特殊教育関連サービスの提供における差別
2．授業参加への排除および校内外の活動の参加の排除
3．個別化教育支援チームへの参加等，保護者の参加における差別
4．大学の入学方式における手続において，障害によって必要な受験の便宜の内容を調査，確認するための場合以外に，別途の面接や，身体検査を要求する等，入学方式過程における差別

<資料1-B> 障害者差別禁止法施行令　第8条（正当な便宜の内容）

法律第14条第1項第6号により，教育責任者が提供しなければならない事項とは次の各号のとおりである。
1．円滑な教授，または学習遂行のための指導資料等
2．通学に関連する交通便宜
3．教育機関内部の教室等の学習施設およびトイレ，食堂等，教育活動に必要なすべての空間において移動し，あるいはアクセスに必要な施設，設備および移動手段

〈資料1-C〉障害者差別禁止法施行令　第9条（教育機関の段階的適用）

法律第14条第3項による教育機関の段階的適用範囲は以下のとおりである。

次の各目の施設：2009年4月11日から適用
カ．国・公・私立特殊学校
ナ．「幼児教育法」による国・公立幼稚園のなかで特殊クラスが設置された幼稚園
タ．「初・中等教育法」による各級学校のなかで，特殊学級が設置された国・公立各級学校
ラ．「嬰幼児教育法」に基づく障害児を専門的に担当する保育施設

次の各目の施設：2011年4月11日から適用
カ．第1号ナ目以外の「幼児教育法」に伴う国・公立幼稚園
ナ．「初・中等教育法」に伴う国・公・私立各級学校（第1号タ目も学校は除外する）
タ．「高等教育法」に伴う国・公・私立各級学校
ラ．保育する嬰幼児の数が100人以上の国・公立および法人の保育施設（第1号ラ目の施設は除外する）
マ．「英才教育振興法」第2条に伴う英才学校と英才教育院

次の各目の施設：2013年4月11日から適用
カ．「幼児教育法」に伴う私立幼稚園
ナ．「生涯教育法」第20条による学校形態の単位認定生涯教育施設および同法第30条による学校付設の生涯教育施設
タ．ナ目以外の生涯教育施設。「単位認定等に関する法律」において定めた評価認定を受けた教育訓練機関および「職業教育訓練促進法」に伴う職業教育訓練機関のなかで，1000平方メートル以上の規模の教育機関。ただし，遠隔大学形態の生涯教育施設は延面積2500平方メートル以上の規模の生涯教育施設に限る
ラ．国公立および法人が設置した保育施設
マ．「教員等の研修に関する規定」第2条第1項による研修機関
バ．「公務員教育訓練法」第3条第1項による中央教育研修院および第4条第1項に伴う専門教育訓練機関

第2章

中国の障害者教育法制の現状と課題

小 林 昌 之

　　はじめに

　2006年に実施された第2次全国障害者サンプル調査によれば，中国には人口の6.34パーセント，8296万人の障害者がいると推計されている。障害者のいる世帯数は7050万戸であり，全世帯の2割近くに及ぶ。15歳以上の障害者の非識字率は1987年の第1次調査の59パーセントから2006年の第2次調査では43パーセントに改善したものの，中国全体の非識字率9パーセントと比較すると高い。また，非障害者と比較した場合，障害者の教育水準は依然として低く，格差が大きいことが判明している（小林 2010a）。

　1990年に制定された障害者保障法では障害者教育に関する一章が設けられ，それを実施するために1994年に障害者教育条例が制定されている。中国はまた，2008年8月に障害者の権利に関する条約（以下，障害者権利条約）を批准し，履行の義務を負う締約国となっている。締約後に中国から提出された履行状況の報告に対して，国連の障害者権利委員会は総括所見のなかで，中国には特殊学校が多く，政府の方針が特殊学校の拡大におかれていると懸念を示し，特定の障害児童以外は普通学校に通うことができず，特殊学校への就学を強制されていると憂慮を表明した。そして委員会はインクルージョンが条約のキーコンセプトであり，より多くの障害児童の普通学校への就学を保障するために資源を特殊教育から普通学校でのインクルーシブ教育促進に再配分するよう中国に勧告した[1]。

中国は障害者権利条約が謳っている障害者の教育の権利，教育における差別の禁止，インクルーシブ教育をどのように実現しようとしているのか。障害者権利条約の総括所見が指摘するように，中国の障害者教育は特殊教育に偏向しているのか。以下本章では，中国の障害者教育法制が障害者権利条約の定める教育の権利と整合性ある方向に向かっているのか明らかにする。このために，まず中国の障害者の就学状況を概観したうえで，障害者教育に関連する政策と立法，とくに障害者立法の核である障害者保障法と障害者教育条例を検討し，最後にこれらと障害者権利条約との整合性を考察する。

第1節　障害者の就学状況

　2006年の第2次調査をふまえ，中国障害者連合会は「小康社会」（ややゆとりのある社会）の全面的建設という政策[2]遂行のために，「全国障害者状況観測指標」[3]を2006年に制定し，障害者の生存，発展，環境状況について継続的なモニター調査を開始した。2007年以降，毎年主要データに関する報告が発表されている。中国全体での義務教育入学率は100パーセントに近づいているなか，2013年のモニター調査では，学齢障害児童の義務教育就学率は72パーセントにとどまっていることが報告されている（中国残疾人聯合会研究室・北京大学人口研究所・国家統計局統計科学研究所 2013，8）。2007年のモニター調査開始時からは10ポイント近く改善しているものの，「小康社会」の目標としている95パーセントにはほど遠いのが現状となっている（図2-1）。

　18歳以上の障害者の教育程度については，就学経験のない障害者の割合が減少し，小・中学校の義務教育修了者は着実に増加しているものの，高校，大学などの学歴の高度化には至っていない（図2-2）。

　中国障害者連合会が毎年「中国障害者事業発展統計報告」として発表している義務教育段階の未入学学齢障害児童の人数をみると，2003年の30.6万人から2013年には9.1万人と着実に減少しており（図2-3），モニター調査の

第 2 章　中国の障害者教育法制の現状と課題

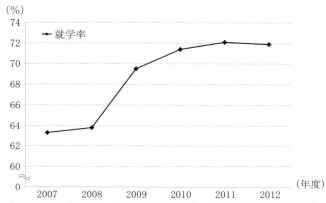

図2-1　6～14歳の障害児童の義務教育就学率

（出所）中国残疾人聯合会研究室・北京大学人口研究所・国家統計局統計科学研究所（2013, 8）を基に筆者作成。

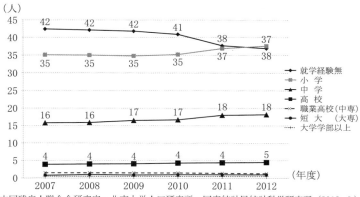

図2-2　18歳以上の障害者の教育程度

（出所）中国残疾人聯合会研究室・北京大学人口研究所・国家統計局統計科学研究所（2013, 9）を基に筆者作成。

結果を裏書きしている。この未入学者数と教育部が「特殊教育基本情況」として公表している普通学校・特殊教育学校等に在籍する障害児童数を用いて就学率を推計すると，2003年には54パーセントであった就学率が2012年には80パーセントとなり緩やかではあるが一貫して上昇していることがわ

55

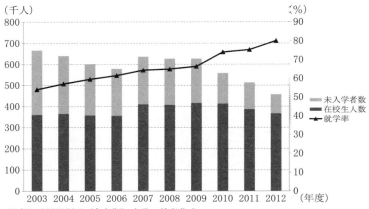

図2-3 就学者数の変化

(出所) 教育部発展規劃司（各年版）を基に筆者作成。

かる。しかし，なお義務教育学齢期にある障害児童の少なくとも2割，9万人以上が受けるべき教育をまったく享受できておらず依然として大きな課題となっている。

　後述するように，障害児童の教育方式は，普通教育および特殊教育が予定されている。普通教育学校（普通学校）では普通学級に障害児童を在籍させ非障害児童と一緒に学ばせる「随班就読」（suiban jiudu）と障害児童を集めた特殊学級が附設され，そのほか障害種別および総合的な特殊教育学校が存在する。教育部の統計では，2012年の特殊教育学校の数は1853校であった（うち視覚障害32校，聴覚障害456校，知的障害408校，その他障害957校）[4]。また，普通小学校附設の特殊学級の数は448学級（うち，視覚障害21学級，聴覚障害41学級，知的障害341学級），普通（または職業）中学校附設の特殊学級の数は25学級（うち聴覚障害6学級，知的障害24学級）であった（教育部発展規劃司 2013）[5]。

　2013年に就学していた障害児童が在籍する学校の種別割合に図2-4のとおりである。普通学校の普通学級（随班就読）に在籍している生徒は，小学校1年生当初全体の38パーセントであったものが，学年が上がるごとに比率が高まり，小学校6年生では全体の60パーセントとなっている。他方，特

第 2 章　中国の障害者教育法制の現状と課題

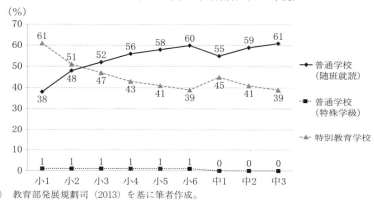

図2-4　障害児童が就学する学校の種別割合（2012年度）

（出所）教育部発展規劃司（2013）を基に筆者作成。

殊教育学校に在籍する生徒は，小学校 1 年生当初61パーセントであったものが小学校 6 年生では39パーセントに低下している。学年が上がるにつれ普通学校在籍者の割合が増加していくのは一見すると特殊教育学校から普通学校へのいわゆるインテグレーション（統合教育）が順調に進められているように読み取れる。

　しかし，経年で学校種別の就学者数の変化（図2-5）をみると必ずしも特殊教育学校から普通学校へ障害児童が移動した結果でないことがわかる。特殊教育学校の在籍者数は，2003年の11.9万人からほぼ一定比率で上昇し，2012年には16.7万人に達し，むしろ増加している。逆に，普通学校における障害児童の数は2003年の23.6万人から一時は26.6万人に達するものの，その年をピークに下降し2012年には19.6万人に減少している。各学校種別のうち普通学校において「随班就読」の形で学んでいる障害児童の割合を求めると，2003年の66パーセントから2012年には54パーセントと減少している。したがって，統計からみると中国の障害者教育は特殊教育学校から普通学校へのインテグレーションやインクルーシブ教育に向かう趨勢にはなく，特殊教育学校での受け入れ強化の方向にあることがうかがえる。

　これに関して，教育部直属の中国教育科学院の彭等（2013）は，これまで 6 割を維持してきた普通学校での「随班就読」が2011年に下降した一因は，

57

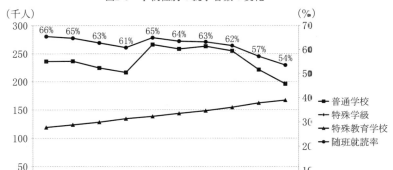

図2-5　学校種別の就学者数の変化

（出所）教育部発展規劃司（各年版）を基に筆者作成。

政府による特殊教育学校の増築・新築政策の強化にあるとしており（彭等 2013, 54），今後もこの傾向が続くことが示唆される。また，全体として学年が高くなるほど，とくに5年生以上になると実際に在籍している障害児童の数は少なくなり，下降傾向にあることを指摘している（彭等 2013, 10）。その一因は，政府による普通学校の「随班就読」生に対する財政支援の不足から障害児童の休学や中途退学が年々増加していることが挙げられている。さらに，別の国家政策として，農村や郷鎮に点在する小規模の学校を併合するいわゆる「撤点并校」政策が進められた結果，これまで通うことのできていた近くの普通学校が閉鎖され，指定された遠くの学校には行くことが困難となり就学できなくなった障害児童もいると分析する（彭等 2013, 194）。

　以上のとおり，中国における義務教育学齢期の障害児童の就学率は年々改善しているものの，なお少なくとも2割が未就学状態にあり課題となっている。中国政府は，障害児童の就学先確保の方針として普通学校でのインクルーシブ教育ではなく，特殊教育学校での受入れを強化する方向にあることがうかがわれる。この点において国連の障害者権利委員会が総括所見のなかで指摘した懸念は失当でない。特殊教育学校に資源が傾注された

結果，普通学校で学ぶ障害児童にはニーズに合わせた合理的配慮が提供されず，甚だしい場合には義務教育を修了する前に退学を余儀なくされていることが示唆される。

第2節　障害者教育の政策と立法の変遷

1．政策・計画

　中国共産党の意見や決定などの方針に基づき，国務院および関連行政部門によって障害者教育関連の政策文書が出されてきた（表2-1）。1989年に国家教育委員会，国家計画委員会，民政部，財政部，人事部，労働部，衛生部および中国障害者連合会が国務院の承認を経て共同で発布した「特殊教育の発展に関する若干の意見」[6]は，当時の障害者教育の実情を確認したうえで，当面の方針を決定している。視覚障害および聴覚障害のある学齢児童の入学率は6パーセントに満たないとして，障害児童・少年に対する特殊教育の遅れは，初等教育普及の最も脆弱な箇所であるとの認識を示している。そこで，特殊教育の発展は普及と質の向上を結び付け，とくに普及に重点をおくことを原則とすることを謳った。当面，特殊教育事業発展の基本方針は，初等教育および職業技術教育を固めることに重点をおき，積極的に就学前教育を展開し，徐々に中等教育と高等教育を発展させることが定められた。

　その後，2001年に「第10期5カ年計画期間に特殊教育の改革と発展をさらに推進することに関する意見」[7]が提出され，最新の意見は2009年の「特殊教育事業の発展をさらに加速することに関する意見」[8]となっている。本意見も，国務院の同意を得て，教育部，発展改革委員会，民政部，財政部，人力資源社会保障部，衛生部，中央機構編成委員会辦公室，中国障害者連合会が共同で出した通知であり，当面の特殊教育事業の発展についての意見となっている。

　ここでは，障害児童・少年の義務教育普及水準の全面的な向上と障害者

表2-1　障害者教育関連の主要な法律・政策

年	法律・政策
1982	**憲法**
1985	「教育体制改革の決定」
1986	**義務教育法**
1989	「特殊教育の発展に関する若干の意見」
1990	**障害者保障法**
1994	**障害児童少年「随班就読」事業を展開することに関する試行規則**
	障害者教育条例
1995	**教育法**
2001	「第10期5カ年計画期間に特殊教育の改革と発展をさらに推進することに関する意見」
2006	**義務教育法（改正）**
2007	**障害者権利条約（署名）**
2008	**障害者保障法（改正）**
	障害者権利条約（批准）
2009	「特殊教育事業の発展をさらに加速することに関する意見」
2010	「国家中長期教育改革・発展計画綱要（2010〜2020年）」
2011	「中国障害者事業第"12・5"発展綱要」
2014	「特殊教育向上計画（2014〜2016年）」

（出所）　筆者作成。

教育体制の改善、特殊教育経費の保障メカニズムの改善と特殊教育の保障水準の向上、特殊教育の焦点の強化と障害学生の総体的素質の向上などについて意見が提出されている。障害児童・少年の義務教育普及については、地域別の目標が記されている。たとえば、都市および経済が発達した地区では、学齢の視覚・聴覚・知的障害児童・少年の入学率は当該地区の非障害児童・少年の入学率に基本的に到達させること、9年制義務教育の普及（普九）を達成した中西部の農村地区では、障害児童・少年の入学率を毎年向上させること、9年制義務教育の普及を達成していない地区では、障害児童・少年の義務教育を9年制義務教育の普及の重点内容とし、障害児童・少年の入学率を70パーセント前後に到達させることが掲げられた。また、上記の対象となっている視覚・聴覚・知的障害児童・少年以外の重度肢体障害、重度知的障害、自閉症、脳性麻痺および重複障害児童・少年に対しては、多様な形式をもって義務教育を実施できるよう積極的に条件を作り出していくべきことが示された。

特殊教育学校の建設強化も謳われ，国家は中西部地区の特殊教育学校の建設を支持し，30万以上の人口または障害児童・少年の対象が比較的多い，特殊教育学校をいまだ有さない県は，単独の特殊教育学校を1校建設するなどの方針が示された。また，障害児童・少年を普通学級のなかで学ばせる「随班就読」については，県・区レベルの「随班就読」支援保障体制の確立と改善の推進に重点をおき，義務教育を実施しているすべての学校は積極的に条件を作り出して普通教育を受ける能力のある障害ある学齢児童・少年を受け入れ，規模を絶えず拡大すべきであることが示された。「随班就読」の質の向上については，特殊教育学校が定期的に普通学校に教師を派遣して「随班就読」業務を巡回指導する制度を確立することが提案されている。

　2010年7月に打ち出された「国家中長期教育改革・発展計画綱要（2010～2020年）」[9]は，教育全体の国家方針を定めたものであり，特殊教育についてはわずかに規定するにとどまるものの，その後の障害者事業発展綱要の根拠のひとつとなっている。ここでは，特殊教育に配慮・支持すること[10]，特殊教育システムを改善すること，特殊教育の保障メカニズムを健全化することが謳われている。とくに特殊教育システムの改善では，2020年には，市（地）および人口30万人以上で，障害児童・少年が比較的多い県（市）のすべてに特殊教育学校が1校あることを基本的に実現すること。各レベルの各種学校は積極的に条件を作り出し障害者の入学を受け入れ，「随班就読」および普通学校の特殊学級の規模を絶えず拡大すること。全面的に障害児童・少年の義務教育普及水準を向上させ，障害者における高校段階の教育の発展を加速させ，障害者の職業教育を大いに推進し，障害者の高等教育の発展を重視すること。障害児童の就学前教育を適地適作で発展させることが示された。

　現行の障害者事業計画は，2011年から2016年までの「中国障害者事業第"12・5"発展綱要」[11]である。障害者事業は1988年に制定された「中国障害者事業5年工作綱要（1988～1992年）」から開始され，その後は国家全体の方針を定める国民経済社会発展計画綱要に合わせて5年ごとに国務院が作成している。第12次5カ年計画は従来の綱要を踏襲し，期間中に実施され

るべき目標や主要任務および政策措置を定めている。

　その範囲は，社会保障，リハビリテーション，教育，就業，貧困解決，扶養，文化，体育，バリアフリー環境，法制建設・権利擁護，障害予防，障害者組織などに及び，数値目標が設定可能なものについては具体的な数値が掲げられている。教育に関して定められた主要任務は，①障害者の教育体制を改善し，保障メカニズムを健全化し，障害者が受ける教育水準を向上させること，②学齢障害児童・少年が義務教育をあまねく受け，障害児童・少年の義務教育の質を向上させること，③障害児童の就学前リハビリテーション教育を発展させること，障害者職業教育を大いに発展させ，障害者の高校段階の教育および高等教育の発展を加速させること，④青壮年の障害者の非識字者を減少させること，などである。

　政策措置としては，「障害者教育条例」，「国家中長期教育改革・発展計画綱要（2010～2020年）」および「特殊教育事業の発展をさらに加速することに関する意見」を確実に実施し，就学前教育から高等教育までの障害者教育システムを確立し，特殊教育の保障メカニズムを健全化し，特殊教育を国家教育監督・指導システムならびに教育評価システムに組み込み，障害者の教育を受ける権利を保障することが掲げられている。

　障害者の義務教育を基本公共サービス体系に組み込むことに関して，綱要は次のように定める。特殊教育学校を骨幹とし，「随班就読」と特殊教育学級を主体とする障害児童・少年の義務教育体系を引き続き改善し，普及を加速させ，かつ，学齢障害児童・少年の義務教育の水準を向上させる。コミュニティー教育・訪問教育・越境生徒の募集・専門学校設立などの形式をとり，学齢の重度肢体障害，重度知的障害，自閉症，脳性麻痺および重複障害児童・少年に対して義務教育を実施する。障害児童・少年「随班就読」支援保障システムを確立し，条件のある教育機構に特殊教育リソース・センターの設立を託し，それにより特殊教育学校および普通学校を先導し，「随班就読」の質を向上させる。

　その後，2014年に発表された教育部，発展改革委員会，民政部，財政部，人力資源社会保障部，衛生計生委員会，中国障害者連合会「特殊教育向上計画（2014～2016年）」[12]は現段階の障害者教育政策の力点を表しているとい

写真2-1　ろう学校の授業の様子（北京）

（筆者撮影）

えよう。計画では,「全面的にインクルーシブ教育（全納）を推進し，すべての障害児童の一人ひとりが適切な教育を受けられるようにする」ことが全体目標として打ち出された。そして教育部によると計画には次の3大任務があるとされる[13]。第1に，教育普及水準を向上させること。とくに未入学の障害児童・少年が義務教育を受けられるように手配すること。第2に，教育を提供する条件整備の保証を強化すること。とくに特殊教育学校の正常な稼働と運営水準を向上させること。第3に，教育・授業の質を向上させること。とくに特殊教育学校の教科や教材を改善・確立すること，である。このように中国政府は，インクルーシブ教育を政策の前面に掲げ，就学率の向上をめざしているものの，現段階での資源の配分は特殊教育学校におかれていることがわかる。

2．法律

障害者教育に関する主要な現行法規は，憲法，教育法，義務教育法，障害者保障法，障害者教育条例である。法令の制定や改正は統一的に行われていないため，法律間，上下間の整合性が必ずしもとれていないことに注意を要する[14]。

1982年に制定された現行憲法は，それまでの高齢者，疾病者または労働能力喪失者に対する社会保険，社会救済，医療衛生の提供という一般的な社会保障の規定に加え，初めて障害者について言及し「国家と社会は視覚・聴覚・言語障害その他の身体障害をもつ公民の労働・生活と教育を援助し処置する」(第45条)という明文の規定を設けた。このように障害者に対する教育の問題は障害者の雇用の問題と並んで当初より政策課題のひとつとして認識され，体制が徐々に整えられていくことになった。

　1985年に中国共産党中央委員会は「教育体制改革の決定」[15]のなかで，9年制の義務教育を実行すると同時に，視覚，聴覚，言語，身体障害および知的障害児童の特殊教育を発展させる努力が必要であるとの方針を打ち出した。この決定で初めて知的障害者に対する特殊教育の必要性が言及され，これまで視覚障害，聴覚言語障害にとどまっていた対象が拡大し，翌1986年に公布された「義務教育法」[16]のなかで正式に盛り込まれた[17]。2006年の改正により，そのあいだの障害者教育の動きが反映され，条文が若干詳細となった。まず，国の責任として，国務院および県レベル以上の地方人民政府は，合理的に教育資源を配置し，均衡のとれた義務教育の発展を促進するとともに，措置を講じて，障害のある学齢児童・少年が義務教育を受けられるよう保障することが定められた(第6条)。具体的には，県レベル以上の地方人民政府は必要に基づいて特殊教育を実施する相応の学校・学級を設置し，視覚障害，聴覚言語障害および知的障害の学齢児童・少年に義務教育を実施すること。特殊教育学校・学級は，障害児童・少年の学習・リハビリテーション・生活の特性に適した場所と設備を具備しなければならないこと。普通学校は，普通教育を受ける能力を有する障害のある学齢児童・少年を普通学級のなかで学ばせ(随班就読)，かつその者の学習・リハビリテーションのための支援を提供しなければならないことが記された(第19条)。普通教育を受ける能力を有する障害のある学齢児童・少年を普通学級のなかに受け入れて学ぶことを拒絶した場合，当該学校は，県レベルの人民政府教育行政部門から期限を定めた改善命令が出され，状況が深刻な場合は直接の責任者が処分されることになっている(第57条)。

　義務教育法は2006年の改正のなかで，本法を憲法および教育法に基づい

て制定するとの文言を加えた。憲法は前述のとおりであるが，「教育法」[18]は義務教育法の後，1995年に制定されている。障害者教育については，国家は障害者教育事業を支援・発展させること（第10条），国家・社会・学校その他の教育機構は，障害者の身心の特性および必要に基づいて教育を行い，かつ，その者のために支援と便宜を提供すること（第38条）を定めるにとどまる。

　1986年に「義務教育法」が公布された後，1990年に「障害者保障法」[19]が制定され，その法律の内容を実施するため，1994年に「障害者教育条例」[20]が国務院によって制定されている。障害者保障法は，中国の障害者立法の核として障害者の権利および差別の禁止などの一般規定をおくほか，リハビリテーション，教育，労働・就業，社会保障，バリアフリー環境など分野ごとに章を設けている。同法を実施するために各省・自治区・直轄市などの地方政府は実施規則を制定し，国務院は分野ごとの条例の整備を進めることになっている。障害者保障法は，2006年12月に採択された国連の障害者権利条約の議論にあわせて改正作業が進められ，2008年4月24日に改正された。しかしながら，実施のために1994年に制定された障害者教育条例の改正は草案段階にとどまっており，障害者権利条約の成立などの国際社会の動向，および障害者保障法の改正など国内の立法や政策の変化はいまだ条例には反映されていない。以下，次節では障害者教育にかかわるこれら現行の障害者保障法および障害者教育条例ならびに改正作業中の障害者教育条例草案の詳細について検討する。

第3節　障害者教育の法制度

1．障害者保障法

　1990年に制定された障害者保障法は，障害者権利条約の議論を受けながら2008年に改正され，9章54カ条から9章68カ条となり，若干条文を増やした。第3章として教育について一章をおくが，従前と比較して条文数の増

減はなく，内容的にも大きな修正はない。

　憲法に明文の規定がある教育および労働の権利については　1990年の障害者保障法の制定当時から国家が保障する権利として規定されてきた。2008年の改正ではそれに「平等」が加わり，「国家は障害者の平等に教育を受ける権利の享有を保障する」と謳われている（第21条）。各レベルの人民政府は，障害者教育を国家教育事業の構成部分とし，統一的に計画し，指導を強化し，障害者が教育を受けるための条件を作り出さなければならない。

　従来，義務教育の実施に重点がおかれていた文言は，「政府，社会，学校は，効果的な措置を講じ，障害児童・少年の就学に実際に存在する困難を解決し，その者が義務教育を修了することを援助しなければならない」と，義務教育修了のための支援に書き改められている。そのために，各レベルの人民政府は，義務教育を受ける障害学生および貧困障害者世帯の学生に対して教科書を無償提供し，かつ，寄宿舎生活費等の費用の補助を支給することなど，具体的な費用の減免についての規定が追加されている。農村貧困世帯の障害学生について雑費および教科書費用の免除ならびに寄宿生の生活費補助を呼びかけていた2004年の国務院の通知[21]を法律に取り込んだ形となっている。障害者教育全般については「障害者教育は，普及と向上を相互に結び付け，普及を重点とする方針とし，義務教育を保障し，職業教育の発展を重視し，積極的に就学前教育を展開し，高校以上の教育を徐々に発展させる」と定めた（第22条）。従来，義務教育も発展させる対象であったが，2008年の改正段階では，義務教育の普及・実施から義務教育の保障・修了へと発展段階が上がってきたことが反映されている（全国人大常委会法制工作委員会行政法室　2008，68）。

　障害者の教育方法については，障害者の心身の特性および必要に基づき，①思想教育，文化教育を行うと同時に，心身補償および職業教育を強化する。②障害種別および受容能力に基づき，普通教育方式または特殊教育方式を採用する。③特殊教育の設置課程，教材，教授法，入学および在校年齢に適度な柔軟性をもたせることができる，と定められた（第23条）。県レベル以上の人民政府が，障害者の人数，分布状況および障害種別等の要素に基づき，障害者教育機構を合理的に設置する（第24条）。

普通教育については，普通教育機構は普通教育を受ける能力を有する障害者に対して教育を行い，かつ，その者の学習のために便宜と援助を提供しなければならないと規定された（第25条）。普通小学校と中学校は学習生活に適応できる障害児童・少年を受け入れなければならず，同様に普通高校，中等職業学校および大学は，国家が規定する合格条件を満たす障害受験生の入学を必ず受け入れ，その者の障害を理由に入学を拒絶してはならないことが明記されている。なお，普通幼児教育機構もその生活に適応できる障害幼児を受け入れるべきことが記されている。

　特殊教育については，障害幼児教育機構，普通幼児教育機構附設の障害児童学級，特殊教育機構の就学前学級，障害児童福祉機構，障害児童の家庭は，障害児童に対して就学前教育を実施する（第26条）。中学校以下の特殊教育機構および普通教育機構附設の特殊教育学級は，普通教育を受ける能力を有さない障害児童・少年に対して義務教育を実施する。高校以上の特殊教育機構，普通教育機構附設の特殊教育学級および障害者職業教育機構は，条件を満たす障害者に対して高校以上の文化教育，職業教育を実施する，ことが規定されている。なお，特殊教育を提供する機構は，障害者の学習，リハビリテーションおよび生活特性に適した場所および施設を具備しなければならない。

　障害者の受入れ拒否が起きていることは認識されていたものの，2008年の改正ではとくにその点について1990年法を修正していない。ただし，1990年法で普通教育機構は普通教育を受ける能力を有する障害者を受け入れ教育を実施するとのみ定められていた規定が，改正法では障害学生が実質的に教育を受けられるよう「その者の学習のために便宜と援助を提供しなければならない」という文言を新たに加えたことは注目に値する。この部分は，障害者権利条約の影響を受けたと考えられる。

　このように2008年の障害者保障法改正では，義務教育の普及・実施から義務教育の保障・修了へと力点が移ったものの，障害者の教育方法については，障害種別および受容能力に基づいた普通教育方式または特殊教育方式が予定されている。普通学校に対しては障害児童の受入れ義務が定められているものの，障害児童には従前のまま「普通教育を受ける能力を有す

る」という条件が課されている。一方で，障害児童を受け入れた普通学校に対しては生徒が実質的に教育を受けられるよう「便宜と援助」の提供を求める規定が追加され，合理的配慮の提供を求める障害者権利条約への接近が試みられている。しかし，これまで受け入れられてきた「普通教育を受ける能力を有する」障害児童は，普通学校が何の配慮も必要としないと判断した比較的軽度の障害児童に限られてきたこともあり，上記の規定が生かされるためには，まずは条約が求めるよう差別なく，均等に教育を受ける機会が保障される必要があろう。

2．障害者教育条例

障害者教育条例は，障害者保障法が定める権利や事業のうち専ら障害者教育に焦点を当てて制定された国務院による政令である。1994年に制定された条例が現行法であり，総則，就学前教育，義務教育，職業教育，普通高校以上の教育および成人教育，教員，物質条件の保障，奨励と処罰，附則の9章52条から構成される。改正作業中の草案は，次項で論じる。

障害者教育は国家教育事業の構成部分であり，障害者教育事業の発展は，普及と向上を結び付け，普及に重点をおく方針をとり，義務教育および職業教育の発展を重視し，積極的に就学前教育を展開し，徐々に高校以上の教育を発展させる（第3条）。障害者教育は，障害者の障害種別および受容能力に基づき，普通教育方式または特殊教育方式を採用し，障害者教育実施における普通教育機構の役割を十分発揮させることが記されている。

障害幼児の就学前教育については，条例では，障害幼児教育機構，普通幼児教育機構，障害児童福利機構，障害児童リハビリテーション機構，普通小学校の就学前学級および障害児童・少年特殊教育学校の就学前学級などの機構を掲げ，障害児童の家庭は障害児童に対して就学前教育を実施しなければならないと規定する。

地方各レベルの人民政府は，障害児童・少年に対する義務教育の実施を，当地の義務教育発展計画に組み入れ，統一的に計画と手配を行わなければならない（第14条）。障害児童・少年の義務教育を受ける入学年齢および年

限は，当地の児童・少年の義務教育を受ける入学年齢および年限と同じであるべきであるが，必要なときは，その者の入学年齢および在校年齢を適度に引き上げることができる（第15条）。県レベル人民政府の教育行政部門および衛生行政部門は学齢障害児童・少年の就学相談を展開し，その障害状況の判定を行い，その者が受ける教育形式に対して意見を提出することになっている（第16条）。学齢の障害児童・少年は，①普通学校の「随班就読」，②普通学校，児童福利機構またはその他機構の附設の障害児童・少年の特殊教育学級，③障害児童・少年の特殊教育学校のいずれかの形式で義務教育を受ける（第17条）。

　障害児童・少年に対する特殊教育学校・学級の教育業務は，思想教育，文化教育，労働技能教育と心身補償が結合したものであるべきであり，学生の障害状況および補償程度に基づいて分けて教育し，条件がある学校は個別教育を実施する（第19条）。障害児童・少年の特殊教育学校・学級のカリキュラム，教育大綱および教材は，障害児童・少年の特性に適したものでなければならない（第20条）。

　普通学校は，国家の関連規定に基づき普通学級の学習に適応できる学齢の障害児童・少年を募集し，受け入れ，かつ，学習，リハビリテーションの特別ニーズに基づいてその者に援助を提供しなければならない（第21条）。「随班就読」の障害学生の義務教育は，普通義務教育のカリキュラム，教育大綱および教材を適用することができるが，その者の学習要請に応じて適度に柔軟性をとることができる。なお，義務教育を実施する障害児童・少年の特殊教育学校は，その必要に応じて適当な段階で障害学生に対して労働技能教育，職業教育および職業指導を行わなければならない（第22条）。

　普通高校，大学，成人教育機構は，国家が規定する合格基準に符合する障害受験生の募集，入学をさせなければならず，その者の障害を理由に入学を拒絶してはならない（第29条）。区を設置する市以上の地方各レベルの人民政府は，必要に基づいて，高校以上の特殊教育学校・学級を設立し，障害者が受ける教育水準を向上させる（第30条）。

3．障害者教育条例の改正草案

　障害者教育条例は1994年の制定から20年経過したことから改正作業が進行中であり[22]，2013年2月25日に国務院から「障害者教育条列（改正草案）」がパブリックコメント募集のために通達で発表された[23]。

　「通達」で説明された改正の必要性は次のとおりである。第1に，中国共産党第18回全国人民代表大会報告や2010年の「国家中長期教育改革・発展計画綱要（2010～2020年）」など共産党中央および国務院の障害者教育に関する重大な政策決定があったこと。第2に，2008年の「障害者保障法」や2006年の「義務教育法」など上位法の改正があったこと，ならびに2007年に「障害者権利条約」に署名したこと。第3に，障害者教育の実践が直面している新局面，新問題に対応する必要性があること，である。とくに障害者教育の現状認識としては，①教育理念の相対的な立ち後れ，②障害学生の普通学校への入学に困難があること，③特殊教育資源の不足と分布の不均衡，④普通学校での「随班就読」の保障メカニズムが不健全なこと，⑤財政投入の不足，⑥特殊教育教員の人数・質ともにニーズを満たしていないこと，⑦特殊教育教員の待遇と地位が低すぎることなどの問題が顕著であることが明示され，これらの問題に対応するために条例を改正して障害者の教育を受ける権利を改善しなければならないとしている。

　障害者教育条例（改正草案）は，総則，普通学校の教育，特殊教育機構の教育，特殊教育教員，保障と監督，法律責任および附則の7章50ヵ条からなる。最大の特徴は，「通達」の説明で示されたように障害者権利条約を含む国内外の動向を採り入れることを企図していることである。教育に関する条約のキーコンセプトであるインクルーシブ教育（融合教育）という用語は3ヵ所，合理的配慮（合理便利）は2ヵ所出現する[24]。以下，1994年の現行法と対比しながら提案されている草案を検討する。

　障害者教育の対象は，視覚障害，聴覚障害，言語障害，知的障害，肢体障害，精神障害および重複障害など各種障害者を含むと定められ（第2条），法文上これまで視覚，聴覚，知的障害の3障害種別にとどまっていた対象

者を拡大させる方向にある。「通達」の説明では脳性麻痺，自閉症，重複障害などの障害類型に障害者教育は拡大されるとする。

　障害者教育の方針は，現行法と同じく，普及と向上を結び付け，普及に重点をおくとする。また，障害者教育は国家教育の方針に従いながら，すべての障害者に目を向け，インクルーシブ教育原則を堅持し，障害の種別および受容能力に基づいて，普通教育方式あるいは特殊教育方式を採用する（第4条）と定める。「通達」は，これはインクルーシブ教育への誘導を強調していると説明する。インクルーシブ教育によって障害学生を全面的に普通学校に受け入れることは障害者権利条約の要求であり，今後の中国における障害者教育の主導的な方向であるべきであるとする。そして，障害者教育はインクルーシブ教育を主とし，障害者を普通教育の外に排除してはならないこと，特殊なニーズがあって普通学校において教育を提供することが困難な障害者に対してのみ，特殊教育学校において教育を提供することを意味するという。

　障害者教育は国務院の教育行政部門が主管し（第6条），県レベル以上の地方人民政府の教育行政部門は，衛生部門，民政部門，障害者連合会と教育，心理，リハビリ等の専門家を組織して障害者教育指導委員会[25]を設置する（第7条）ことになっている。そして，幼稚園，学校およびその他の教育機構は法律に従って条件を満たす障害者を受け入れ，かつその者の学習に便宜と援助を提供しなければならないという一般規定を定め（第8条）たのちに，普通学校と特殊教育学校についてそれぞれの章を設けている。

　インクルーシブ教育の場となる普通学校について，「通達」は平等に入学し，「拒絶ゼロ」（零拒絶）の理念に基づいて定めたとする。すなわち，地方各レベルの人民政府は普通幼稚園・学校の障害学生受入れ能力を徐々に向上させ，インクルーシブ教育を推し広め，障害者が普通幼稚園・学校に入学して教育を受けることを保障するべきであり，義務教育段階では「随班就読」や特殊学級を設置する形式を採用することができること（第10条），義務教育への入学はその者の戸籍所在地または居住地に近いところであるべきこと（第13条），学校は障害を理由に入学を拒絶してはならないこととされる（第14条）。ただし，重度障害や深刻な身心機能障害で専属の介助者

または専門家の援助が必要で普通教育を受容する能力がない障害児童は，障害者教育指導委員会の評価を経ることで，その他の特殊な方式で義務教育を受けることが可能であるとする（第14条）。この条文について「通達」は，学校が障害児童の入学を拒絶できる状況を厳格に限定する趣旨であるとしている。義務教育を実施する学校は障害学生を適切にクラスに組み入れるものとされるが，障害学生が比較的多い，あるいは「陪班就読」の整備条件が十分でない場合は，専門の特殊学級を設置できるとされる（第17条）。いずれの場合でも，学校は障害学生が教育および学校が組織する各種活動に平等に参加できるよう条件を整え，かつ，特殊なニーズに適応する教材および補助教材を提供し（第18条），個別指導教育計画を作成するものとしている（第19条）。

　一方で，普通学校の学習に適応することが困難な障害者は，その障害種別および教育を受ける際の特殊なニーズに基づいて，専ら障害学生を受け入れる特殊教育機構で教育を受けることができることが定められている（第22条）。県レベル以上の地方政府は，当該地区の学齢期の障害児童数，障害種別，分布に基づいて，9年一貫制義務教育の特殊教育学校を統一的に計画して設置し，特殊な困難を抱える障害児童が義務教育を修了することを保障しなければならないとする（第23条）。特殊教育学校は，普通学校において教育を受けることに適していない区域内の障害児童に対して，集中して義務教育を実施する職責を負う（第25条）。

　以上のとおり，改正草案は障害者権利条約および国際的な動向を意識してインクルーシブ教育を表に掲げようとしている。「融合教育」という用語の使用，普通学校での受入れ推進，居住地近くでの就学などはインクルーシブ教育の方向と合致する。一方で，2008年の改正障害者保障法が抱える問題はそのまま継承され，障害種別および受容能力に基づいた選別を行うこととしている。条文では，普通教育を受容する能力がない障害児童は特殊な方式で義務教育を受けることができ，普通学校の学習に適応することが困難な障害児童のために特殊教育学校が準備されているという構成にはなっているものの，特殊教育学校への就学は必ずしも例外措置となっていない。またこの特殊教育学校は障害者権利条約が認める学業面の発達およ

写真2-2　ろう学校の授業の様子（瀋陽）

（筆者撮影）

び社会性の発達を最大にするための環境（条約第24条3項(b)）としてのろう学校や盲学校を必ずしも意味せず，いわゆる分離教育を温存した形となっているといえる。

第4節　障害者権利条約との整合性

1．インクルーシブ教育と「随班就読」

　普通学級に障害児童を在籍させ非障害児童と一緒に学ばせる「随班就読」は，農村地域の障害児童の就学問題を解決するためにとられてきた伝統的な教育形態である（趙 2011, 66-68）。「随班就読」という用語での定めはないものの，1990年の障害者保障法のなかで規定され，法律上の位置づけを得た。その後，1994年に教育部は義務教育法と障害者保障法を執行するために「障害児童少年『随班就読』事業を展開することに関する試行規則」[26]を公布し，具体的な政策措置が定められた。

　これによると「随班就読」は中国の障害児童の義務教育を発展・普及さ

せる主要な形式のひとつであると位置づけられている。「随班就読」の利点は，障害児童が居住地の近くで入学でき，障害児童の入学率を向上させ，障害児童と健常児童が相互に理解し，助け合うことができることであると記されている。1994年の本規則の段階での「随班就読」の対象となる障害児童は，主として，全盲および弱視を含む視覚障害，ろうおよび重度難聴を含む聴覚言語障害，軽度または中度を含む知的障害を有する生徒であった。普通学校は，法律に基づいて，当該学校の管轄区内に居住する学習能力のある障害児童の受入れを拒否してはならず，「随班就読」のひとつの学級に属する障害児童はひとりからふたりが最適であり，多くても3人を超えてはならないことが定められている。

このように中国の障害児童の入学率向上は「随班就読」政策の実施に密接に関係するとされ，「随班就読」は教育予算が少ない状況のなかで障害児童の就学ニーズを満たすことのできる中国の国情に合った方法であるとも評価されている（尚 2013, 103-104）。中国の「随班就読」は，伝統的な障害者教育の形態が，のちにインテグレーション（統合教育）など国際的な教育理念も受け入れながら推進されてきたものであるが（趙 2011, 66-68），欧米では分離された特殊学校から普通学校に統合されることが一般的であるのに対して，中国の「随班就読」は未就学の障害児童が就学機会を得ることを目的として地域の普通学校に入学していったといえる（呉 2004, 91）。

国際的な教育理念と障害者権利条約に合わせ中国は「随班就読」はインクルーシブ教育（融合教育）の一形態であると主張するようになった（北京市教育委員会・北京市特殊教育中心 2013, 6）。しかし，「随班就読」はなお障害児童に義務教育を提供することを主眼としており，いくつもの問題を抱える。そのひとつは対象となる障害児童が限られてきたことである。「随班就読」の対象生徒は，主として，視覚障害，聴覚障害および軽度の知的障害児童・少年であり，学校は脳性麻痺，自閉症，中度・重度の知的障害，重度の肢体障害児童・少年の受入れをせず，障害種別による区別と同じ障害種別であっても「普通教育を受ける能力のある」学齢期の障害児童少年という基準によって分けられている（尚 2013, 103）。

また，インクルーシブ教育が求めているような障害児童のニーズに合致

した学習環境の整備は考えられておらず，物理的に障害児童を普通学校に入れることが優先されてきた。その結果，障害児童を非障害児童のなかに入れることのみが重視され，主として障害児童個人が学級に適応することを求められた。こうして政府は「随班就読」を推進する一方，実態として障害児童が教室の後ろに座らされ，ほかの生徒の邪魔にならないように扱われるのみで，教育的な支援は一切ないことも少なくなく，いわゆるダンピング[27]状態にあるとされる（七田・呂・高橋 2005, 251）。

2．差別の禁止

　障害者権利条約は，障害者が差別なしに，かつ，機会の均等を基礎として教育の権利を享受し，それを実現するために他の者との平等を基礎として，生活する地域社会においてインクルーシブで質の高い無償の初等教育および中等教育にアクセスできるよう締約国に求めている（第24条）。2008年の改正障害者保障法も障害に基づく差別を禁止する一般規定のほかに，国家は障害者の平等に教育を受ける権利を享受することを保障すべきことを定める章をおく。インクルーシブ教育が行われるであろう普通学校については，普通教育を受ける能力を有する障害者に対して教育を行い，普通小学校と普通中学校は学習生活に適応できる障害児童・少年を受け入れなければならず，同様に普通高校，中等職業学校および大学は国家が規定する合格条件を満たす障害受験生の入学を必ず受け入れ，障害を理由に入学を拒絶してはならないことが明記されている（第25条）。

　一見すると，障害者保障法の規定は障害者権利条約に合致しているように思えるが，国連に提出された障害当事者団体からのシャドーレポートも指摘するように法文自体に矛盾が存在する[28]。すなわち，障害者保障法が普通学校等に受入れを求める「普通教育を受ける能力を有」し，かつ「学習生活に適応できる障害児童・少年」の定めは，問題の所在を障害児童・少年個人におき，障害の社会モデルへのパラダイム転換を求める権利条約とは立ち位置を異にする。また，条約は教育において機会の均等と他の者との平等を求めているが，障害者保障法は，障害児童・少年の教育を受け

る「能力」と学習生活の「適応力」を基準に選別する。その結果，普通学校への受入れが義務化され，インクルーシブ教育を享受できるのは，次の北京の事例のように軽度の障害児童・少年のみとなっている。

　北京市は2008年の改正障害者保障法および1994年「障害児童少年『随班就読』事業を展開することに関する試行規則」をふまえながら，2013年の「随班就読」事業の強化に関する通達[29]のなかで「北京市障害児童少年『随班就読』事業管理規則（試行）」[30]および「各種障害類別『随班就読』具体基準」[31]を公布した。通達では，障害児童・少年の教育事業の重点は義務教育にあり，「随班就読」は障害児童・少年が義務教育を受ける主要な形式であるとされた。そして，「随班就読」の対象者は上記「基準」で判定され，区・県の特殊教育センターが「随班就読」対象者と決定した生徒は，近くの学校に入学し，普通学校は法律に従って障害児童・少年を受け入れ，かつその者の能力および障害状況に基づいて適切な教育的配慮を提供しなければならないと定めている。「随班就読」の生徒の学籍は受け入れた普通学校にあり，学校および区・県の教育行政部門はその生徒が9年の義務教育を修了することを保障しなければならないとしている。

　さて，上記「規則」は「随班就読」の対象者を，「普通教育を受ける能力のある，視覚障害，聴覚障害，言語障害，肢体障害，知的障害，精神障害，重複障害の児童・少年を指し，脳性麻痺，自閉症およびその他類別の障害児童・少年を含む」と定めている。教育場面で従来から記されていた視覚，聴覚，知的障害の3障害類型よりは対象者が格段に広がったものの，「規則」は「随班就読」教育の対象は一般には各障害種別のうち軽度の障害児童・少年であることを明示的に規定する。具体的な受入れ基準は幾能障害のレベルで判定され，「基準」では，視覚障害（視力0.1～0.3），聴覚障害（聴力損失41～60dB HL），言語障害（発音明瞭度46～65パーセント），肢体障害（基本的にひとりで日常生活ができ，下記状況のひとつを有する。たとえば，片方の膝下欠損，片手の親指欠損，低身長症など），知的障害（DQ: 55～75, IQ: 50～69, WHO-DAS Ⅱ: 52～95），精神障害（生活は基本的に自分で処理できるが，一般と比較すると差がある，WHO-DAS Ⅱ: 52～95など）となっており，いずれも障害基準で4級とされる軽度の機能障害を有する者となっている。

このように経済が発展し，障害者教育についても先進的であるといわれる北京市においても，「随班就読」の形で普通学校において学ぶことのできる障害者は，機能障害を基準として軽度の範疇に入る障害児童・少年に限られることが法令に定められているのである。これは明らかに権利条約がめざす差別なしに生活する地域社会においてインクルーシブ教育を受けるという方向性とは異なり，障害者に対する差別となる法律等の修正・廃止を求める締約国の一般的義務にも反する。

同様な条約違反の例として障害当事者団体は大学入試（高考）における差別も問題ありとして提起している。前述のように2008年の障害者保障法は，大学は国家が規定する合格条件を満たす障害受験生の入学を受け入れ，障害を理由に入学を拒絶してはならないことを定める（第25条）。また，同法はバリアフリー環境のひとつとして，国家が実施する各種進学試験において視覚障害者が参加する場合は点字または電子式の問題用紙を提供するか専門の係員が援助することも定める（第54条）しかし，2011年に起こった視覚障害者の大学受験拒否事件はマスコミを賑わせ，障害を理由として受験そのものが拒絶されている現状を知らしめることになり，改正作業中にあった障害者教育条例草案のなかに新たな条文を加える契機となった[32]。こうした経緯があったにもかかわらず，2014年には再び点字の問題用紙の準備がないことを理由に視覚障害者が全国統一大学入試の受験申込みを拒否されるという事件があり，障害当事者団体はこれを教育に関する目下の重大問題のひとつとして扱っている。

こうしたことが起こる土壌のひとつにはシャドーレポートでもとりあげられた2003年の教育部，衛生部，中国障害者連合会による「普通高等教育機関募集身体検査業務指導意見」[33]の存在がある。本「意見」は疾病や機能障害の有無を基準として，受験できる大学や専攻を細かく定めたものであり，あらゆる段階でのインクルーシブ教育を求める権利条約に抵触すると批判されている（傳 2013, 60）。医師による身体検査の結果，受験希望者は普通高等教育機関の各専攻に適する者，一部の専攻に適さない者，普通高等教育機関のすべての専攻に適さない者の3つに分類される。たとえば，学校は重度の心臓病，心筋症，高血圧症の者は採用しないことができる。

また，軽度の色覚異常がある者について，医学・薬学の各専攻，特殊教育の各専攻などは採用しないことができ，片耳全ろうなどの一部聴覚障害は法学の各専攻，外国語文学の各専攻などには入学できないと定められている。これは差別を禁止する権利条約の一般原則のほか，障害者が差別なしにかつ他の者との平等を基礎として一般の高等教育にアクセスできるよう求める教育に関する第24条に抵触し，障害者に対する差別となる法律等の修正・廃止を求める締約国の一般的義務にも反しているといえよう。障害者教育条例の改正草案において障害者は入学試験で特殊な方式が必要な場合は申請することができ，試験機関や学校は障害種別や受験する専攻の要求に従って合理的配慮および必要な援助を提供するという案が提出されているが（第40条），教育におけるいわゆる欠格条項を廃止しないかぎり，機会の均等は保障され得ないであろう。

おわりに

　中国は，上記のとおり国際的な動向や障害者権利条約との整合性を意識して政策や法律のなかでインクルーシブ教育に取り組む姿勢を示そうとしている。そのままの形で成立するか否かは不透明であるものの，公表された障害者教育条例の改正草案においてその傾向は顕著である。しかし，中国はこれまで普通学校で進めてきた「随班就読」こそインクルーシブ教育の一形態であると主張しており，十分にその理念や条約の内容をふまえようとしているのか疑問が残る。
　障害者の教育の権利実現として，なお中国の最大の課題となっているのは就学率の向上であることは間違いなく，さまざまな方法が模索されることは然るべきであるものの，それらは障害者権利条約が求めるインクルーシブ教育の原則を中心に構成されるべきである。しかし，中国の立法は障害種別および受容能力に基づく選別を明言しており，障害者が差別なしに，かつ，機会の均等を基礎として教育の権利を享受できることを前提とする条約に違背する。国連の障害者権利委員会が，特定の障害児童以外は普通

学校に通うことができず特殊学校への就学を強制されていると憂慮を示した点である。委員会はまた特殊教育に偏っている資源の配分を普通学校でのインクルーシブ教育に傾けるよう勧告しているが，教育省下の専門家も「随班就読」を実施する普通学校は政府の予算措置等を必要としていることを訴えている（彭等 2013，191）。もちろん特殊教育学校は重度障害児童の就学や普通学校の障害児童や教員に対する支援に重要な役割を担い得るものであり，全国にあまねく配置することの意義は大きいが，障害者権利条約と矛盾しないためには，普通学校でのインクルーシブ教育に原則をおき，それを担保するための法律の改正や財政の裏づけが期待される。

〔注〕
⑴　Concluding observations on the initial report of China, adopted by the Committee at its eighth session（17-28 September 2012），CRPD/C/CHN/CO/1（15 October 2012）．
⑵　江沢民「全面建設小康社会，開創中国特色社会主義事業新局面」（いくらかゆとりのある社会を全面的に築き上げ，中国の特色のある社会主義事業の新局面を切り開こう），（中国共産党第16回全国代表大会報告，2002年11月14日採択）。
⑶　正式には「全国残疾人小康進程監測指標体系」（全国の障害者のいくらかゆとりのあるプロセスの観測指標体系）。
⑷　近年従来の視覚障害者，聴覚障害者の特殊教育学校が機構改革によって単一の障害種別の学校から多種の障害学生を対象とする学校への転換が図られている。さらに，新しく建てられる特殊教育学校は総合的な特殊教育学校を主とし，すでに半分を占める（彭等 2013，57-58）。
⑸　数値についてはふたつ存在する。中国障害者連合会の統計では，2010年の義務教育を担う特殊教育学校数は1705校とされ，うち盲学校40校，ろう学校651校，知的障害学校400校，その他614校，特殊学級2775学級となっており（中国残疾人聯合会 2011，95），同年の教育部の統計と異なっている。なお，中国障害者連合会は2011年以降，学校数の表を事業統計から外し公表していない。
⑹　「国家教委，国家計委，民政部，財政部，人事部，労働部，衛生部，中国残疾人聯合会関於発展特殊教育的若干意見」（「国務院辦公庁転発国家教育等部門関於発展特殊教育若干意見的通知」1989年5月4日公布）。
⑺　教育部，国家計委，民政部，財政部，人事部，労働保障部，衛生部，税務総局，中国残聯「関於"十五"期間進一歩推進特殊教育改革和発展的意見（2001年10月19日）」（「国務院辦公庁転発教育部門関於"十五"期間進一歩推進特殊教育改革和発展意見的通知」国辦発〔2001〕92号，2001年11月27日）。
⑻　教育部，発展改革委，民政部，財政部，人力資源社会保障部，衛生部，中央編辦，中国残聯「関於進一歩加快特殊教育事業発展的意見」（「国務院辦公庁転発教育部等

(9) 部門関於進一歩加快特殊教育事業発展意見的通知」国辦発〔2009〕41号，2009年5月7日）。
(9) 「国家中長期教育改革和発展規劃綱要（2010～2020年)」2010年7月29日。
(10) 2008年の障害者保障法改正において中国は障害の医学モデルから社会モデルへの転換を果たさなかったことは明らかであり（小林 2010b），本綱要も障害学生の総合的な資質向上に関連して「潜在能力開発とインペアメント補完を重視し，障害学生が積極的に人生に向かい合い，全面的に社会に溶け込む意識および自尊・自信・自立・自彊（じきょう）の精神を育成する」ことを謳う。
(11) 「中国残疾人事業"十二五"発展綱要」(「国務院関於批転中国残疾人事業"十二五"発展綱要的通知」2011年5月16日)。
(12) 「国務院辦公庁関於転発教育部等部門特殊教育提昇計劃（2014～2016年）的通知」（国辦〔2014〕1号）2014年1月8日。
(13) 「教育部有関負責人就《特殊教育提昇計劃（2014-2016年)》答記者問（http://www.cdpf.org.cn/zxxx/content/2014-01/21/content_30454630.htm　2014年2月1日アクセス)。
(14) 法の段階的には，憲法が最上位にあり，法律（全国人民代表大会），行政法規（国務院），地方性法規（地方人大)，規則（政府部門，地方政府）と続く。全人大が制定する法律は「法」と称し，それ以外には「条例」「規定」「辦法」等が使われる。日本の政令に相当する行政法規としての「条例」は国務院のみが制定できる。「意見」は上級機関から下級に出される指導性の強い文書のことである。
(15) 「中共中央関於教育体制改革的決定」(1985年5月27日公布)。
(16) 1986年4月12日採択・公布，1986年7月1日施行。その後，2006年3月29日改正・公布，2006年9月1日施行。
(17) 第9条「地方各レベルの人民政府が，視覚，聴覚，言語障害および知的障害の児童・少年のために特殊教育学校・学級を設置する」。
(18) 1995年3月18日採択・公布，1995年9月1日施行。
(19) 「残疾人保障法」1990年12月28日採択・公布，1991年5月15日施行。その後，2008年4月24日改正・公布，2008年7月1日施行。
(20) 「残疾人教育条例」1994年8月23日国務院公布・施行。
(21) 「国務院辦公庁関於転発民政部等部門関於進一歩加強扶助貧困残疾人工作意見的通知」（国辦発〔2004〕76号)。なお，2006年の教育法の改正によって学費に加えて雑費も徴収されないことになった。
(22) 改正作業開始にあたっての背景としては，①障害者保障法の改正，義務教育法の改正，障害者権利条約の批准などの法的環境の変化，②中国共産党中央委員会および国務院による「障害事業発展促進に関する意見」における障害者教育の重視など障害者教育の地位と重要度の変化，③無償義務教育の基本的な普及，インクルーシブ教育（全納教育，包容性教育）の理念の出現など，障害者教育の発展環境と理念の変化が挙げられていた。改正の要点は9カ所あるとされ，最初に挙げられていたのが，インクルーシブ教育（全納教育）を障害者教育の基本形式および重要原則とすること，障害者教育の平等原則をさらに強調すること，法律の内容に十分にインクルーシブ教育（融入教育）の要請を体現すること，障害者教育の形式による区分

を薄め，普通学校の「随班就読」を障害者が教育を受ける主要かつ優先的な方式とし，法律上，経済が発達し条件のある地区が率先して完全なインクルーシブ教育（融合教育）を実現することを奨励することである。これに引き続き，障害児童の「随班就読」の改善方法および保障システムを確立することが，インクルーシブ教育を実施するうえでの鍵となる課題であること，障害児童の「随班就読」の法定基準と手続きを確立し，「随班就読」のニーズを満足させるために，普通学校に対して教育資源，教員配置，教員養成等の必要な援助を提供すべきことなどが言及されている（「修訂残疾人教育条例已列入国務院立法計劃教育部正在組織起草修訂草案」『法制日報』2010年10月16日，http://www.legaldaily.com.cn/bm/content/2010-10/16/content_2318446.htm?node=20730　2014年2月1日アクセス）。
⑳　「国務院法制辨公室関於《残疾人教育条例（修訂草案）》（送審稿）公開徴求意見的通知」2013年2月25日，（http://www.chinalaw.gov.cn/article/cazjgg/201302/20130200384148.shtml　2014年2月1日アクセス）。
㉔　インクルーシブ教育については，①国家の教育方針を徹底し，すべての障害者を考慮して，インクルーシブ教育の原則を堅持し，障害種別および受容能力に基づいて，普通教育方式あるいは特殊教育方式を採用する（第4条），②地方各レベルの人民政府は普通幼稚園・学校の障害学生受入れ能力を徐々に向上させ，インクルーシブ教育を推し広め，障害者が普通幼稚園・学校に入学して教育を受けることを保障するべきである（第10条），③障害児童を受け入れる普通幼稚園はインクルーシブ教育を実施し，就学する障害児童のために適切な教育とリハビリ訓練を提供するべきである（第12条）ことが規定されている。

　　合理的配慮については，①政府，学校，社会，家庭は，障害者が教育を受ける権利を実現するために必要な条件および合理的配慮を提供すべきである（第3条），②教育考査機構と学校は障害種別と受験の専門的要求に基づいて合理的配慮や必要な援助を提供するべきである（第40条）という文脈で登場する。
㉕　委員会は，区域内の適齢期の障害児童の身体状況と教育受容能力の評価，就学相談などを行い，入学意見書，指導意見を提出する。
㉖　「関於開展残疾児童少年随班就読工作的試行辨法」（教基〔1994〕6号）1994年7月21日。
㉗　ダンピング（dumping：投げ込み）とは，障害児童のニーズにあわせた支援や教育的対応がないまま，障害児童が単に普通学校・学級に入れられることを意味する。
㉘　亦能亦行身心障碍研究所「対中国実施《残疾人権利公約》的観察」。一加一報告「聯合国《残疾人権利公約》中国実施情況」（2012年3月）One Plus One Report "Implementation in China of the United Nations Convention on the Rights of Persons with Disabilities," March 2012.
㉙　北京市教育委員会，北京市人民政府教育監導室，北京市残疾人聯合会「関於進一歩加強随班就読工作的意見」（京教基二〔2013〕1号）。
㉚　「北京市残疾児童少年随班就読工作管理辨法」（試行）。
㉛　「各類残疾類別随班就読具体標準」。
㉜　視覚障害者の生徒が北京市の高等教育試験機関から希望する専攻の受験について障害を理由に拒否された事件。事件をきっかけに，障害者が参加する国家の各種試

験を実施する機関はその者のために手配をしなければならないという条文が追加されたことを教育部法制辦公室副主任が明らかにしている。
⑶ 「教育部・衛生部・中国残疾人聯合会関於印発《普通高等学校招生体検工作指導意見》的通知」（教学〔2003〕3号）2003年3月3日。

〔参考文献〕

<日本語文献>
呉秋紅　2004．「中国の障害児教育研究の分析―『随班就読』に関する論文を軸に―」『立命館産業社会論集』40(1)　6月　89-109．
小林昌之　2000．「中国障害者保障法の形成と発展」『手話コミュニケーション研究』(37)　9月　33-39．
――――　2010a．「中国の障害者の生計―政府主導による全国的障害調査の分析」森壮也編『途上国障害者の貧困削減―かれらはどう生計を営んでいるのか』岩波書店　33-57．
――――　2010b．「中国の障害者と法―法的権利確立に向けて」小林昌之編『アジア諸国の障害者法―法的権利の確立と課題』アジア経済研究所　65-92．
七田怜・呂暁彤・高橋智　2005．「中国における障害児の『随班就読』の実態と課題―北京市の随班就読推進モデル小学校調査をとおして―」『東京学芸大学紀要』第1部門，教育学，56　3月　243-268．
趙京玉　2011．「中国の『随班就読』の概念をめぐる論争―陳雲英を中心に―」『幼年教育研究年報』33　12月　65-71．

<中国語文献>
北京市教育委員会・北京市特殊教育中心編　2013．『随班就読教師基礎知識与技能』北京：知識産権出版社．
傅高山　2013．「従《残疾人教育条例》修訂看現実問題」『有人』総第1期　60．
教育部発展規劃司組編　各年版．『中国教育統計年鑑』人民教育出版社．
彭霞光等　2013．『中国特殊教育発展報告2012』北京：教育科学出版社．
尚暁援　2013．『中国残疾児童家庭経験研究』北京：社会科学文献出版社．
全国人大常委会法制工作委員会行政法室編　2008．『中華人民共和国残疾人保障法解読』中国法制出版社．
中国残疾人聯合会編　2011．『中国残疾人事業統計年鑑2011』北京：中国統計出版社．
中国残疾人聯合会研究室・北京大学人口研究所・国家統計局統計科学研究所　2013．「2012年度全国残疾人状況及小康進程監測報告」（http://www.cdpf.org.cr/ggtz/attache/site281/20130709/0024e83970401345ab3501.rar　2014年2月1日アクセス）．

第 3 章

タイにおける障害者の教育を受ける権利とその現状

西澤　希久男

はじめに

　近年，タイでは障害者に関する法制が大きな動きをみせている。タイは，2008年7月29日に障害者の権利に関する条約（以下，障害者権利条約）を批准することとなるが，条約と適合するよう多数の改正が行われた。たとえば，1999年医療業務従事法，1992年政治公務員規則法，1978年検察公務員規則法などでは，欠格条項のなかに含まれていた障害（者）という要件を削除し，障害者権利条約に適合する形で修正を行っている。そのほか，障害関連法制の変容のなかでとくに重要なものとして，まず「仏暦2550（西暦2007）年タイ王国憲法」（以下，2007年憲法）を挙げることができる。差別禁止を定める憲法30条3項に，初めて明示的に障害者の文言が挿入された。そしてこの改正は，障害者団体の主体的な取り組みにより，第1次草案には含まれていなかった規定に文言が追加されることによって実現した（西澤 2010）。つぎに挙げることができるのは，障害者法制の基本法ともいえる「仏暦2550（西暦2007）年障害者の生活の質の向上と発展に関する法律」（以下，障害者エンパワーメント法）である。この法律には，障害者の権利についての規定が多数収められ，それまでとはちがう様相を呈している。そして，障害者を保護の対象とするのではなく，権利の主体として，社会参画の主体として認識している。自立した主体として社会に参画するうえで重要になってくるのは，生業を得て，収入を得ることである。障害者が生業を得ること

は困難を伴うため，各国の政府はさまざまな施策をとって，障害者の雇用を促進している。タイでも障害者エンパワーメント法により割当雇用制度を設けており，関係省令により，100人にひとりの割合で障害者を雇用することを義務づけている。しかし，このような制度を設けるだけでは，雇用を促進するには不十分である。障害者には雇用を得て働く能力があることを証明する必要がある。使用者に障害者の能力を認識させる施策をしっかりと実行していくことは必要であるが，障害者がそのような能力を身につけておくことも同時に必要となる。その能力を育成するために重要なもののひとつが教育である。

　教育を受ける権利は基本的人権のひとつである。しかしながら，基本的な人権であるにもかかわらず権利として尊重されない場合があることも事実である。これは障害者権利条約が制定されたことからも明らかである。世界人権宣言にもみられるようにすべての者に対する一様な保護の形は，さまざまな特性や配慮を有する者たち，たとえば子どもの権利を保障するには不十分であった。そしてその傾向は，開発途上国においては顕著であった。また，一般的に教育を受ける権利が認められたとしても，障害者に対する理解不足や差別などのために，障害者が教育を受けることが困難であったことも紛れもない事実である。しかし，近年のタイでは，障害者の教育を受ける権利を認め，かつその権利へのアクセスを保障するためのさまざまな施策が講じられてきており，障害者教育の新たな段階が来ていることは明らかである。

　そこで，本章では，タイの障害者が有する教育に対する権利とその権利保障の現状について明らかにするために，障害者教育関連法制と障害者学校について歴史的考察をするとともに，現行制度を規律する法律の内容を検討する。

第1節　タイにおける障害者学校の歴史と現状

1．タイにおける障害者学校の歴史

　Wongkom（2004，88-94）によれば，タイの障害者学校の歴史は以下の様な形で進んでいった。

　タイの障害者教育は，1938年，アメリカ人女性の Genevieve Caulfield がタイ人とアメリカ人の友人とともに，タイ人の盲の子どもを受け入れ，その子どもを養育するとともに，ブレール（Braille）式点字の読み書きなどを教えたことに始まる。そして，彼女は1年後の1939年「バンコク盲人教育学校」および「タイ盲人支援財団[1]」を設立した。この1939年が，タイにおける障害者教育運営が始まった年といわれる。同学校にはその後政府からの補助金や土地の賃貸などの便宜が図られた。

　政府による最初の取り組みは，1951年に開始された。教育省は，障害者教育を試験的に開始し，バンコクの一般学校のなかにろう教育のための教室をひとつ設けて，障害者特殊学校を開設した。行政として障害者教育の担当部署が設立されたのは，教育省のなかに，特殊教育課が設置される1952年である。その同年，セーサティアン財団が設立され，同財団は教育省と共同して，1953年にろう人教育学校を設立した。

　1953年は，学習遅滞児童への教育についての動きもみられた。普通教育局は4つの一般学校のなかに学習遅滞児童のための特殊教育クラスを設けた。この試みは，特殊教育クラスを設置する学校をさらに5校増やしたが，1966年段階でいくつかの学校がその取り組みをやめてしまい，結局普通教育局は5校でその取り組みを維持した。

　一般学校への障害児童の就学の始まりといえるのが1956年である。盲の生徒が「タイ盲人支援財団」からの支援を受けて，バンコクの中等教育段階の一般学校で一般生徒とともに初めて学習した。50年以上前の段階で，一般学校への障害児童の受入れが始まっていた。この動きに続き，1957年，教育省の主導により，学習遅滞児童の一般学校受入れが，バンコクの7つ

の学校で始まった。

　翌年の1958年には病院内の子どもたちへの教育について初めての取り組みがされた。特殊教育を担当する特殊教育局は，シリラート病院に入院する病気の子どもたちへの教育についての計画を立案し，普通教育局による承認を得た。

　1961年以降，知的障害児童に対する教育に関する取り組みが進展していく。まず，1961年，「障害者支援財団」は，特殊教育学校設立の認可を受け，特殊教育課と協力して，特殊教育学校の設置を開始した。その結果，1965年に，シーサンワン学校が完成した。1962年には，普通教育局は，American Foundation for Overseas Blind（AFOB）の協力を得て，バンコクに初等教育段階での盲児童の一般学校での就学が試験的に実施された。その後，この取り組みはいくつかの地方に短期間内に拡大したが，予算上の問題により，最終的にはバンコクの取り組みだけが維持された。

　1962年には，「タイ知的障害者支援財団」が設置され，翌年の1963年には，7歳から15歳までの知的障害児童の教育のために，特殊教育クラスを知的障害者病院内に設置した。

　1964年，普通教育局は一般学校であるパヤタイ学校のなかに，難聴の児童のためにインクルーシブ教育を行うクラスを拡大した。そこでは，特殊教育担当教員による教授が行われるとともに，発声訓練が行われた。1977年以降，教育省は学習遅滞および難聴児童の初等教育段階でのインクルーシブ教育を拡大した。

　同年以降，「タイ知的障害者支援財団」は，地方のいくつかの場所に拡大して，知的障害者のための学校を設立することを発表した。1977年，ウティコーン学校をバンコクに設立し，その後1978年にウティコーン学校内に知的障害者職業訓練工場を設置するとともに，ナコンパトム県に女性職業訓練センターを設置した。1981年にはチェンマイ県に知的障害者支援センターを設立し，1983年にはウボンラーチャターニー県に，1987年にはソンクラー県に設立した。

　「タイ知的障害者支援財団」は，重度知的障害者および就学前知的障害児童にまでその取り組みを拡大した。1982年，知的障害児童訓練センターを

第3章　タイにおける障害者の教育を受ける権利とその現状

写真3-1　タイのろう学校の校舎

（小林昌之撮影）

バンコクに設立し，1984年には，就学前知的障害児童開発センターをバンコクに設立した。

　以上，タイにおける障害者教育の歴史をみてきた。特徴的なのは，財団主導で障害者教育が行われ，それに対して教育省が支援するという形式である。後述のように，初等教育学校の設立においても民間の役割が非常に期待されていたが，その傾向は特殊教育学校でも同様である。そして，社会のなかに障害者に対する理解不足や差別が存在する場合，民間の取り組みに大きく依存してしまうと，その特殊教育を担う学校の数が多くなるのは難しい。その結果として，後述するように，特殊教育学校の数は非常に少なくなっている。そのような社会であるからこそ，本来的には政府の役割が重要になってくるといえる。

　特殊教育学校の設置については，民間との連携，依存といっていい状態であるが，政府としての役割が顕著なのは，一般学校での障害児童の受入れを促進することであった。予算的な制限のあるなか，新たな特殊教育学校の設置を民間と共同で行う流れのなかでは，政府単独で行いやすい方法が既存の一般学校でのインクルーシブ教育である。学校の設置は民間に依存する形を採用したため，結果としてインクルーシブ教育が採用されたといえる。そして，この傾向は現在も続いており，インクルーシブ教育の促

進という世界的な傾向も相まってより急速に進んでいるといえる。

2．タイにおける障害者学校の現状

　現在のタイにおける障害者教育を担っている教育機関はさまざまあるが，重要なものとして特殊学校がある。特殊学校のなかで，障害者のみを対象としている障害者学校は現在55校存在している。そのうち，私立学校が12校あり，私学教育振興委員会事務局が所管している。その他については，特殊教育行政事務局が所管しており，同じ教育省のなかの部局であるが，設立母体により担当部局が異なっている。特殊教育行政事務局は，自ら担当する障害者学校と支援教育学校については統計を公表している。以下その公表された統計に基づき，概要と現状について説明をする。

　まず障害者学校であるが，これは，就学前教育から中等教育後期（日本における高等学校段階に対応）までを対象としている。その数は43校であり，35県にわたっている。43校のうち，聴覚障害者を対象とするのが20校，視覚障害者を対象とするのが2校，知的障害者を対象とするのが19校，肢体不自由者を対象とするのが2校である。生徒数は，2012年6月段階で，1万3230人となっている。そのうち，寮生活をしている生徒は1万2369人，通学している生徒は861人である（Klumngankhomunlaesansontheat m.a.a, 8-9）。

　特殊教育行政事務局が所管する学校で，障害者教育にとって重要なものとして，支援教育学校がある。支援教育学校とは，就学機会を得ることが困難な児童を対象とした学校である。この支援教育学校は全国に51校あるが，これはふたつに分類することができる。

　第1は，狭義の「支援教育学校」である。この学校は，障害者学校と同様，就学前教育から中等教育後期を対象としている。この学校に通う，就学機会困難児童に含まれるのは，①貧困児童，②薬物問題児童，③被遺棄児童，④虐待児童，⑤エイズまたは社会が嫌悪する伝染病の影響を受ける児童，⑥マイノリティグループの児童，⑦家がない児童，⑧強制的に労働させられるまたは児童労働に従事している児童，⑨性産業または児童売春に従事している児童，⑩児童観察保護施設にいる児童である。障害者は上

記カテゴリーには含まれていないが，インクルーシブ教育の一環として受入れが行われている。

第2のものは，「国王支援学校」である。この学校は，経済的，社会的に困難な状況にいる少年を支援するために設置された学校である。この学校はロイヤル・プロジェクトの一環として設置され，1988年以降25校が設置されている。

支援教育学校全体51校の生徒数は，2012年6月段階で3万6538人である。そのうち，寮生が3万3489人であり，通学生が3049人である。支援教育学校で学習している障害児童の数は1087人であり，全体の2.97パーセントを占めている。そのうち寮生が789人，通学生が298人である。通学生のうち，279人がバンコクのひとつの学校で占められており，障害者学校と同様に，ほとんどが寮生活を送っている。51校中，障害児童がいるのは34校であり，バンコクにある1校は279人と多いが，これを除くと1校当たり100人を超える場合はない。(Klumngankhomunlaesansontheat 2012, 58-60)。

その他，障害者教育を担う機関として，「特殊教育センター」がある。特殊教育センターでは，インクルーシブ教育を実施している一般学校や医療機関に出向いて，障害者教育のための助言等をするほかに，実際に障害児童を受け入れ，家庭を訪問して障害児教育を直接，間接に担っている。特殊教育センターは，教区ごとに設置される13カ所（バンコク（中央），ナコンパトム（第1教区），ヤッラー（第2教区），ソンクラー（第3教区），トラン（第4教区），スパンブリー（第5教区），ロップブリー（第6教区），ピッサヌローク（第7教区），チェンマイ（第8教区），コーンケーン（第9教区），ウボンラーチャターニー（第10教区），ナコンラーチャシーマー（第11教区），チョンブリー（第12教区））と，そのほか，県単位に設置される64カ所と，全国合わせて77カ所である。特殊教育センターにおいて学習している生徒数は，センター総数が76カ所の時のものであるが，2012年6月において8万2399人である　(Klumngankhomunlaesansontheat n.a.b, 1)。

他方，一般学校でインクルーシブ教育を受けている障害者の生徒数は，最新の2013年段階のものが公表されており，その人数は，16万582人である(Klumsansontheat 2013, 112-157)。

第2節　タイにおける障害者教育法制の歴史的変遷

　障害者に対する教育は，障害者に対する差別や理解が不十分なことなどを理由として，世界的に実施が遅れてきていたことは否めない事実である。とりわけ，途上国においてはその傾向が著しいといえる。そのような状況下で，障害者教育を制度的に保障し，それを促進していくためには，義務教育制度を確立する必要がある。しかし，義務教育制度が導入されたとしても，それが一律に適用されない事例，すなわち就学免除の規定が存在した場合は，義務教育の実効性は失われてしまう。就学免除規定が存在すると，さまざまな理由で子どもを就学させることを躊躇していた場合，その規定の存在を知ることにより，子どもを就学させないことにつながることがある。また，受け入れる学校としても，受入れを躊躇する児童がいた場合に，就学免除規定の存在を保護者に知らせ，就学免除の申請を促すことにより，事実上の受入れ拒絶をすることができる。そのほか，保護者として子どもに就学させたいと考えたとしても，費用負担がその家族の経済状態にとって過大な負担となる場合は，子どもの就学を断念しなければならなくなる。そこで以下では，タイでの義務教育制度の変遷について，障害児童の通学促進に大きく関係する義務教育，就学免除，および教育費用の点について検討を行う。

　タイに義務教育制度が導入されたのは，「仏暦2464（西暦1921）年初等教育法」によってである（以下，1921年法）。1921年法は，全52条および適用地域表からなり，その構成は，前文，法令名，施行日，定義等の規定に続き，第1章「各種規定」，第2章「国立学校」，第3章「人民学校」，第4章「私立学校」，第5章「文部事務官補佐」，第6章「審理および刑罰」，第7章「雑則」となっている。適用地域は，当初は適用地域表に掲載されているところから始まり，その拡大は布告によって行った。同法の適用地域は，1921年の段階で約46パーセントの地域であったが，1932年の段階では，約89パーセントまでに拡大し，1935年までには適用地域は全土に及んだ（Watson 1980, 107）。

1921年法によると，男女にかかわらず，子どもは，満7歳から満14歳まで学校に通わなければならない（第5条）とされ，これにより義務教育が法律上明示された。しかしながら，地域の事情を考慮して，就学開始年齢については8歳，9歳，または10歳に引き上げることができるとした（同）。

　義務教育を実施するうえで重要な要素となるのは教育に関する費用である。これまで子どもを就学させていなかった保護者にとって，子どもを学校に通学させるのにさらなる出費が必要となるとすると，保護者としては子どもを学校に通学させることを躊躇する要因となる。同法によると，国立学校および人民学校の場合，授業料は無料となるが，私立学校の場合は有料である（第4条第1項）。国立学校とは教育省が設置，維持する初等教育学校である（第3条）。人民学校とは，郡（アンプ[2]）または区（タンボン[3]）の住民が設置，維持する学校，または郡長が設置，維持する初等教育学校である（同）。この学校は地方での設置が前提とされているが，設置主体は民間人または郡となる。最後の私立学校は，「仏暦2461（西暦1918）年私立学校法」に基づき設置された初等教育学校である（同）。しかし，国立学校でも一部の学校では，授業料が必要となる（同条第2項）。さらに，郡立人民学校については，授業料は無料であるが，同校の充実を目的とする教育拠出金が存在し，16歳から60歳までの男性は教育拠出金を1バーツから3バーツの範囲で支払わなければならない（第28条第1項）。この教育拠出金制度は1930年に廃止された。

　第5条により，原則7歳以上の子どもは就学しなければならないが，ある条件を満たす場合には，就学が免除される場合がある。まず，自宅教育が行われている場合である（第10条第1項）。その際，自宅教育のレベルを測るために，両親または保護者は，子どもを郡駐在文部事務官のもとに，1年に1回送らなければならない（同条第2項）。第17条は子どもの属性による就学免除を定めている。第1に，就学最高年齢である14歳に到達する前に課程内容を修了した場合である（同条1号）。第2に，身体もしくは知的障害または伝染病を有する場合である（同条2号）。最後に，学校から3.2キロメートル以上離れているところに居住している場合，または回避することができない事情により学校に到達できない場合である（同条3項）[4]。

初めて義務教育を導入した1921年法であるが，まず導入初期であるために，学校数自体が少なく，これから充実させることが前提となっている。それは，私立学校に加えて，人民学校も民間人が設立することが可能となっているところからもわかる。また郡立人民学校の設立，運営のための資金として，政府からの補助ではなく，教育税ともいえる教育拠出金制度が設けられている。そのほか，就学免除規定のなかにも自宅学習のほか，距離要件が存在しているところからも，充実した公教育制度が完備されていないことを想定している。

　障害児童の就学をみてみると，就学免除規定のなかに，明確に障害児童が含まれている。この点からしても，義務教育を導入したとはいえ，障害児童の就学にはつながりにくいと考えられる。

　1921年に初めて義務教育を定めた初等教育法は，その後，時代の移り変わりに従い，その規定を変えていくこととなる。最初の大改正は，1932年の人民革命を経た後の1935年に行われた。「仏暦2478（西暦1935）年初等教育法」（以下，1935年法）は，全56条から構成されている。短い前文には，人民議会は，時代に即した形に法律を改正しなければならないと考えたため，改正をしたとする。

　義務教育については，8歳となる年から15歳になる年まで初等教育学校で学習しなければならないとした（第5条第1項）。しかし，初等教育の成果とされる知識を有していれば，15歳以前に修了することができる（同）。この当時，教育を所管する道徳省であるが，大臣は地域の状況を考慮して，官報への布告により，就学開始年齢を9歳または10歳に引き上げることが可能となっている（同条第2項）。

　教育費については，人民学校およびテーサバーン学校は授業料を支払う必要がない（第7条第1項）。テーサバーン学校とは，テーサバーン[5]が設立した，またはテーサバーンに移管されたもので，学校の維持をテーサバーンの収入により行う初等教育学校である（第4条）。一方，国立学校は，大臣の定める割合に従い，授業料を聴取することができる（第7条第2項）。

　就学免除については，自宅学習によるものが1921年法に引き続いて存在した（第9条第1項）。この場合は，自宅教育のレベルを測るために，1921年

法と同様に，両親または保護者は，子どもを郡駐在文部事務官のもとに，1年に1回送らなければならない（同条第2項）。そのほか，子どもの属性に着目した就学免除の規定として第11条がある。それによると，体力もしくは知力面において不十分である，または慢性疾患もしくは伝染病疾患にある場合（第1項第1号），学校から2キロメートル以上離れているところに居住している場合，または回避することができない事情により学校に到達できない場合（同第2号），両親または保護者が虚弱により生計を立てることができず，かつ代わって養育をすることができる者がいないとき（同3号）である。同号に基づいて就学免除をする場合では，もし子どもが複数いる場合には，就学免除をすることができるのは，ひとりに限定される（同条第2項）。

授業料については，1921年法では原則無料であった国立学校が有料となった。人民学校および人民学校から移管したテーサバーン学校は無料が維持された。国立学校が有料となったことから，経済的に余裕がない保護者の選択は人民学校のみとなってしまう。

その後，この1935年法は1940・1962・1966・1968年の4回にわたって改正される。授業料，義務教育に関連する改正は，1940年の改正により実施され，初等教育学校において学ぶことがふさわしくない事由を有する児童は就学免除となるとされた（第11条第1項第4号追加）。就学免除についての規定が一般条項化されてしまったため，自由裁量が非常に大きくなった。

そして，1980年には，1977年の国家教育計画に対応する形で新たな初等教育法が公布された。そこでは，これまで設立主体により学校を定義していたが，そのような規定は廃止し，国家教育計画に従い初等教育段階の教育を行う学校として，初等教育学校が定義された（第4条第1号）。就学免除に関しては，第9条に定めがあり，まず，身体または知的障害を有する場合（第1号），省令にある伝染病に罹患する場合（第2号），保護者が虚弱により生計を立てることができず，かつ代わって養育をすることができる者がいないとき保護者を養育しなければならない場合（第3号），省令に定めるその他理由がある場合（第4号）となっており，距離要件および慢性疾患の文言が削除された。

写真3-2　生徒に人気のパソコンの授業

（筆者撮影）

　つぎに教育費についてであるが，これについては規定が存在しない。なぜ廃止されたかは判明しないが，実務上はこれまでの慣行を踏襲したようである。

　これまで，現行法に至るまでの義務教育に関する歴史を概観してきたが，障害者教育についてみると，1921年法により義務教育が導入されて以降，就学免除要件のなかに障害者に関する要件が含まれていた。また，時代状況に合わせる形で，免除要件の範囲が広がり，義務教育の完全実施は現実的ではないと政府が考えていたことは明らかである。しかしながら，"Education for All" の掛け声のもと，タイの教育制度はその後大きな変貌を遂げていく。そのなかで，障害者教育も大きな変革を果たしていくこととなる。その経緯は，次節で詳述する。

第3節　タイにおける障害者教育法制の現状とその評価

　これまで，タイにおける障害者教育の歴史的変遷について，とくに義務教育における授業料および就学免除の問題と特殊学校の設置についてみて

きた。規定上就学免除の要件も拡大傾向にあり，障害者の就学促進に結び付きにくいものとなっていた。また，授業料についても，1980年法以前においては範囲の変更はあったとしても規定が存在したが，1980年法ではその規定がなくなり，行政慣行上の取り扱いとなってしまい，ある種後退した感さえある。

　しかしながら，その流れを変え，障害者教育に対して大きな影響を与えたのは，1997年に出された憲法である。クーデターを契機としないで制定された初めての憲法であり，最も民主的な手続により制定されている。この憲法において定められた教育に対する権利の規定に従い，関係法令が大改正された。また，2006年のクーデターにより1997年憲法は廃止され，2007年に新しい憲法が制定された。クーデターを契機に制定された憲法ではあるが，非民主的な手続であるクーデターが人民に受け入れられるためにも，旧憲法と比較して人権保障を後退させるわけにはいかず，さらなる権利保障が実現した。教育に対する権利もそのひとつである。

　そこで以下では，1997年憲法に端を発する教育に対する権利の伸張とそれに対応して大きく変わった教育制度において，障害者教育に焦点を当てながら，その内容を検討していく。

1．1997年憲法

　教育を受ける権利は基本的人権であるが，タイにおいて憲法上教育を受ける権利を定めた初めての憲法は1974年憲法である。それまでは，教育に関する規定が存在せず（1932年憲法，1946年憲法），規定があったとしても自由に関するものや教育を受ける義務についてのものであった（1949年憲法，1968年憲法）。1974年憲法でいったん教育を受ける権利が定められたが，1976年憲法においては，再び自由と義務に関する規定方法に変更され，それは1991年憲法でも踏襲された。しかしながら，1995年の改正により，権利についての規定が復活して以降，教育に関する権利の規定は憲法上継続して定められている。

　タイで教育を受ける権利について大きな転換を迎えたのは，1997年憲法

である。ここでは，単なる抽象的な権利として認めるのではなく，具体的な形で規定をしている。すなわち，12年以上の無償の基礎教育を受ける権利として規定している（第43条第1項）。これにより，中等教育後期までの教育を無償で受けることができる。義務教育は中等教育前期までの9年間であるので（2002年義務教育法第4条第1号），義務教育を超える範囲での無償教育を受ける権利を保障している。この規定により12年の無賞教育を保障するということは，国家に無償教育を提供する義務を課すこととなる（Shinkanet 2000, 13）。

1997年憲法では，12年以上の無償教育を保障する規定のほかに，教育に関する規定を新たに設けている。それは，教育運営において，地方行政機関や民間の参加に留意する旨の規定が増設された（第43条第2項）。中央の力が強いタイの行政において，地方および民間の意見を尊重するというのはそれまで考えられなかったものであり，地方分権，住民参加を憲法の柱としている1997年憲法の基本思想が教育においても反映されている。

2．1999年国家教育法

この1997年憲法において，教育に関する規定が既存のものと比較して大きく変更され，教育に関する各種法令も，憲法の規定に沿う形で立法，改正される必要が生じた。その一環として，1999年2月6日に「仏暦2542（西暦1999）年国家教育法」（以下，国家教育法）が公布された。この国家教育法は，全78条よりなり，定義に関する規定の後，第1章「一般規則——意図および原理——」，第2章「教育における権利および義務」，第3章「教育制度」，第4章「教育運営方針」，第5章「教育行政および運営」，第6章「教育の水準および質の保障」，第7章「教員，教授，教育職員」，第8章「教育向け資源および投資」，第9章「教育向け技術」，「経過規定」により構成される。

教育の権利については，第2章に規定されている。そこでは，憲法の規定に対応して，第10条第1項で12年以上の無償の基礎教育を受ける権利を認めている。第2項では，障害者，機会困難者等は，特別の基礎教育を受

ける権利を有するとする（同条第2項）。第3項には，障害者教育のための特則が規定されている。そこでは，教育は生後または障害が生じたときから無償で受けることができるとする。そしてさらに，省令の定めに従い，必要な施設の利用，サービスの提供，支援等を受けることができるとする。第2項および第3項において，障害者に対する教育を受ける権利を保障するための特則が規定され，単に一般的な権利保障ではなく，教育へのアクセスを保障しており，この考え方は後の2007年憲法でも引き継がれている。

　1997年憲法の規定に従い，国家教育法のなかでも12年以上の無償教育が規定された。ただし，憲法上も国家教育法上も無償教育の範囲，すなわちどのような費用を支払う必要がないかについての基準が明確にされていない。この点については，1999年3月16日の閣議により，次のように確認された。それは，教育における費用を基本費用と特別費用に分類する。基本費用は，授業料と教育備品費である。特別費用は，教科書費，昼食費，補助食品費，交通費，制服費を意味する。このうち，特別費用については，経済的または社会的要因により特別のニーズを必要とする集団に対して，国家が対応するものである（Shinkanet, Nikhrothangkun and Carakhaconkul 2002, 47）。障害者はこの特別のニーズを必要とする集団に属すると考えられるので，基本費用および特別費用については支払う必要がない。

　さらに，教育を受ける権利を保障するために，実際に教育を受ける者の関係者に対しても権利および義務を定めている。まず，義務については，父，母，または保護者は，子どもに義務教育を受けさせる義務を有する（第11条）。義務教育の期間は，7歳になる年から16歳になる年までのあいだで9年間である（第17条）。他方，権利については国家から子どもを養育するうえで必要となる知識の提供を受けること，支援金を受けること，さらに法律の規定に基づき，教育費に関する税金の減免措置を受ける権利である（第13条）。さらに基礎教育を提供している個人または集団も，同様の措置を受ける権利を有する（第14条）。

3．2002年義務教育法

1999年の国家教育法制定にともない，タイの教育法制に変革がもたらされた。そのうちのひとつが，「仏暦2545（西暦2002）年義務教育法」（以下，義務教育法）である。国家教育法により義務教育制度が変更されたことを受け，これまで初等教育法に定められていた義務教育の内容について独立した法律として2002年に制定された。

義務教育法は全20条によって構成される。義務教育は，国家教育法により定められた基礎教育のうち，初年度から第9年度までの段階の教育を指す（第4条第1号）。そして，父母等を含めた保護者は子どもを学習のために学校に入学させなければならない（第6条第1項）。

就学免除に関する規定は廃止されており，これまでの初等教育法と大きく異なっている。ただし，保護者が就学時期の変更を望んだ場合には，学校は基礎教育委員会が定めた基準の手続に従い，子どもの入学時期を変更することを認めることができる（同条第2項）。この場合，就学時期を早めることも遅くすることも可能である。

4．2007年憲法

1997年憲法は，2006年9月のクーデターで廃止されることになるが，その後に制定された現行憲法である2007年憲法においても，教育を受ける権利については削除されることなく，引き続き規定された。

2007年憲法においても1997年憲法と同様に，12年以上の無償での基礎教育を受ける権利は維持された（2007年憲法第49条第1項）。さらに，障害者や困窮者等については特別に第1項に規定された権利を再度確認するとともに，他人と同等の権利を享受するために国家からの支援を受ける権利を有することを規定した（同条第2項）。ここでは，権利を実質化するために，教育へのアクセスを保障するために（Cumpa 2012, 312），国家による支援を受ける権利を並記している。

第3章 タイにおける障害者の教育を受ける権利とその現状

　さて，Cumpa（2012, 313）が指摘するように，ここで問題になるのは，無償教育を受ける権利が定められているが，教育に関する費用のすべてが無償となるか否かである。この問題は，2007年憲法の起草段階における議論において，無償教育の内容に言及しているからである。起草段階の議論において無償の部分について，たとえば，権利金，寄付金，カリキュラムに関するあらゆる費用の徴収を禁止するとする。そして，その説明として，特別授業などの名前があったとしても徴収を禁止するとする（Khanakanmathikanwisaman banthukcetnarom cotmaehet lae truatraikanprachum 2007, 43-44）。

　2007年憲法に定められた無償教育に関する第49条第１項の内容に関連して，法制委員会に対して教育省基礎教育委員会事務局から2008年４月30日付けで問い合わせがあった。すなわち，現在，所管する学校においては，生徒の能力を最大限に引き出すための教育を実施するために，生徒の能力に合わせた授業ができるよう，各学校の自主性を認めて，カリキュラム外における教育を推奨している。その際，そのカリキュラム外におけるさまざまな授業に対する費用を徴収してきた。しかし，2007年憲法第49条第１項についての起草段階における議論によると，名称にかかわらず費用を徴収してはいけないとする。基礎教育委員会事務局として，所管する学校に対して，カリキュラム外の授業の費用を徴収することを許可する布告を公布しても大丈夫かという内容の問合わせであった（Samnakngankhnakanmakankritsadika 2008, 3）。この問合わせに対して，法制委員会は，2007年憲法の委員会における起草段階の資料がこのようにいっているとしても，憲法制定議会はこのような考え方を支持している旨は表明していないことと，また2007年憲法の規定と1997年憲法の規定の考え方は変更していないことを理由として，教育省に対して，憲法が定める，国家が保障しなければならない，あまねく，質を有する無償教育で行うカリキュラムと，それを超えて行い，その場合費用を徴収するとすることを明らかにする一般的な基準を策定すべきであるとしながらも，カリキュラム外における費用の徴収を認めた（Samnakngankhnakanmakankritsadika 2008, 4-6）。この事例では，2007年憲法第49条第１項の規定についての論点であり，法制委員会での判断においても，障害児童の例を出して検討しているわけではないが，ここでは

カリキュラム外の授業における費用負担が争点となっており，その点からすると障害児童にも該当する論点である。後述する2008年に公布された「障害者のための教育運営に関する法律」（以下，障害者教育運営法）においては，「ゆりかごから墓場まで」における教育の無償を権利として定めている（第5条第1号）。12年間に限定されておらず，国家教育法の特則となるのであるが，教育の内容についての規定は定められていない。そうなると，上位規定である憲法，国家教育法における考え方が採用されることとなるので，カリキュラム外の授業が行われた場合における費用負担の問題が出てくる可能性は有り得るものである。

5．2008年障害者教育運営法

2002年の国家教育法第10条第1項は12年以上の無償の基礎教育を受ける権利を認め，第2項では，障害者，機会困難者等は，特別の基礎教育を受ける権利を有するとする。つづく第3項には，障害者教育のための特則が規定されている。そこでは，教育は生後または障害が生じたときから無償で受けることができるとする。そしてさらに，省令の定めに従い，必要な施設の利用，サービスの提供，支援等を受けることができるとする。第2項および第3項において，障害者に対する教育を受ける権利を保障するための特則が規定されており，障害者教育の特殊性が規定上も表れている。そして，法律公布時に付属される立法理由にあるように，障害者教育運営の特殊性にかんがみ，一般規定である国家教育法よりさらに詳しい特別法が必要であるとの認識に至った。その結果公布されたのが，「仏暦2551（西暦2008）年障害者教育運営法」（以下，障害者教育運営法）である。その公布理由によると，障害者教育の運営においては，一般生徒に対するものと異なるものがあるとする。そして，障害者が生まれてから，または障害を有するに至ってから，教育面における特別のサービスおよび支援を受ける権利および機会をもたせなければならないとする。それゆえ，障害者に教育におけるすべての段階および制度においてサービスを提供し，支援をするためにこの法律が制定されたとする。

障害者教育運営法は，上記理由のもとに，2008年2月6日に公布され，翌日から施行された。障害者教育運営法は，全29条からなり，定義に関する規定の後，第1章「教育における権利および義務」，第2章「障害者教育運営の振興」，第3章「障害者教育発展振興基金」および経過規定から構成される。

　まず特徴的なのは，この法律で初めてインクルーシブ教育の文言が法律上現れた。インクルーシブ教育については，すでに2004年から教育省として取り組みを強化しているものであったが，法律上にもあえて定義規定を設けることにより，そのことが明らかとなった。第1条第5号によると，インクルーシブ教育とは，障害者がすべての段階および多様な形態の一般教育制度に入って学習することであり，障害者を含めたすべての集団にとって教育が受けられることを可能とすることを含む，とする。インクルーシブ教育については，特殊教育事務局が有する責務として，その支援が定められている（第18条第1項第2号）。

　障害者の教育を受ける権利に大きく関係する部分は，第2章となる。第5条は障害者の教育面における権利を3つ規定している。それは，第1に，生まれてからまたは障害が発生してから生涯にわたって，無償により教育を受ける権利を有する。その際，教育に関する技術，設備，媒体，サービスおよびその他支援を同時に受けることができる（第1号）。第2に，能力，関心，得意および必要性に応じて，教育サービス，教育施設，教育制度，教育形態を選択する権利を有する（第2号）。第3に，一定水準の質が保障された教育を受ける権利を有し，その際，障害者個人と障害の種類に応じた必要性にふさわしい形で，学習過程についてのカリキュラムを運営し，試験を実施する（第3号）。

　障害者の教育に関する権利を直接定めるのは，第5条のみである。それ以外の部分は，障害者の教育を充実させるために，関係当事者の権利および義務を定めている。この規定方法は，障害者エンパワーメント法にも見出すことができる。まず，権利については，特殊教育を担当する教員は法律の定めに従い特別給を受ける権利を有する（第6条第1項）。また，障害者教育に携わる教育機関で条件を満たすところは，補助金を受ける権利を

有する（第7条第1項）。

　つぎに，関係当事者に課される義務的なものとして，まず教育機関は，教育省布告において定められた基準および方法に従い，障害者の必要性に対応した個別的な学習計画を策定し，また少なくとも1年に1回，学習計画の見直しをしなければならない（第8条第1項）。また，教育機関は，障害者が入学し，便益を利用できるように環境整備しなければならない（同条3項）。障害者の受入れに関連して，高等教育機関は，障害者教育運営振興委員会の定める基準および方法に従い，適切な割合または総数をもって障害者の受入れをする義務を有する（同条第4項）。障害者を受け入れない教育機関は，差別をしたものとみなされる（同条第5項）。障害者がすべての段階で教育を受けることができ，または必要に応じた教育サービスを受けることができるようにするため，国家または関係機関は障害者の保護者を支援し，共同体または職業人との協力をしなければならない（司条第6項）。そのほか，関係する技術発展研究の支援，教職員の能力向上のために国家は支援し（9条），地方団体は，障害者教育運営における利益のために，規則等を制定する（10条）。

　さらに，同法では障害者教育を充実させるために，教員の待遇を改善させる手法を採用した。そこでは，特殊教育を担当する教員に対して特別の報酬を与えるとした（第6条第1項）。ここでの特殊教育担当教員とは，2008年の障害者教育運営法では，学士号を超える学位，つまり特殊教育について修士号以上の学位を有する者であり，かつ学校において特殊教育の職責を担当しているものを指す（第3条第5号）。しかしながら，この規定は理想的すぎて，現実的ではなかった。ただでさえ，特殊教育を専攻する学部学生が少ないなか，特別報酬が支払われるからといってさらに飛び越えて修士号を取得することを期待することは難しい。また，当然現時点においてそのような資格を有する教員は少ないため，特別報酬を受領できる担当者も非常に限定されている。そこで，この規定は批判の対象となり，2013年に改正された。改正後は，特殊教育について修士号を有する教員または特殊教育に関する学士号を有し，障害者教育運営振興委員会が定めるところに従った障害教育技術評価を受けた教員で，かつ教育機関において，教育，

教育行政，指導，または障害者教育運営に関するその他職務に従事している者，とした（仏暦2556（西暦2013）年障害者教育運営法（第2版）第3条）。特別給の金額は，2013年の教育省規則に従い，月額2500バーツとなっている（第4条第2項）。

6．障害者教育法制に対する評価

タイの障害者教育法制に対する評価であるが，障害者権利条約との関係からすると，障害者の権利が焦点となる。障害者教育運営法では，第5条は障害者の教育面における権利を3種類規定している。それは，第1に，生まれてからまたは障害が発生してから生涯にわたって，無償により教育を受ける権利を有する。その際，教育に関する技術，設備，媒体，サービスおよびその他支援を同時に受けることができる（第1号）。第2に，能力，関心，得意および必要性に応じて，教育サービス，教育施設，教育制度，教育形態を選択する権利を有する（第2号）。第3に，一定水準の質が保障された教育を受ける権利を有し，その際，障害者個人と障害の種類に応じた必要性にふさわしい形で，学習過程についてのカリキュラムを運営し，試験を実施する（第3号）。このように教育に対する権利が非常に包括的に規定されているため，障害者権利条約で求められている内容をすべて含むと評価できる一方，具体性に欠けるため，権利条約が重点をおいていた論点がぼやけてしまい，実際の解釈適用の場面で条約が求めている内容の確保ができるかどうかは不透明である。

上記の障害者教育運営法とともに，2007年憲法，国家教育法を中心に構成されるタイの障害者教育法制において，タイの障害者の教育に対する権利は，法文上非常に保障されているといえる。そこで問題となるのは，法文どおり権利保障がなされているかどうかである。

教育を受ける権利を保障する際の重要な要素のひとつとして，教育費の問題がある。障害者教育法によれば，生涯にわたって無償で教育を受ける権利を有するとあるが，実際上教育費の範囲が問題となる。その範囲については，閣議決定により，教育における費用を基本費用と特別費用に分類

する。基本費用は，授業料と教育備品費である。特別費用は　教科書費，昼食費，補助食品費，交通費，制服費を意味する。このうち，特別費用については，経済的または社会的要因により特別のニーズを必要とする集団に対して，国家が対応するものである。実際には，授業料の徴収は行われていない。そのほか，障害児童一人当たり，幼稚園段階で年400バーツ，小学校555バーツ，中学校660バーツ，高校730バーツが支給されている。これについては，使用したものを把握するために領収書が必要となっており，それによって精算する。そのほか，制服費として年195バーツが支払われている。食費に関しては，寮生と通学生で支給額が異なっている。寮生は1日60バーツ，通学生は1日25バーツである[6]。そのほか，インクルーシブ教育を実施し，個別教育計画（Individualized Education Program: IEP）が作成されている一般学校や特殊教育センターに通学する児童に対しては，年額2000バーツ相当のクーポンが支給されている。クーポンは，指定された場所のみで利用できるものであり，教育に必要なものを購入できるシステムである。交通費については，公的機関が運営している交通機関は障害者登録証を提示することにより無料となるため，交通費としての支給はない。

　支給されている金額の多寡については一概に述べることはできないが，保護者からはさらなる支給が要望されている。範囲としては一応基本費用と特別費用の双方を満たしているが，交通費とクーポンについては問題が残る。つまり，交通費については，公的機関の運営する交通機関のみが無償になるだけであり，バンコクの場合はバンコク都バスのみが対象となり，地下鉄，スカイトレインは形式上民営のために対象とならない。県外の場合はそのような交通機関は存在しないところがほとんどであり，交通費は保障されていないに等しい状況である。

　クーポンについては，教育の充実のために本来的には障害児童すべてに配給するものであり，それが一部の児童に対して配給されていない。予算不足が原因であるが，特殊学校に通学していることを理由に配給されていないのは平等性の点から問題が大きい。

　就学免除については，2002年の義務教育法の制定により一律に廃止されている。義務教育法以前の就学免除は，障害を理由とするものも含めて広

範囲に認められており，児童の皆就学をめざすうえでは問題があった。この点，義務教育法の規定は，障害者の就学を促進するうえで非常に重要な定めとなっている。そして，この就学免除要件の廃止は，インクルーシブ教育の推進と障害者教育法における差別禁止規定と相まって，障害児童が教育を受けることを保障することにつながると考えられる。そのうえで問題となるのは，実際に障害児童が関係官庁にしっかりと把握されているか，ということである。タイにおいては，都市部と地方では大きく異なるが，まだ依然として障害者に対する差別は残っているといわざるを得ない。その様な状況では，保護者が障害児童を社会から隔離して，その存在を隠蔽することが行われている。そのような児童を発見することが重要な課題となっており，その任務を担うのが，各県に設置されている特殊教育センターである。しかしながら，この特殊教育センターについても，予算上の制約から多くの人員を確保することができない。後述するように，特殊教育学校の絶対数が非常に少ないタイにおいては，特殊教育センターの果たす役割が非常に大きくなっており，業務過剰となっている。

　最後に，これは法令上の問題ではないが，障害者教育を担う重要な場所である特殊教育学校の数が非常に少ないことが問題である。先述のとおり，障害児童のみを受け入れる学校が55校であり，機会困難者受入れを中心としている支援教育学校でも，全国で51校である。日本においては，特別支援学校の総数は2012年5月段階で1059校となっている（文部科学省初等中等教育局特別支援教育課 2013, 2）。この差は歴然である。もちろん，単純に数だけの問題ではないのは明らかであるが，障害児童が自分の障害の程度に応じ，自分が希望する教育を受けるという選択権の保障という観点からすれば，当然特殊教育学校の整備も含まれると考えられる。この選択権については，障害者教育法第2条第2号により教育内容，教育施設の選択権が保障されているし，障害者権利条約の交渉途中である，2005年8月には，世界ろう連盟，世界盲人連合，世界盲ろう者連盟が「ろう，盲，盲ろう者のためのインクルーシブ教育に関する声明：教育の選択の論理的根拠」として出した声明でも主張されている（全日本ろうあ連盟 2005）。また，インクルーシブ教育を効果的なものとする前提として，ろう，盲，盲ろうの児

童は，基本的なコミュニケーション能力である，点字や手話を学んでおく必要がある。その習得は，専門家が多数存在する特殊教育学校で行うことが効果的であると考えられる。

しかしながら，タイではその絶対数が少ないために，自宅に近いところの特殊学校に通学することは事実上困難である。そして，すでに述べたように，バンコクを除けば交通の便は非常に悪く，その交通費に対しては支援がないため，距離がある特殊学校への通学は困難となる。特殊学校に在籍する障害児童はそのほとんどが寮生活を送っているのはその現れである。自宅からの通学を選択するとなると，仕方なく一般学校に入学している児童も多数いることが予想される。盲，ろう，盲ろうに関する規定であるが，障害者権利条約第24条第3項（c）では，「学業面の発達及び社会性の発達を最大限にする環境を確保するとあり，その環境には盲学校とろう学校が含まれる」（長瀬 2008, 156）とあるので，当該特殊教育学校の整備は障害者権利条約に反しないし，先に述べたようにインクルーシブ教育を受ける前提としての基本的コミュニケーション能力を身につける場として依然として重要性を有していると考えられる。

特殊教育学校が少ないなかで，障害者教育を担い，または支援する役割をもつ，特殊教育センターの重要性は増すばかりである。しかし，バンコクの特殊教育センターに所属する教員からは，特殊教育センターの業務量は増加する一方であり，特殊教育学校の増設を含めた特殊教育の担い手の増加が必要であるとの指摘があった。特殊教育センターの機能を十分発揮し，インクルーシブ教育をより充実したものとするためにも，業務負担の軽減が喫緊の課題といえる。

おわりに

タイにおける障害者の教育に対する権利に関する法制度が近年非常に充実していることは明らかである。当初の動機は異なるにせよ，タイで行われてきた一般学校への障害児童の就学は，世界的な流れであるインクルー

シブ教育の方向と合致しており，現在はそれを推進している。これからは単に障害児童が一般学校に入学するだけでよしとするのではなく，障害児童の特性・ニーズに応じた教育が，一般学校または特殊教育学校でもしっかりと行われるために，特殊教育学校の増設を含めた特殊教育担当教員の増加，公共交通機関が未発達な地域で民間交通利用の際の補助金支出，インクルーシブ教育を実施している学校の全教職員に障害者教育についてのセミナーの受講を義務づけるなど，制度的な保障をする必要が存在する。

障害者法制について，タイの特殊教育学校の校長は，日本は法改正に慎重すぎるが，タイは世界の流行を追いかけて，社会に適合するかどうかや予算の裏づけを考えることなく改正をすることが問題であると指摘していた。遵守されない法律ばかりができてしまうと，法律や行政に対する失望感が生じてしまい，負の効果が発生してしまう。他方，高い理想と目標を掲げることにより，社会がそれに対応していくという正の効果も期待できる。正と負の効果がそれぞれ存在するが，これは日々の運用のなかで，問題が深刻であると認識した場合には，その問題を修正すればよいだけである。この点，法令改正を逡巡しないタイは適合的であるといえる。そしてこれを可能とするのは，単純な結論であるが，当事者を含めた関係者の不断の努力だけである。

〔注〕
(1) タイの財団を規律しているのは，民商法典の財団部分（第110～136条）である。当該法律によると，主務官庁は内務省であり，設置のための手続の詳細については，内務省令等によって定められている。財団法人の目的は，非営利であり，宗教，教育，芸術，科学等の公益を有するものに限定される。設置方式は，日本のNPO法人と同様の認可主義が採用されている（第110条）。1981年度以前では，財団は税金が免除されていたため，公益目的の財団は活動が非常に行いやすかったと考えられる。現在は，歳入法典第47条7号（ろ）に基づいて承認された財団のみが免税措置を受ける。その他の財団は，一般の営利法人に比べると低率であるが納税義務を有する。
(2) 1921年当時の地方行政体を定める法律は，仏暦2457（西暦1914）年地方統治法であった。それによると，アンプーは，タンボンをまとめて設置することができると定めるだけであり明確な基準はなかった（第6条）。
(3) タンボンは，約20のムーバーン（村）で構成される（第29条）。ムーバーンは，20人または5世帯を目安に設置される（第8条）。
(4) Watson（1980, 106）は，1921年法に定める就学免除の事例として，保護者養育の

必要がある場合を挙げているが，1921年法内にその規定をみつけることはできなかった。保護者養育の必要性が就学免除の要件として明らかに法定されるのは，仏暦2478（西暦1935）年初等教育法からである。
(5) テーサバーンとは，ある一定基準以上の人口となった場合に認められる地方自治体のひとつである。仏暦2476（西暦1933）年テーサバーン規則制定法によると，テーサバーンには，3種類あり，テーサバーン・タンボンは勅令でタンボンから昇格したもの（第4条），テーサバーン・ムアンは人口3000人以上，人口密度1平方キロメートル当たり1000人以上（第42条第2項），テーサバーン・ナコンは人口3万人，人口密度1平方キロメートル当たり1000人（第48条）である。
(6) 支給額についての記述は，セーサティアン学校教頭アンポーン・パンパーニット氏の教示による。

〔参考文献〕

＜日本語文献＞
全日本ろうあ連盟 2005.「ろう，盲，盲ろう者のためのインクルーシブ教育に関する声明：教育の選択の論理的根拠」（http://www.jfd.or.jp/int/unconv/dbdb-adhoc-20050802.html 2014年4月15日アクセス）．
長瀬修 2008.「教育」長瀬修・東俊裕・川島聡編『障害者の権利条約と日本——概要と展望』生活書院．
西澤希久男 2010.「タイにおける障害者の法的権利の確立」小林昌之編『アジア諸国の障害者法—法的権利の確立と課題—』アジア経済研究所 119-143．
文部科学省初等中等教育局特別支援教育課 2013.『特別支援資料（平成24年度）』（http://www.mext.go.jp/component/a_menu/education/micro_detail/__icsFiles/afieldfile/2013/10/24/1335675_1.pdf 2014年1月6日アクセス）．

＜外国語文献＞
Cumpa, Manit. 2012. Khamathibai ratthammanun heang rachaanacak hai（p.s. 2550）lem 1 cabapprapprungmai［タイ王国憲法（仏暦2550年）解説 第1巻 改訂版］, Krungthep: Chula book press.
Khanakanmathikanwisaman banthukcetnarom cotmaihet lae truatraikan prachum. 2007. Cetnarom ratthathammanun heang rachaanacakthai phuthasakarach 2550［仏暦2550年タイ王国憲法の意図］,（http://library2.parliament.go.th/giventake/content_cons40-50/cons2550/cons50-intention.pdf 2014年9月22日アクセス）．
Klumngankhomunlaesansontheat. n.a.a. Khonmunsarasonthet pi55 n 10 m ithunayon 2555 lae khomunkatnichiwatkhunnaphapnakrian pikansuksa 2554 rongrianchaphokhwa mpikan 43rong［障害者学校43校における2555年6月10日段階の55年度情報および2554年度学生の質想定指数情報］,（http://special.obec.go.th/special_it/information school special-support 55/2. Information55 (special). pdf 2013年2月19日アクセス）．
——— n.a.b. Tarangsarup khomuncamnuan dekpikan lae dekdoiokat naisathanasuksa thi

catkansukusapiset nai sangkatsamnakborihanngankansukusapiset lae sangkatsam unakngankheatphounthikansukusa（10 Mithunayon 2555）［特殊教育行政事務局および教育地区事務局の所管する特殊教育機関における障害児童および機会困難児童数に関する簡易表，2012年6月10日分］，(http://special.obec.go.th/special_it/ information school special-support 55/1.schoolspecial55.pdf　2013年2月19日アクセス).

──── 2012. Khonmunsarasonthet pi55 n 10 mithunayon 2555 lae khomunkatnichiwatk hunnaphapnakrian pikansuksa 2554 rongriankansuksasongkhrocamnuan 51rong ［支援教育学校51校における2555年6月10日段階の55年度情報および2554年度学生の質想定指数情報］，(http :// special. obec. go. th / special _ it / information school special-support 55/8.Information54(support).pdf　2013年2月19日アクセス).

Klumsansontheat. 2013. Sarup khomunsarasonthet thangkansuksa pi2556 ［仏暦2556年簡易教育情報］，(http://www.bopp-obec.info/home/wp-content/uploads/2013/12/ stat56/35__r08dno2. pdf　2014年1月12日アクセス).

Samnakngankhnakanmakankritsadika. 2008. Banthuk samnakngankhnakanmakankritsadika ruang kankepkhachaicai phuea catkansuksakhongsathanasukusa tammattra 49 waknueng khong ratthammanun heang rachaanacakthai ［タイ王国憲法第49条による教育機関の教育運営のための費用徴収についての法制委員会記録］，(http://web. krisdika.go.th/data/comment/comment2/2551/c 2 _0463_2551.pdf　2013年2月19日アクセス).

Shinkanet, Bancet. 2000. Saranukurom ratthathammanun heang rachaanacakthai phuthas akarach 2540 ruang hlakphuentankhongsitthi seriphap lae saksikwampenmanut ［仏暦タイ王国憲法事典　権利，自由，および人としての尊厳に関する原則］，krungthep: ongkankhakongkhurusapha.

Shinkanet, Bancet, Trithot Nikhrothangkun and Songwut Carakhaconkul. 2002. Raingan kanwicai ruang sitthi lae okat thangkausuksa tam ratthathammanun heang rachaanacakthai p.s. 2540 lae prarachababyat kansuksa heang chat p.s. 2542 ［仏暦2540年タイ王国憲法および仏暦2542年国家教育法に定めらた教育における権利および機会に関する研究報告］，Krungthep: Samnakngankhanakamkansuksa heang chat.

Watson, Keith. 1980. *Educational Development in Thailand*. Singapore: Heinemann Educational Books（Asia）Limited .

Wongkom, Keyun. 2004. Raiwicha khwamruthuapai kiaokap kansuksaphiset ［特殊教育に関する一般知識］，Krungthep: Khanakrusat Sataban rachaphat suan dusit.

第4章
フィリピンにおける障害者教育法

森　壮也

はじめに

　フィリピンにおいては，従来，途上国の現場からの国際協力要請，支援要請にとりあえず応える形で障害児教育分野への支援が行われている。しかし，こうした状況の問題の背景にある法制度については，まとまった理解が欠損したままという状況が続いている。本論は，そうした現状をふまえ，同国の障害児教育の制度的な背景についての外観的な理解を法制度の側面から与えようというものである。とくに現今の政府の制度が障害児教育について，どのようにうまく機能していないのか，どういった法制度上の問題があるのか，現地で得られた資料やインタビューなどに基づいて明らかにしようとした。

　最初に，フィリピンの障害児の教育状況についての概要を，教育省で入手可能なデータに基づいて説明する。また同国の障害児教育制度について，基本的な枠組みを提示する。その後，フィリピンにおける主要な障害児教育関連法制を紹介する。そのうえで同国の障害児教育においては，のちに述べるようにそれを支える基本法がないことを指摘し，基本法に代わるものとして同国の障害児教育のベースとなっている障害児教育ガイドラインについて説明する。障害児教育は障害種別によって必要とする施策なども多岐にわたるが，本章では，教員へのトレーニングや言語政策の問題も絡んでくるろうの子どもたちの教育の事例を中心に，手話の問題の実態を調

べて，問題点を指摘した。最後にこれらの議論をまとめる形で，フィリピンの障害児教育における今後の課題を提示した。

第1節　フィリピンの障害児の教育状況と障害児教育制度

1．フィリピンの障害児の教育状況

　フィリピンの障害児教育についての日本語による記述は，国際協力の現場での教育実践報告などに多数みられるが（中村 2010；2011；吉田 2003など），いずれも実践報告が主で障害児教育法について書かれた論文はほとんどない。中西（2000）が法的な背景についてわずかに述べているほか，国際協力機構（JICA）による国別報告書である国際協力事業団企画・評価部（2002）が一部ふれているのみである。

　そこでまず，フィリピンの障害児はどのような状況にいるのかという現状を把握していく。教育省の公開データによれば，2011年現在で学齢期の障害児の数は10万1762人とされているものの，これら障害児のうちの97.3パーセントがいまだ教育を受けられないでいるという。また別の教育省のデータによれば，地域の一般校で学んでいる障害児の数は，5916人という報告（Quijano 2009）も出ている。同年時点で，全国に SPED（Special Education Center）と呼ばれる特別支援教育のセンターは，276あるとされているが[(1)]，障害児の推定数を考えると，ひとつの SPED に対し368.7人の子どもという数になることから，この数字はあまりに少ないといえる。SPED とは，Special Education，つまり特別支援教育を略したものであり，フィリピンでは各地域の障害児教育施設が SPED（あるいは SPED Center）という名称で呼ばれている。実態としては，障害児特別支援学校という独立の形ではなく，各地域の学校内に SPED プログラムが設けられている。実際に学校に在学している障害児については教育省が各学校からの報告数字をとりまとめており，最新の2011〜2012年の統計では，小学校レベル（図4-1），高等学校レベル（図4-2）となっている。障害種別では，小学校，高等学校とも学習障害が

図4-1 学校に在籍する障害児の障害別数（2011～2012年，％）

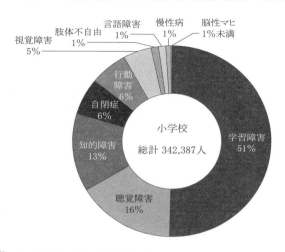

（出所）　Dept of Education, The Philippines

図4-2 学校に在籍する障害児の障害別数（2011～2012年，％）

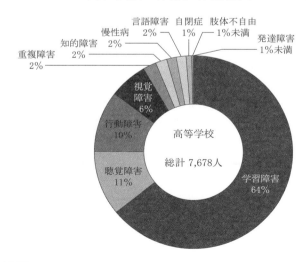

（出所）　Dept of Education, The Philippines

半分あるいはそれ以上を占めており，それに聴覚障害が続いている。

　一般の生徒については，表4-1および表4-2にみられるように，在籍数以外の学業の達成度を示す就学率や残存率などの統計がとられているが，障害児については同様の統計はとられていない。開発途上国の多くでは，教育担当官庁キャパシティの制約から障害児教育についての統計は貧弱なことが多いが，フィリピンでも同様である。一般校に在籍する子どもの数も同国では，推定での数字しか得られていない。なお学校課程について参考までに，図4-3にフィリピンの教育課程の年齢との対照表を掲げた。

　またMiraflores（2010）は，こうした特別支援教育の貧弱な状況に対する教育省の対策について，同省特別支援教育課長の次のような発言を引用して紹介している。

　　　特別なニーズのある子どもたちが子どもたち全体の13パーセント（10パーセントは障害児，3パーセントは天才児）いるのにもかかわらず，わずか3パーセントの子どもたちしか教育を受けられておらず，今ある学校もほとんどが小学校レベル。教育省ができてから100年がたつのに，そうした特別な7歳から12歳の特別なニーズのある子どもたちのうちの97パーセントにまだ教育が行き届いていない。

　障害児全体の統計は同国では推計数字しか存在しないが，推計数字に対する比率を挙げ，障害児のうち3パーセントにしか学校教育の機会がない状況が続いているという。日本のようにすべての子どもたちの健康状況を把握している検診やその記録が存在しないために，障害児全体の状況も把握されておらず，学校に在学する子どもたちの状況しかわかっていないという現状がある。加えて，これらの子どもたちの年齢や進級状況，卒業に関する情報も教育省にはない。

　障害児が学校に行っていないことの大きな理由として，先に引用した発言を述べた課長は，親たちが障害児を恥ずべきものとして隠す傾向があること，貧しさのために子どもを学校にやれないことがあると述べている。またSPEDに在籍する子どもたちの多くは，同課長によれば，学習障害児

第4章　フィリピンにおける障害者教育法

表4-1 フィリピンの小学校（一般）の児童在籍数およびその他の現況

	2006-2007	2007-2008	2008-2009	2009-2010	2010-2011
小学校在籍者数	13,145,210	13,411,286	13,686,643	13,934,172	14,166,066
公立（政府援助100のSUC校を含む）	12,096,656	12,318,505	12,574,506	12,799,950	13,019,145
私立	1,048,554	1,092,781	1,112,137	1,134,222	1,146,921
教師数（SUCの実験校を含まない）	390,107	397,468	405,588	410,386	413,872
公立	343,646	348,028	353,280	358,078	361,564
私立	46,461	49,440	52,308	52,308*	52,308
Performance Indicators（％）：					
就学率	105.49	106.20	106.84	107.23	107.47
純就学率	87.90	88.31	89.18	89.43	89.89
残存率	73.43	75.26	75.39	74.38	74.23
小学校修了率	71.72	73.06	73.28	72.18	72.11
小学校ドロップアウト率	6.37	5.99	6.02	6.28	6.29
中学進学率	96.19	96.97	97.05	96.99	96.87

（出所）　Factsheet2011_Nov16, Dept of Education, the Philippines.
（注）　＊私立学校の2010-2011年の教師数は，同表作成時点で未集計のため前年度の数字を使用。

表4-2 フィリピンの高等学校（一般）の在籍数と生徒数

	2004-2005	2005-2006	2006-2007	2007-2008
中学校在籍数	6,414,620	6,298,612	6,363,002	6,506,176
Public（公立）	5,100,061	5,013,577	5,072,210	5,173,330
Private（私立）	1,314,559	1,285,035	1,290,792	1,332,846
教師数（SUCの実験校を含まない）	171,829	175,178	179,744	184,883
Public（公立）	123,115	125,679	128,191	131,865
Private（私立）	48,714	49,499	51,553	53,018

	2008-2009	2009-2010	2010-2011
中学校在籍数	6,763,858	6,806,079	6,954,946
Public（公立）	5,421,562	5,465,623	5,580,236
Private（私立）	1,342,296	1,340,456	1,374,710
教師数（SUCの実験校を含まない）	193,224	197,684	201,435
Public（公立）	138,058	142,518	146,269
Private（私立）	55,166	55,166*	55,166

（出所）　Factsheet2011_Nov16, Dept of Education, the Philippines.
（注）　＊2009年以降の私立学校教員の数字は未集計のため，2008-2009年次の数字が入っている。

図4-3 フィリピンの教育課程

(出所) フィリピン教育省資料を基に筆者作成。
(注) 中学校と高等学校は合わせて一貫の高等学校課程になっているケースもある。多くの学校ではそうしたケースの方が多い。

と視覚障害児であるという。2番目に視覚障害児が来ていることは，上記の教育省での数字と異なっており，教育省としての事態の把握が不正確な状況にあることをうかがわせる。実態として，フィリピンの障害児教育は詳述するようにSPEDに依存しているものの，政府の政策は不十分であり，そのうえさらに社会的な障害児に対する差別的な態度や貧困の問題なども関連した状況にある。なお，障害児教育の歴史的展開については，これを表4-3にまとめておいた。

2．SPED（障害児教育センター）

ここで，前項で述べたSPEDというフィリピンの障害児教育制度について現状をより詳しく説明しておく。障害別の独立した特別支援学校が不足

表4-3　フィリピンの障害児教育史

年	内　容
1907	フィリピンで最初の公教育による障害児教育，マニラに設立された盲・ろう学校で開始
1927	フィリピンで最初の肢体不自由児・知的障害児のための特別支援学校設立
1953	フィリピンで最初の脳性マヒ児のための特別支援学校設立
1956	知的障害，聴覚障害，視覚障害児担当教師のための正式な訓練がBaguio Vacation Normal Schoolで実施
1962	フィリピンで最初の行動障害・慢性病児のための特別支援学校設立
1968	Republic Act 5250（10年間のトレーニング・プログラムを教員に課す）の制定と地域校での障害児就学への道開ける
1974	**児童・青年福祉法（小学校・高等学校の無償化）**
1982	**教育法（小学校教育の再構成）**
1990	**教育省令 No.126（親の学習支援システムの全国的実施）**
1992	**障害者のマグナ・カルタ（教育機関で学び，保健・福祉・雇用で良質のサービスを受ける権利）**
1992～1998	フィリピン子供のための行動計画（小学校・中等学校教育への無償アクセス）
1993	大統領から教育・文化・スポーツ相に障害児の地域校での就学拡大・SPEDセンター増強・特別支援教育担当教師へのインセンティブ強化の指示
1997	教育省令 No.14（地域特殊教育評議会組織権限を持つ地域ディレクター制度化） **特別支援教育についての政策・ガイドライン・ハンドブック（教師や教育機関のための運営ガイドライン）** **教育省令 No.1（地域SPED委員会・特殊教育担当地域監督官指名）** **教育省令 No.26（全学校でのSPEDプログラム制度化）**
1998	**教育省令 No.5（教師・校長の給与から特別支援教育担当教師・校長の給与を再分類）**
2003～2012	フィリピンアジア太平洋障害者の十年のための行動計画（障害児のための教育・福祉提供のための全政府の努力を統一）

（出所）Inciong（2005）を基に筆者作成。
（注）特別支援教育関連法制については太字。

しているため，とくに地方部では，障害児教育の典型的な場所がこのSPEDになっている。Inciong（2005）は主として知的障害児の教育について論じたものであるが，このSPEDの実際の形をさらに詳しく以下のように紹介している。

① リソース・ルーム（Resource room plan）
　子どもは一般クラスに在籍するが，指導状況や小グループ指導といった際に特別な設備のあるリソース・ルームに通う。リソース・ルームの担当

教師は，指導をするだけでなく，相談にも乗る。

② 移動教室（Itinerant teacher plan）
　特別な支援が必要な子どもの数に応じて教師が複数の一般校を訪問する。教師は，子どもに直接教えたり，相談に乗ったりし，子どもの観察，診断，照会や達成度の評価も行う。

③ 特別教室（Special class plan）
　一般の教室では学ぶことが難しい重度障害児向けのもので，メインストリーミング学校内に設けられる同じ学校の子どもたちと一緒にいる時間もあるが，普通は授業は別になる。

④ 特別支援教育センター（Special education center）
　これは学校内学校に相当するもの。このセンターは，校長が管理し，一般校と同じ諸規則に従う。このセンターは，一般校にいる障害児を支援するためのリソース・センターとして機能し，学校に存在する実地訓練所（In-SErvice Training: INSET）でもあり，適切な教材をつくったり，障害児の継続的評価を行う。

⑤ 特別支援学校（Special day school）
　中等度から重度のある特定の障害の子どもを教育する学校。医療的，心理的，社会的評価といった包括的なものを揃え，訓練を受けた特別支援教育専門教師が教える。狭義のSPEDは，これを指す。

⑥ 院内学級（Hospital instruction）
　ベッドに寝たきりの重度の情緒障害児，重度知的障害児，心身障害児で慢性や重度の健康障害のある場合，回復途中の患者といった子どもたちの教育のためのもの。ベッド脇での指導や集団学習も含む。

⑦　コミュニティを基盤とした訪問指導（Community-based delivery system）
　CBDSと呼ばれ，辺ぴなコミュニティにいるために，既存の特別支援教育プログラムでは学べない子どもたちのためのもの。教師，準教師やボランティアといった訓練を受けた教師が訪問指導するもの。

　上記のうちの⑤が典型的なSPEDであるが，広義では，上記の7つにみられるようなさまざまな形態が現実に存在しており，これらのほかにも地域の実情に応じて，学校敷地内で学習の開始が遅れた障害児のための特別授業が独立して行われるなど，多くのフレキシブルな指導がフィリピンでは行われている。形のうえでは障害児教育のパターンは実情に応じていくつか用意されているというのが，フィリピンの実態である。ただし，地域的なばらつきが大きいこと，教育設備が貧弱であること（建物があるだけで特別な訓練機器等は用意されていない），また第4節以降で述べるように，教員の質といった制度を支えるリソースが不足しているという問題がある。

写真4-1　地域の学校の障害児学級に通う盲・弱視の生徒（ルソン島南部）

（筆者撮影）

第2節　障害児教育関連主要法制

フィリピンの教育法制についての数少ない論文として，Manuel and Gregorio（2011）が挙げられる。同論文は，2000年 ECCD 法（幼児教育管理法）をメインとしているため，小学校教育以前の教育についての記述がほとんどである。これ以外では，Manasan, Celestino and Cuenca（2011）が地方の教育委員会（Local School Board: LSB）の財政問題という観点から，障害児教育予算についてのみ，財政学的な分析をする背景のなかで法的側面を論じている。以下では，こうした論文を補う意味でも，現地におけるインタビュー[2]および Pangalangan（1998）などによって得た情報から障害児教育関連主要法制について論じていくことにする。

1．1987年憲法と一般教育に関する法的規定における障害児の権利

1987年憲法は，フィリピンにおける平等の基本的な基準について述べており，同憲法をはじめとした，フィリピンの障害児教育関連法を一覧にしたものが表4-4である。憲法には，「国は，国家発展のすべての局面において社会正義を促進する。」[3]とある。これが同国の差別是正措置（Affirmative Action）の基本となっているとされ，恵まれない人たちに有利な差別的措置の根拠となっている。そうした文脈のなか，憲法において，第14条第2節で国は「初等学校及び高等学校の段階における無償の公教育制度を創設し，維持すること。児童を養育する両親の自然的権利を制限することなく，初等教育はすべての学齢児童に対して義務とする。」[4]として，障害児の教育は国の義務として規定され，実施されている。さらに第4節で「非定型，ノンフォーマル，及び固有の習得制度並びに特に地域社会の必要に応じた自習による，独立した，かつ学校外の学習計画を奨励すること。」と国がすべきことを定めている。そして最後の第5節では「成人市民，身体障害者及び未就学青少年に対して，公民教育，職能，その他技能の訓練を提供すること。」とあり，これらが，国家による障害児に対する初等教育提供義務の

第4章　フィリピンにおける障害者教育法

表4-4　フィリピンの障害児教育法および関連法令

年	名　　称
1968	特殊教育基金設立法（RA5447）
1970年代	障害児教育ガイドライン
1987	1987年憲法
	大統領令第189号（公立中学校教員教育賞管轄法）
1992	障害者のマグナカルタ（RA7277）
1993	教育省令第14号（地域SPED評議会設立）
1997	教育省令第1号（地方SPED部，特殊教育担当スーパーバイザー職設置）
	教育省令第26号（地域の全学校にSPEDプログラム義務化）
	障害児教育ガイドライン改定
1998	教育省令第5号（SPEDと特殊教育学校の調整）
2000	早期教育（ECCD）法（RA8980）
	教育省令第11号（特殊教育センター，政府の管轄下に）
2001	基礎教育ガバナンス法（RA9155）
2002	教育省覚書第35号（手話指導，CBM資金）
2004	教育省覚書第35号（手話指導，CBM資金）
2005	教育省覚書第49号（手話指導，CBM資金）
2007	障害者のマグナカルタ修正（RA9442）
2011	教育省勧告第613号（REACHによる手話指導）
2012	教育省勧告第72号（CMDPによる手話および点字の読み書きについてのワークショップ）
	教育省覚書第15号（LINKによる手話指導）
2013	K-to-12法（RA10533）

（出所）　各法律・省令等の年次を基に筆者作成。

根拠となっている。

　こうした憲法の規定に沿って，フィリピンでは，これまで国家経済開発庁（National Economic Development Agency: NEDA）の「フィリピン中期開発計画（1987～1992年）」（Medium Term Philippine Development Plan 1987-1992）でも子どもの一般的教育における良質の教育へのアクセス拡大努力が明記されてきた。また「すべての子どもに教育を」（Education for All: Philippine Plan of Action, 1991-2000）[5]という計画では，ノンフォーマル教育[6]も含めた部分への目配りもされてきた。RA9155，別名「2001年基礎教育公教育法」[7]では，「1863年教育布告」（Educational Decree of 1863）で設立された教育・文化・スポーツ省（Department of Education, Culture and Sports: DECS）からスポーツを切り離し，教育部分を強化した教育・文化省に改組[8]して基礎教育基盤の強化を行っているなど，全体として教育に力を入れている

121

(Department of Education 2003)。

2．障害者のマグナカルタ（RA7277, 1992 および RA9442, 2007）

　1992年に成立し，その後，修正もなされた障害者のマグナカルタ[9]は，フィリピンにおける障害者基本法であり（森 2008a；2010；2012など），障害児が障害児教育を受けられる権原も同法のなかで明確に述べられている。同法の第2章は，教育に充てられており，この章は，第12節から第17節までで構成されている。
　第12節は，良質の教育へのアクセスと題された節で，「国は障害者に彼らの能力を発達させるため，良質な教育や十分な機会へのアクセスが提供されるようにするものとする。」としており，いかなる教育機関もハンディキャップやディスアビリティを理由として，自らが提供しているいかなる課程についても，障害者の入学を拒否することは違法となる。
　また「国は教育政策やプログラムの策定において障害者に特別に必要とされる条件を考慮に入れなければならない。教育機関には，学校設備，授業スケジュール，教育のための物理的必要条件の利用，その他，妥当な考慮すべきことという点について障害者の特別なニーズを考慮することが奨励される。国はまた教育機関，特に障害者のための学習課程を用意する付加的なサービスを提供する高等教育機関による措置の促進をしなければならない。」としており，教育機関による障害者の入学差別を禁じるとともに，障害者のための特別な措置を講じることやそのための支援を国がすべきものとしている。
　第13節は，障害学生への支援と題された節で，「国は，高等学校以降の教育また高等教育を受ける資格があるが，経済的に周縁化されている障害学生への経済的支援を提供するものとする。そうした支援は，奨学金，学資ローン，補助金，その他のインセンティブの形をとって公立学校および私立学校の双方に対する有資格の学生に提供され得る。共和国法第6725号（RA 6725, 1989）に基づいて創設された民間教育学生経済支援プログラム（the Private Education Student Financial Assistance Program）の少なくとも5パーセ

ントは，職業課程，技術課程，あるいは学位課程に進もうという障害学生のために引き当てられなければならない。」として，障害学生への経済的支援を国が支えることを求めている。

第14節は，特殊教育の節で，「国は，視覚障害，聴覚障害，知的障害者，またフィリピンのすべての地域のその他のタイプの障害児たちのために，完全で適切かつ統合された特殊教育システムを確立し，維持し，支援するものとする。この目的のため，教育・文化・スポーツ省が設立され，諸都市・市部にある公立学校には特殊教育クラスが設立されなければならない。また同省は，諸地方，都市，市部に実行可能ならば，点字・記録図書館を設立するものとする。

中央政府は，全国的な特殊教育プログラムの効率的な実施のため，必要な資金の配分を行わなければならない。地方自治体も同様に中央政府の資金を補うような対応する資金を割り当てることができる。」として，中央政府にあっては教育省がこうした特殊教育について責任をもつこと，およびそのための資金配分を行うことを定めている。

第15節は，職業訓練プログラムおよびその他の訓練プログラムという節である。ここでは，「国は障害者に市民学，職業的能率，スポーツや身体保健，その他の技能の訓練を提供するべきである。教育・文化・スポーツ省は，各地方の少なくともひとつの公立の職業・技術訓練校に障害者のための特別な職業・技術訓練プログラムを設立しなければならない。同省は，特別に障害者のために彼らの障害の性質を考慮に入れて，スポーツ・身体保健プログラムを開発・実施しなければならない。」として，教育省が行うべき障害者のための職業訓練プログラム，スポーツ・身体保健プログラムを定めている。

第16節は，ノンフォーマル教育についてで，「国は障害者の全人的な発達を意図してノンフォーマル教育プログラムを開発しなければならない。国は，障害者の特別なニーズに応じたノンフォーマル教育プログラムとプロジェクトのため適切な資源を提供しなければならない。」としている。ここでいうノンフォーマル教育プログラムとは，「フォーマルな教育システム以外の場所で行われる組織化されていない教育活動で，フォーマルな教育を

補完，またそれに代替するものとして策定されたもの」[10]のことである。

　最後の第17節は，国立大学と題されており，「もし実行可能で必要ならば，各地域・地方にある国立総合・単科大学は，(a) 障害者のための教材機器や技術的な支援の開発，(b) 職業リハビリテーションおよび特殊教育指導のための訓練教材の開発，(c) とくに視覚障害，聴覚障害，言語障害，肢体不自由学生，知的障害や重複障害，またその他の人たちの特別な問題の研究，また障害者が直面する社会的なバリアや差別の軽減のための研究，(d) そのカリキュラム内に障害者のための特殊教育（SPED）コースを含めること，といったことに責任をもたなければならない。中央政府は，これらの国立総合・単科大学に視覚障害，聴覚障害，言語障害，肢体不自由学生のために必要な特別な設備を提供しなければならない。中央政府は同じように上記の支援で必要な資金を配分しなければならない。」として，障害者のための大学教育における国立大学の負うべき責任と中央政府の負うべき責任について規定している。

　以上のように，障害学生・生徒についても障害者のマグナカルタでは，良質な教育へのアクセス，障害学生への支援，特殊教育，職業医訓練プログラム，ノンフォーマル教育，国立大学と多岐にわたって，障害者の権利を規定している。こうした，障害児・者教育についての記述がみられることは，評価すべきことではあるが，これらには「利用可能な範囲のかぎりにおいて」という条件が付いている[11]。すなわち，政府に財政上などの理由でこれらを実際に行えないことを許容する文面があるため，政府の果たすべき義務としては不完全なものとなっている。加えて，そうした総合的な法律のなかに，教育という財政的にも大きな配分を必要とし，制度的にも大きな枠組みを必要とする内容が組み込まれたことは，ある意味でフィリピンにとって必ずしも幸福とはいえなかった。フィリピンの多くの法は，障害児の教育の権利を定めているものの，教育全体のなかで障害児教育の優先順位は低い。障害者のマグナカルタの場合，法律を実施するための規則が編まれるのに時間がかかったということもあるが，障害児教育そのものを組織するために多くの別の法制度が必要になってしまい，それが全体として障害児教育のための法制の弱さ，障害児教育全体を統べる基本法の

第4章 フィリピンにおける障害者教育法

不在という,のちに述べる問題につながってくるからである。

3．その他の障害児教育関連法と制度

フィリピンにおける障害児教育に関連した法律や制度は,非常に多岐にわたっている。ここでは,それらを資金にかかわる法制,プログラムにかかわる法制,教育機関の管轄機関にかかわる法制,の3つに分類して紹介する。

(1) 障害児教育のための原資にかかわる法・制度

フィリピンでは,障害児教育のための資金調達の基となっているのが共和国法第5447号（RA5447, 1968）である。これは別名「特殊教育基金設立法」とも呼ばれ,特別たばこ税,タバコ輸入関税を原資として,障害児教育基金を設け,学校委員会（School Board）をその管轄機関として設立するという法律である。障害児教育の資金がこの法律によって担保された。

ところが,その後,大統領令第189号（EO189, 1987）,別名「公立中学校教員教育省管轄法」によってRA5447の資金は,特殊教育担当教員でなくても教員全部の給与に充てられる結果になってしまった（Sec.4）。学校教育全般のための予算の不足により障害児教育のための原資が浸食される結果となってしまったのである。このことは逆にとくに障害児教育のための資金が不足するという問題を生み出す結果となった。

(2) 教育プログラムにかかわる法・制度

一方,障害児教育プログラムについては,障害者のマグナカルタは何も規定しておらず,同国の障害児教育のプログラムは,ほかの法律によって大きく影響を受けることになる。まず,共和国法第8980号（RA8980, 2000）,別名「早期教育（ECCD）法」によって,ECCD調整会議が早期教育プログラムを開発することとなった。その後,2001年に共和国法第9155号（RA9155）が制定された。同法は,「基礎教育ガバナンス法」とも呼ばれ,基礎教育の定義,障害児教育を含む基礎教育についての管理・管轄について定

125

めた法律である。また，それまであった教育省を教育・文化・スポーツ省に改名する根拠となった法律でもある。この法律で基礎教育は「その後の教育の基礎となり得る基盤を身につける基本的な学習ニーズを満たすための教育」と定義された。また特別なニーズをもつ人たちの教育を含む形でフィリピンの幼稚園から大学までの教育課程を整備したのもこの法律である。途上国によっては，障害児教育が福祉の枠組みでなされることもあるが，フィリピンでは一般的な教育プログラムのなかに障害児教育が位置づけられることになったことは評価できるが，一方で，障害児教育プログラム全体を統べる法律がないために，障害児教育の教育行政全体のなかでの周縁化をもたらした側面もある。

(3) 教育制度管轄機関にかかわる法制

　3番目は，障害児教育を地域で実際に管轄する機関を定めた制度である。まず教育省令第14号（1993年）によって，地域での障害児教育の政策を策定するSPED評議会が設置された。引き続いて教育省令第1号（1997年）によって，フィリピンの各地域に地方SPED部と特殊教育担当スーパーバイザー職が設けられ，各地域で障害児教育を実際に管轄することとなった。そして管轄・管理機関が整備されたことによって，教育省第26号（1997年）により，地域のすべての学校でSPEDプログラムが義務化されることとなった。また，教育省令第5号（1998年）によって，一般の地域校における特殊教育と特殊教育学校における特殊教育のあいだの業務調整がなされるようになった。さらに教育省令第11号（2000年）で政府の管轄下で特殊教育センターが公認されるに至っている。

　以上のように障害児教育を実際に担う機関，それを監督する機関についての規定は，フィリピンにおいては，障害児教育法のような基本法ではなく，教育省令によって行われている。こうした事情は，特殊教育基金の変質に典型的にみられるように，フィリピンにおいて，障害児教育の財政基盤の弱化や一貫しない政策が容易にもたらされやすい状況にある。

第3節　障害児教育ガイドラインと法制

1．障害児教育ガイドライン

　障害児教育を統べる基本法がないなか，フィリピンの教育省の障害児教育担当者（Special Education Division, Bureau of Elementary Education, Department of Education, Culture and Sports）や各行政が大きな拠り所としているのが，「特殊教育のための政策とガイドライン改定版」（Special Education Division, Bureau of Elementary Education, Department of Education 2008）である。ドイツの国際 NGO，Christoffel-Blindenmission（CBM）の経済的支援を受けて1970年代に最初のバージョンがつくられ，その後，1986年と1997年に改定版が出されたこのガイドラインは，それまでの教育省によって発された諸政策をまとめたものである[12]。

　同ガイドラインは，全部で19の章からなっている。各章のタイトルは以下のとおりである。

　　第1章　　哲学，目的，目標
　　第2章　　定義と範囲
　　第3章　　子どもの特定化，スクリーニング，評定と評価
　　第4章　　学校行政とクラスの組織
　　第5章　　カリキュラムの内容，指導戦略と教材
　　第6章　　障害児教育の諸制度
　　第7章　　学校施設の設備
　　第8章　　採用，福利，および開発
　　第9章　　管理と監督
　　第10章　　プログラムとサービスの評価
　　第11章　　調査・特別研究
　　第12章　　両親教育とコミュニティを巻き込むこと
　　第13章　　他機関との連携

第14章　　広報，教育，意思疎通
　第15章　　資金調達
　第16章　　教育体制強化のための法制
　第17章　　特別条項
　第18章　　補遺
　第19章　　発効

　といった内容になっており，このほか，附録として用語定義集と障害児特定のための参考となる発達表（年齢に伴う身長と体重の男女別表）が付けられている。これが教育省の担当者と各学校の担当者のあいだで共有されるバイブルのような存在になっており，法律ではないものの，障害児教育の実際の方法や内容について，法律と同様の効果を実際に発揮する文書となっているといえる。

　同ガイドラインが大変に包括的な内容であることは各章の題からもうかがえるが，同書が最初に出されたのは，フィリピンの障害児教育が隔離から統合に向かった1970年代である（De Torres 2008）。このため，その時代の障害児教育政策の制約をこのガイドラインも背負っている。すなわち，障害児教育は，統合教育への一過程にすぎず，障害児教育自体に今日，与えられているような独自の位置づけやインクルーシブ教育の位置づけなどは，未熟な状態であったが，それが今日の改定版においてもなお残っている。

　そうした現状を解決すべく，教育省は，議員を通じて議会に何度か包括的な障害児教育法の提案を行っているが，現在までのところ，法律として成立するに至っていない。フィリピンにおいては，法律案の提出は，内閣提出の法律が多くを占める日本と異なり，議員立法が多い。また一般にいわゆる政党政治と異なり，議員は人的なつながりや地域的なつながりなどで政党の所属を変えることも多く，政府のイニシアティブによる法律の成立には障害児教育法に限らず，大きな困難を伴う。数度にわたる試みが成功していないことから，障害児教育法が同国で成立するのかについては，政府担当者も期待しておらず，それは同国において障害児教育が停滞する原因のひとつともなっている。多くの障害児・者関係の法律や施策が政策

的優先順位を与えられていないという状況が，さらにもまして不利な状況を生み出しているといえる。しかし，国連の「障害者の権利に関する条約」（以下，障害者権利条約）とそれへのフィリピンの批准は，そうした同国の状況を変えつつある。インクルーシブ教育と当事者の権利を尊重した教育をめざす権利条約での方向性は，インテグレーションという障害児をただ普通学級に混ぜていく教育ではなく，それをさらに障害児が学べる地域の学校とするインクルージョン教育に向かっている。権利条約の方向性は，フィリピンの従来の路線と同じライン上ではあるが，より強力に障害児を主体的に社会に統合させていこうとするものである。

　一方，本節で述べているガイドラインは，1997年の改定版までは，ろう児への教育について次のように述べていた。

　　カリキュラムの内容，指導戦略と教材
　　1.4　聴覚障害者のために修正されたカリキュラムは，トータル・コミュニケーションという個々の子どものコミュニケーションや教育的ニーズを満たすために調整された，哲学に基づくコミュニケーションと言語発達に重点をおくべきである。加えて，カリキュラムは，発声，読話，聴能訓練とリズムの特別指導を含むべきである。多感覚的アプローチは最大限考慮されるべきで，発声／読話と手話が第1学年から開始されることが奨励されるべきである。
　　1.4.1　ピリピノ手話が聴覚障害児の教育では用いられるべきである。
（第5章）

　ここで言及されているピリピノ手話（PSL）は，現在，ろう者のコミュニティからは自分たちの用いている手話とは異なるとして否定されている（森2008b）。耳が聞こえるろう学校の教師が使うPSLではなく，ろう者のコミュニティの言語であるフィリピン手話（FSL）[13]こそが，ろう教育では用いられるべきとされ，2012年下院にFSL法案（HB6079）が提出された。同法案は下院を通過し，現在，上院での同趣旨の法案が審議されている。こうした動きを受けて，教育省は，最新版のガイドライン（2008年版）では，この

PSLについて述べた部分をすべて削除するに至っている。

　しかし，この法案に，教育省は当初から大きく抵抗し，議会の公聴会で反対の論陣を張った。彼らは，ろう学校で現在使われている手話が，FSLではなく，いわゆるSEE（手指手話）[14]と呼ばれる英語の語順でFSLの単語を並べたものであることを認めた。そして，FSLではなく，SEEこそが，英語の習得，ひいては，ろう者の将来の就労を有利にするとして自然言語であるFSLの導入に反対したのである。この彼らの主張が事実であるかどうかは，現在のフィリピンのろう学校における教育が成功しているかどうかで判断せざるを得ない。しかしながら，FSL法案では，ガイドラインで典型的な形として想定されていた非障害者の教員のみによる教育ではなく，障害当事者，つまりろう教員による教育も盛り込まれている。いわば，1970年代的な枠組みのなかにあったガイドラインが，障害者権利条約に代表される世界の変化によって，大きなパラダイム転換を迫られているということができる。当事者の権利の尊重という意味で，障害当事者であるろう者の言語である手話を尊重する方向性に向かっている。こうしたろうの当事者教員によるFSLの指導については，最新のガイドラインでもいまだに想定されていない。のちに述べるK-to-12法とも関係する今後の課題である。

写真4-2　地域の学校の障害児学級に通うろうの生徒（ルソン島南部）

（筆者撮影）

第4節　特別支援教育担当教員の養成にかかわる諸問題

1．障害児教育担当教員の養成——ろう教育を中心に——

　すでに述べたように障害児の教育にかかわる教員の養成には，多くの課題が存在する。とくにろう教育担当教員については，手話の習得がガイドラインで規定されている一方で，そのために必要なリソースの用意が十分になされていないという問題がある。これに関連して，政府が用意した資料を辿りながら，ろう教育に焦点を当てて，問題点をさらに深く掘り下げてみることにする。

　フィリピン大学教育学部がFSL法案に対して提出した意見書（College of Education, University of the Philippines 2012）によれば，FSLをアメリカ手話（ASL）[15]と混同してはならないこと，またSEEとも混同してはならないことなどが，明確に述べられている。一方，こうした大学での理解とは裏腹に，障害児教育の現場では，これらの手話の混同が広くみられ，地方部に至ると，FSLとはそもそも何であるのかということについての深い理解がほとんど存在しないという状況がある[16]。

2．ろう教育担当教員の養成の実際

　それでは，実際に教員養成がどのように行われているのか，その実際の状況を最近の事例から，垣間見てみることにする。本節で紹介するワークショップの一覧は，表4-4のなかでも紹介されている。多くの手話指導ワークショップの資金を出しているCBMは，ドイツ系の国際障害支援NGOであるが，2001年にルソン島のバギオで「新世紀におけるろう教育の刷新，改革，機会」というテーマで開催された第4回ろう教育教師研究会の後に続く日程で開催された教育・スポーツ・文化省が主催するイベントのスポンサーとなった。このイベントは，手話能力認定式典で実際には，フィリピンろう者のための通訳者登録機構（Philippine Registry of Interpreters for the

Deaf: PRID）が執り行ったものである。PRID の認定通訳であること，現在，ろう児を実際に教えていること，2 年以上のろう児指導経験があること，第 4 回のろう教育教師研究会に参加することが参加資格要件とされていた。こちらは実質的には，ろう教育教師研究会への参加の支援を手話指導ワークショップの形で CBM から引き出したものであろう。

　2002年教育省覚書第35号（DepEd Memorandum No. 35, s. 2002）は，同年の 5 月期ルソン島レガスピ市，セブ島セブ市，ミンダナオ島ダバオ市にて移動型手話指導をそれぞれ 5 日間の日程で開催するという文書である。これによれば，ろう児担当教師の手話と通訳の技能を磨き（hone），向上させるのが目的となっており，訓練を担当するのは，PRID の認定通訳者となっている。参加資格としては，第 1 に PRID の認定通訳ではない人，つぎに少なくとも 2 年以上ろう児担当の教師であったものとなっている。同ワークショップでは，渡航費および宿泊費（5 日分）の費用が，CBM から出ることになっている。

　2004年教育省覚書第51号（DepEd Memorandum No. 51 s. 2004）では，同様の移動型の手話指導がルソン島タガイタイ市，セブ島セブ市，ミンダナオ島ダバオ市で開催となっているが，上記のものに加えて，学校で用いられる手話における共通の語彙の確立と，ろう者に対するコミュニケーション通訳サービスの提供が目的として掲げられている。一方，参加資格として，ろう児の教育経験 3 年以上，基礎・中級の手話学習修了，現在もろう児の教育を担当，身体能力が適していることという資格要件が挙げられている。ここでは手話歌の指導がカリキュラムにあり，物語を手話で表現するトレーニングに加えて，録音したテープの歌を手話で表現するトレーニングが行われた。参加費用の支援は，やはり CBM からなされている。PRID の会員かどうかは問われておらず，PRID への加入は自分で選択できることになっている。

　2005年教育省覚書第49号（DepEd Memorandum No. 49 s. 2005）は，ルソン島バギオとミンダナオ島ダバオ市で 7 日間開催されたもので，これもやはり CBM の資金支援による訓練である。ろう児の教育へのエンパワメントとアクセスをより提供すること，ろう教育担当教師の手話技能を向上させる

ことで手話による教育の質を上げること，公共の場所で手話や通訳サービスを提供することが目的とされていた。受講資格は，3年以上のろう児教育経験，基礎・中級の手話技能，現在もろう児を教えていること，身体能力が適していることとなっている。

　少しあいだが空くが，2011年教育省勧告第613号（DepEd ADVISORY No. 613, s. 2011）は，the Resources for Educational and Allied Consultancy Habitat（R.E.A.C.H）という特殊教育支援NGOによる訓練である。R.E.A.C.Hが，2012年4月14～18日にラス・ピーニャス市のアラバンで基本手話の授業を，やはり特殊教育支援NGOのSharing Our Caring Foundationと協力して行うものである。ただし，両NGOともろう教育の専門NGOではなく，手話の専門的知識もなく，ろうの当事者団体との協力もしないなかでの訓練である。(1) 基本的な言語能力獲得のための視覚的な読み取りと表出の基礎能力を養う，(2) 基本的な手話の読み取りと表出能力についての知識を得る，(3) 手話を効率的に用いるための原理と適切なガイドラインに基づいた手話語彙と文の訓練，(4) 幼い子どもたちや成人のための手話歌の練習，を行うとなっている。また費用は，早期申込割引きで7500ペソ（約1万7750円），通常料金で8000ペソ（約1万8720円）と決して安い金額ではない。

　2012年教育省勧告第72号（DepEd ADVISORY No. 72, s. 2012）は「手話および点字の読み書き」に関するワークショップ開催についての文書である。同文書によれば，同年の3月23日～5月4日にLibon Agro-Industrial 高校（LIAHS, Libon, Albay）での同ワークショップをカトリックろう者宣教団（the Catholic Ministry to Deaf People, Inc.: CMDP）が実施することになっている。CMDPは，1990年代に現在のフィリピンのろう当事者団体フィリピンろう連盟の母胎となった団体であり，ろう当事者のリーダーが活躍している団体である（森 2008b）。

　2012年教育省覚書第15号（DepEd Memorandum No. 15 s. 2012）は，「LINKろう児のためのセンター」（LINK Center for the Deaf）という米国系NGOと協力して，Boeing Global Corporate Citizenshipからの資金で，同年4月末から5月半ばにかけて，ルソン島バギオ市，セブ島セブ市，ミンダナオ島カガヤンデオロ市の3カ所で，地域手話トレーニング・特別支援教育セ

133

ミナーを10日間実施することに関する覚書である。教師のろう・難聴児を教える能力をアップグレードさせる，地域校でのろう児のインクルージョンに備えて教師に手話を教える，SPEDプログラムの確立と維持ができる能力を教師に提供する，障害児に発達の平等な機会を提供するという目的のもと，手話の訓練，特別支援教育のセミナー，PRIDによる基礎・中級の手話評価が行われるとある。参加資格があるのは，第1フェイズと呼ばれる最初のトレーニングに参加したことがあり，次のトレーニングである第2フェイズにも参加する予定のある教師と，第1フェイズに今度新たに参加する15の一般校教師である。しかし，このトレーニングを実施するLINKは，トータル・コミュニケーションと呼ばれる，1970年代に一世を風靡した話し言葉と音声とを同時に発する形で，ろう者が日常用いている手話であるFSLとは異なる手話の流布をめざしている団体である。このため，ここでのトレーニング対象言語はFSLではないと想像される。

　以上の政府文書の検討からは，指導担当講師，教えられる手話の双方で，一貫性が得られていないという問題が浮かび上がる。また手話の母語使用者であるろうの障害当事者団体と協力してワークショップを行うという努力はほぼないといってよい。受講資格もその時々でまちまちである。手話の指導担当者も明確に位置づけられておらず，その時々で変わっている。また，指導される手話の種類がFSLであったり，SEEであったり種類がまちまちであるだけでなく，指導期間も数日，長くても10日程度の短期間の指導しかなされていない。

　また教育省の省令や覚書などを通じて招集はかけられるものの，資金はほぼ全面的に海外の団体などに依存している状況もうかがえる。一見，指導の現場を一貫して管理しているようにみえるPRIDは，基本的にろう学校教員の団体である（森 2008b）。途上国では，専門手話通訳者の養成がまだ進んでいない国が多くみられるが，フィリピンも例外ではなく，ろう学校教師が手話通訳を担っていることが多いことがその背景にある。したがって，ここで紹介した政府による障害児教育の専門家を養成するはずの場が，手話通訳の養成なのか，ろう教育の専門家の養成なのかが混沌とした状態にあることもわかる[17]。

ろう児にとっても彼らの手話言語について教師がきちんと学べる状況にあるとはいえず，使用するテキストも ASL のテキストであることが多く，フィリピンのろう者が用いている本来の手話（FSL）のテキストもない。子どもの言語発達についての理解も教師たちには不足しており，手話の言語発達の知識はまったくといっていいほど，一連の訓練では教えられていない。障害児教育の専門性がほとんど認識されていないのが実情である。さらに悪いことに，障害児教育の専門的教育を受けた教員が不足している地方部では，大学で障害児教育を専門に勉強したこともないまったく資格のない教師が，これらの訓練を短期間受けるだけで障害児の教育を担当していることが多い。フィリピンにおいては，障害児教育の修士号をもつ正規の障害児教育担当教員には，給与面でも一般の教員よりも加算されているが，資格をもたない一般教員には，前述のような訓練を受けていても加算分はなく，専門知識を学ぶことの経済的インセンティブはない。知識は一応授けられているものの，短期の研修で手話を教わる教員の側には障害児教育の負担だけが押しつけられていると感じている者もいるという実情も明らかになっている[18]。

第5節　K-to-12法（2013）と新たな夜明けへの期待

2013年5月，下院・上院での審議を経て，アキノ大統領が，K-to-12法案に署名，それまで長らく続いてきた10年間の義務教育が幼稚園（5歳以降）から，その後の小学校（6歳以降）6年と中学（12歳以降）4年，高校（16歳以降）2年（新制度では，中学がなく高校6年間）までの段階を含む第12学年までと，13年間に延長されるという新しい変化がみられた。この K-to-12法——2013年拡張基礎教育法（The Enhanced Basic Education Act of 2013, RA 10533）[19]は，公立・私立の双方の学校に適用される。この K-to-12法は，これまで議論してきたろう教育についても従来とは異なる新しい変化がみられるとして，フィリピンのろう当事者団体からも期待をもってみられている。このため，同法について，ろう教育上の意義と残る問題点について議

論することにする。

　同法の「第4条　用語の定義」の（d）母語ないしは第一言語（Mother Language or First Language（L1））では、「子どもが最初に学ぶ言語、あるいは複数の言語で、自分が一体感をもてる言語で、ほかの人たちからもその子どものネィティブ言語であると認めてもらえる言語であり、子どもが最もよく知っているか、最も多く用いている言語。それには、関連した諸障害をもつ諸個人によって用いられているFSLも含まれる。地域語ないしネィティブ言語というのは、ある地域区域、場に存在する従来用いられてきた話し言葉とフィリピン手話（同）の変種のことを指す。」という規定がみられる。これは、音声言語の地域語と同等の形で手話およびその地域変種に言及したものである。前節で述べたフィリピン手話法への取り組みと合わせて考えるとかなり画期的な規定ということができる。すなわち、地域語と同等の地位を手話に対して公式にフィリピンの法律が与えたことになる。多言語社会フィリピンの状況からしても非常に妥当な規定であるといえる。

　この言語規定は、第2部　第10章　基礎教育カリキュラム開発で適用されることになる。同章では教育省がよってしかるべき10.2基準と原理の項で、「(f) このカリキュラムは、学習者の現段階やすでに既知のものという段階ものから始めて、未知のものに至るといったような母語に基づいた多言語教育（MTB-MLE）の諸原理と枠組みを遵守するものではなくてはならない。MTB-MLEカリキュラムを実施するため指導教材や有能な教師が利用可能でなければならない。この目的を達成するため、MTB-MLEは、学習者の母語やそれ以外の言語が教室で使われるようなフォーマル、ノンフォーマル教育を指すものとする。」としている。すなわち、ろう児であるならば、この条項に従うかぎり、手話での教育が保障されなければならないし、それは多言語教育の諸原理に基づいたものでなければならないということになる。

　さらに10.4.教授・学習手段の項で、「同法第4条（用語の定義）と第5条（基礎教育）の遂行のため、基礎教育は、言語が学習者の発達を形作る上で戦略的な役割を果たすことから、学習者が理解できる言語で提供されなけ

ればならない。」としており，つづいて「カリキュラムは，学習者の第1言語で主要な言語が教育の基本言語として使われることを条件として，フィリピン語と英語の習熟度を発達させなければならない。幼稚園と小学校教育の最初の3年間では，授業，教材，評価は，学習者の地域あるいはネィティブの言語でなされなければならない。教育省は，学習者の言語能力に合った，第4学年から第6学年の学習者に必要なカリキュラムで用いられる，母語（第1言語）から母語に続く言語への移行プログラムを策定しなければならない。フィリピン語と英語は，これらの2言語が中等教育レベルでの教育の主言語になり得る時までに，教育言語として段階的に導入されなければならない。」としている。ろう児のケースを考えると，今後の問題として，手話で教えていてもよいのは，小学校第3学年までで，その後は，フィリピン語と英語が主要教授言語となってくるとも読め，これは今後，大きな課題となってくる可能性がある。

このほか，同法には，「第8条　拡張基礎教育における包摂」(Inclusiveness of Enhanced Basic Education) の8.2項で学習障害児のための諸プログラムという条項があり，「これら（諸プログラムと）は，家庭，学校，センター，あるいはコミュニティ・ベースの学習障害のための包括的な諸プログラムを指す」と書かれている。

以上が，K-to-12法における障害児教育関連の条文である。言語の問題が大きなイシューとしてとりあげられ，手話がそれに含まれて考慮されていると思われる一方で，いわゆる物理的アクセシビリティや盲児のための点字についての記述は，同法ではまったく存在しない。ろう児以外の障害児では，わずかに学習障害児についての条項があるが，その他の知的障害児などについての条文も存在せず，障害児教育の問題が十分に同法で考慮されたのかどうか，障害児教育のバランスという意味では問題が残る。

おわりに

　以上，述べてきたようにフィリピンには障害児教育の包括法が存在しない。すなわち，障害児に特殊教育（特別支援教育）を義務づけ，その内容を規定する基本法の不在という状況が，現在もなお続いている。障害児に教育の権利は与えられているものの，それを実際に実効性のある形で国家に強く義務づけ，障害児の権利の実現を図る体制が，法制では十分に整備されていなかったといえる。こうした状況のなかで，障害児教育包括法にとって代わるものとして，「特殊教育のための政策とガイドライン改定版」が同国では用いられてきた。

　しかしながら，同ガイドラインは，1970年代の終わりに策定されたということもあり，現在では，古い考え方という評価になりつつある。ガイドラインと法律がちがうのは，ガイドラインには強制力がないということである。またガイドラインは障害児教育を専門とする人たちによってつくられているが，フィリピンの障害児関連法制全体としての法制的整合性はあまり考えられていないという問題がある。このため，ガイドラインを改訂しても，問題は依然として残ることになる。こうしたことを考えると，障害児教育包括法が障害児教育の全体を統べる強制力のある法律として出現する必要性があるといえる。

　障害児教育包括法は，これまで議員立法による試みがあり，下院で少なくとも7つ，上院では少なくとも11の法案が提出されているが，いずれも採択されていない。最新のものでは，下院障害児教育法案6498号（HB6498, 2012）が現在，議会に提出されているが，これまでの法案同様，議会の関心も低く，廃案になると考えられている[20]。しかし，そうした法律は，教育省が出したガイドラインと似たような内容であっても，制定されればフィリピンの障害児教育にとっては大きな前進となるはずである。

　一方，こうしたガイドラインに代表される障害児教育の枠組みは，40年近くを経て，別の大きなチャレンジにも直面している。それを象徴的に示すのが，第3節で述べたフィリピンのろう社会から議員を通じて提案され

たFSL法案である。ろう社会の言語であり，ろう者の母語であるFSLをフィリピンの公用語のなかに加え，ろう学校でも用いるべきであるという法案である。すでに述べたように教育省は，これに反対し，SEEをろう学校では用いるべきとした。しかし，筆者のみるところ，前節で述べたように法律に基づいた財政的な保障がなく，慢性的な資金不足の状態のなか，教員へのSEEのトレーニングは十分に行われていない。一方，FSLができる教員もほとんどいない状況を考えると，従来の路線の延長を続けるだけでは，フィリピンのろう教育に光がみえるかどうかは，はなはだ疑問である。

　そうしたなかでもK-to-12法は，FSLの公認と財政的基盤づけという意味で，新たな方向性を示しているといえる。FSLも同法のなかで教育の場での公的な認知を得た。しかし，同法では小学校段階の初期のレベルでのFSL導入が認められたのみであり，FSLからフィリピノ語や英語への移行という次の課題もすぐ待ち構えている。また，まだ特殊学校教員へのトレーニングの財政的保証もない。加えて，地方部では，K-to-12法の教員への周知が進んでいないという問題もある。フィリピン手話法も障害児教育の基本法もないなか，依然として手探りの状況が続いていることに変わりはない。ろう児の事例にみられるようなこうした障害児教育の法制的整備が不十分な事実は，障害児たちが十分な教育を受けられない，ひいては，開発に参加するプレーヤーとしての能力を切り拓く場を与えられないという問題につながっていく。以上，フィリピンの障害児教育が現在，どのような法制的問題を抱えており，それがどのような実態に結び付いているのか，議論した。まだまだ十分な議論がつくされたとはいえないが，少なくとも本論によって，議論に若干の前進がみられたならば幸いである。

〔注〕
（1）Ilagan（2000）では，20歳未満の学齢期の障害児が350万人いるが，そのうち，わずか，4万710人，1.16パーセントしか学校に行っていない（1997〜1998年）という教育省による数字が紹介されている。またMartinez（2012）は同様に教育省から得られたデータにより，2009年時点でのSPEDの数は全国で少なくとも227校であり，うちマニラ首都圏に16校があると指摘している。しかしながら，SPEDについての統計は，Martinez（2000）でも指摘されているが，一般教育に比べるとはるかに貧弱な状態である。教育省にある障害児教育のデータも各校への報告依頼のデータを集計

したものでしかないが，現在の障害児の在籍数のみであり，子どもたちの退学率や年齢などが分かる詳細なデータは存在しない。
(2)　2012年11月にフィリピンのマニラにおいて行われたフィリピン大学法学部教授 R. C. Pangalangan 氏および Chato Olivas Vda-De Gallo 弁護士へのインタビューによる。
(3)　フィリピン共和国憲法　第２条第10節，憲法訳文は，衆議院憲法調査会事務局（2003）によった（以下，同じ）。ただし，公式教育，非公式教育という訳語は，その後の国際開発研究でのフォーマル教育，インフォーマル教育という用語の普及に対応して，そのように変更した。
(4)　フィリピン共和国憲法　第14条第２節（２）。
(5)　フィリピンにおけるすべての子どもたちのための教育（Education for ALL: EFA）については，フィリピン政府による行動計画である Department of Education（2003）のほか，エストラーダ政権当時の EFA の状況を批判した UNESCO（2009）を参照のこと。
(6)　ノンフォーマル教育を受けた場合，フィリピンでは，「フィリピン転入学試験」（the Philippine Educational Placement Test: PEPT）という試験を受けることで，フォーマル教育への転入を受けることができる。
(7)　同法の施行規則は，2003年教育省令第１号（DepEd Order No 1, s. 2003）である。
(8)　より厳密には，1972年布告第1081号（Proclamation No. 1081）で教育文化省（Department of Education and Culture），1978年大統領令第1397号（Presidential Decree No. 1397）で，教育文化省（the Ministry of Education and Culture: MEC），1982年教育法（the Education Act of 1982）で教育・文化・スポーツ省（Ministry of Education, Culture and Sports: MECS），1987年行政命令第117号（Executive Order No. 117）で教育・文化・スポーツ省（the Department of Education, Culture and Sports: DECS）と教育担当省の名称は，かなりめまぐるしく変わっている。
(9)　マグナカルタ（Magna Carta: 大憲章）というのは，日本では，イングランドのジョン王による1215年制定のものというイメージが強いが，フィリピンでは，ほかにも女性の権利についての共和国法第9710号も「女性のマグナカルタ」という呼称をもっている。これらの呼称は，法律番号や長い名前の正式名称とは別に法律に対する日常的な名前として市民権を得ており，法律の条文のなかでそのことが示されている。「障害者のマグナカルタ」も第１条で，「本法は，障害者のマグナカルタとして知られ，また言及されるべきである。」と規定している（これは「女性のマグナカルタ」でも同じである）。このため，本章でもこれに従って，障害者のマグナカルタという呼称でこの法律を呼ぶことにする。
(10)　IRR OF RA 7277, IMPLEMENTING RULES AND REGULATIONS of the Magna Carta for Disabled Persons（Republic Act No. 7277）．
(11)　障害者のマグナカルタ Sec. 36（3）(e)（3）に除外可能なケースとして，"unless the entity can demonstrate that taking such steps would fundamentally alter the nature of the good, service, facility, privilege, advantage or accommodation being offered or would result in undue burden;" と書かれており，最後の部分がここで言及されている負担が重くないかぎりというものに相当する。こうした「過重な負担」については，同法のモデルとなった米国障害者法でも「合理的配慮」を提供しなくても良い理由として挙げられているため，その影響があると思われる。しかしながら，だれ

140

⑿　同書をまとめた当時の教育省特殊教育部主任のYolanda S. Quijano女史は，現在，教育省次官（Undersecretary）として，今もフィリピンの障害児教育に大きな影響を及ぼしている。障害児教育の具体的な方針などの変遷については，De Torres（2008）を参照のこと。
⒀　Filipino Sign Language。フィリピンのろう社会で広く用いられている自然言語。アメリカ手話（ASL）とは語彙や文法も異なる。FSLについての詳細は，PDRC & PFD（2004）を参照のこと。
⒁　SEEというのは，Signing Exact Englishあるいは，Signed Exactly Englishの略であり，ASLの語彙を（ASLと英語とは文法が異なるのにもかかわらず）英語の順番で並べ，英語を教えるために使おうとした米国で発達した人工語である。しかし，英語の指導以外にも教師の日常の手話としても誤って使用され，子どもたちが理解できない手話が広まるという弊害を産んでいる。
⒂　American Sign Language。フィリピンのろう教育が公教育で最初に始まったのは，1907年であるが，この時，アメリカ人の教師が来比してアメリカ手話を用いた教育がなされた（森 2008b）。このため，アメリカ手話の語彙が一部，フィリピン手話の語彙に取り入れられている。このため，ASLとFSLとを混同する人たちが現在もなお，存在する。
⒃　2013年10月にフィリピンのサマール島カルバヨグ（その1カ月後に台風が同島および隣のレイテ島などを襲い甚大な被害が出たことは日本でも報道されたとおりである）で筆者により行われた現地調査での現地SPED教員，また一般校教員へのインタビューによる。同地区には，ろう学校は存在せず，地域の中核を担う学校の一部に障害児教育部門（SPED）が設けられており，盲，ろう，発達障害の3障害については専任教員が配置されている状況である。これは，地方部の状況としては比較的恵まれた状況といえる。多くの地方部では，こうしたSPED教員すら存在せず，障害児は学校に行く権利はもつものの，実際にその権利は保障されることなく，学校から教育不能の烙印を押されて，学校教育を断念することになる。これが，フィリピンで97パーセントもの障害児が学校教育を受ける機会を受けられずにいる状況の背景にある。カルバヨグにおいても，教員はいても学校までの通学に支障のある肢体不自由児で貧困家庭の出身である場合，通学のための費用を捻出できずに通学を断念するというケースが存在している（政府による貧困家庭支援の現金給付であるCCTが実施されていても，子供の毎日の通学のための公共交通機関の費用と貧困家計の支援の双方を満たすには不十分な状況がある）。
⒄　フィリピンでは，ろう学校教員の団体の性格をもつPRIDとは独立して，それをも包摂する形で，フィリピン全国手話通訳者協会（PNASLI）が新たに2011年にマニラ首都圏で設立され，ろう教育を担当する人たちではなく，ろう者の言語を通訳するという立場を明確にしてきている。
⒅　筆者によって行われた2013年11月にマニラ首都圏および南部サマール島のSPEDろう教育担当者を対象にした聞き取り調査による。
⒆　正式名称「フィリピン基礎教育カリキュラム・基礎教育年数増大により，同教育

システムを拡大し，その資金を充当させるため，またその他の諸目的のための法律」（An Act Enhancing the Philippine Basic Education System by Strengthening Its Curriculum and Increasing the Number of Years for Basic Education, Appropriating Funds Therefor and for Other Purposes）原文は，以下のフィリピン政府官報サイトでみられる（http://www.gov.ph/2013/09/04/irr-republic-act-no-10533/）。
⑳　これまでの同じような法案が何度も廃案になってきているためか，教育省の障害児教育担当課でも期待をしていない。そうした行政のモチベーションのなさも事態が改善されないことの背景として指摘しておきたい（2013年12月の現地の教育省でのインタビュー）。

〔参考文献〕

＜日本語文献＞
遠藤聡　2012．「フィリピンの幼稚園教育法―基礎教育の制度化―」『外国の立法』（253）9月　163-172．
国際協力事業団企画・評価部　2002．『国別障害関連情報　フィリピン共和国』国際協力事業団（http://www.jica.go.jp/activities/issues/social_sec/pdf/phi_jap.pdf　2013年3月6日アクセス）．
衆議院憲法調査会事務局　2003．『フィリピン共和国憲法―概要及び翻訳―』衆憲資第19号（委託調査報告書），衆議院憲法調査会事務局．
中西由起子　2000．「アジア太平洋の障害者の教育［1］」アジア・ディスアビリティ・インスティテート（http://www.asiadisability.com/~yuki/ED.html　2013年3月7日アクセス）．
中村真理　2010．「協力大使レポート」『福井県国際協力大使レポート』（1）（http://www.pref.fukui.jp/doc/kankou/report_d/fil/109.pdf　2013年3月7日アクセス）．
―――　2011．「フィリピンの聴覚障害教育について」『福井県国際協力大使レポート』（2）（http://www.pref.fukui.lg.jp/doc/kankou/taisi_d/fil/085.pdf　2013年3月7日アクセス）．
森壮也　2008a．「障害者のエンパワメント」山形辰史編『貧困削減戦略再考　生計向上アプローチの可能性』岩波書店　221-254．
―――　2008b．「フィリピンのろう教育とろうコミュニティの歴史―マニラ地区を中心とした当事者主体の運動の形成と崩壊，復活」森壮也編『障害と開発　途上国の障害当事者と社会』アジア経済研究所　291-317．
―――　2010．「障害者差別と当事者運動――フィリピンを事例に――」小林昌之編『アジア諸国の障害者法―法的権利の確立と課題―』アジア経済研究所　183-206．
―――　2012．「フィリピンにおける障害者雇用法制」小林昌之編『アジアの障害者雇用法制―差別禁止と雇用促進―』アジア経済研究所　157-186．
―――　2013．「フィリピンにおける障害者教育法」小林昌之編『開発途上国の障害者教育―教育法制と就学実態』調査研究報告書　アジア経済研究所　59-71．
吉田美穂　2003．「フィリピンKAMPIの統合教育推進プロジェクト～BBC（ブレーキング・バリアー・チルドレン）～」アジア・ディスアビリティ・インスティテート

(http://www.asiadisability.com/~yuki/147.html　2013年3月7日アクセス).

＜外国語文献＞

College Of Education, University of the Philippines. 2012. *Special Education Area, Interpellation Paper on, Senate Bill No. 3002*. Quezon City: University of the Philippines.

De Torres, M.S.B. 2008. One Hundred Years of Special Education in the Philippines 1907-2007, Dissertation submitted to College of Education. Quezon City: University of the Philippines.

Department of Education. 2003. *Country Report for 2003 ACCU-APPEAL Joint Planning Meeting on Regional NFE Programmes in Asia and the Pacific*, Tokyo, 2-5 December. (http://www.accu.or.jp/litdbase).

Guerrero, C.S. 2003. *Country Report for 2003 ACCU-APPEAL Joint Planning Meeting on Regional NFE Programmes in Asia and the Pacific*. (http://www.accu.or.jp/litdbase/pub/pdf_cr05/03DB_Philippines.pdf　2013年3月6日アクセス).

Illagan, V. 2000. *INCLUSIVE EDUCATION IN THE ASIA-PACIFIC REGION: ARE THE DISABLED INCLUDED?* edited by Hannu Savolainen, Heikki Kokkala and Hanna Alasuutari, 120-126.

Inciong, G. Teresita. 2005. "The Development of Welfare and Education For Children with Mental Retardation Towards Inclusion: The Philippine Experience." Paper presented during the Conference on the Development of Welfare and Education of Children With Mental Retardation In Asia Towards Inclusive Education, July 9-10, Seisa University（星槎大学）, Hokkaido, Japan.（http://www.jldd.jp/gtid/acmr_17/pdf/3-Inclision.pdf　2014年1月6日アクセス).

Manasan, R.G., A. B. Celestino and J. S. Cuenca. 2011. Mobilizing LGU Support for Basic Education: Focus on the Special Education Fund, DP *2011-07*. Makati City: Philippine Institute on Development Studies.

Manuel, M.F. and E.B. Gregorio. 2011. "Legal Frameworks for Early Childhood Governance in the Philippines." *International Journal of Child Care and Education Policy* 5 (1) May: 65-76.

Martinez, Liza. 2012. *Poverty Reduction, MDGs and Education of Children with Disabilities in the Philippines: Some Observations and Recommendations*. Shadow Report Paper for UN (2012/09/11) as Representative of the Philippine coalition on the United Nations Convention on the Rights of Persons with Disabilities,. PDRC. In Philippine Coalition on the U.N. Convention on the Rights of Persons with Disabilities A submission to the United Nations Human Rights Council on the Universal Periodic Review Secretariat c/o ASP office (http://lib.ohchr.org/HRBodies/UPR/Documents/session13/PH/JS5_UPR_PHL_S13_2012_JointSubmission5_E.pdfl).

Ministry of Education. 2005. *Functionally Literate Filipinos: An Educated Filipino – National Action Plan To Achieve Education for All by the year 2015* (Final draft endorsed for approval by the National Economic and Development Agency-Social Development Committee as 9 October 2005), Manila: Republic of the Philippines. (http://planipolis.

143

iiep.unesco.org/upload/Philippines/Philippines%20EFA%20NPA.pdf).
Miraflores, S. 2010. Current Trends In Special Education (blog posted on MARCH 16). (http://mirafloresspedsociety.blogspot.jp/2010_03_01_archive.html　2014年1月25日アクセス).
Pangalangan, R.C. 1998. "Children with Disabilities: The Burdens of Dual Discrimination." In *Looking After Filipino Children: A Compendium of Philippine Laws and International Declarations, Conventions, and Covenants.* edited by Romero, Flerida Ruth P and Elizabeth A. Pangalangan. Makati City: Children and Youth Foundation of the Philippines.
PDRC & PFD. 2004. *An Introduction to Filipino Sign Language.* Philippine Deaf Resource Center, Inc.
Quijano, Y. S., 2009. *Inclusive Education: The Philippine Perspective.* Presentation for 19th Asian Federation on Intellectual Disabilities Conference, 22-26 November, Singapore. (http://seameoforum.files.wordpress.com/2011/09/inclusive-education-vietnam-oct20-20111.ppt　2013年3月6日アクセス).
Special Education Division, Bureau of Elementary Education, Department of Education. 2008. *Policies and Guidelines in Special Education in the Philippines.* Department of Education.
UNESCO. 2009. *Philippine Education For All 2015: Implementation and Challenges.* UNESCO. (http://planipolis.iiep.unesco.org/upload/Philippines/Philippines_EFA_MDA.pdf).

第5章

マレーシアの障害児教育制度の現状と課題

川 島　聡

　　はじめに

　マレーシア政府は2010年7月に国連の「障害者の権利に関する条約」（以下，障害者権利条約）を批准した。障害者権利条約は，教育分野等の差別を禁止し，合理的配慮の否定を差別とする。また，この条約はインクルーシブ教育制度の実現を求めている。では，この条約に照らすと，マレーシアの障害児教育は，どのように評価できるのだろうか。

　この点，まず注目すべきは，マレーシアで2008年障害者法（*Persons with Disabilities Act 2008*）という名の法律が成立したことである。とくに，この法律が合理的配慮の規定を設けていることに着意すべきである。ただ，この法律は，障害者権利条約の場合とは異なり，合理的配慮の否定を差別として位置づけていない。そのため，この意味では，教育分野の差別禁止に関して，マレーシアが障害者権利条約の義務を誠実に履行することは困難な状況にあるといえる。

　つぎに注目すべきは，マレーシアの障害児教育が，1996年教育法と1997年特別教育規則（以下，1997年規則）に基づいて，インクルーシブ教育制度に向けて一定の進歩をみせていることである。さらに，最近になって，1997年規則にとって代わる新しい規則として，2013年特別教育規則（以下，2013年規則）が成立したことが重要である。

　以上の諸点を念頭において，以下では，マレーシアの障害児教育制度の

歴史，現状，課題を検討する。この検討は，マレーシアの障害児教育制度が障害者権利条約に抵触するかどうかを評価するための基礎的な考察のひとつとして位置づけられる。

第1節　歴史

マレーシアの最初の特別学校は，1948年に設立されたプリンセス・エリザベス盲学校である。それ以前は，地域のグループや宗教的な施設が，特別教育ニーズのある子ども（障害児）に教育を提供していた。その後，1954年に連邦盲学校が設置され，学業と職業訓練を提供した。

マレーシア政府は，1957年に独立したのち，1961年教育法（*Education Act of 1961*）のもとで，障害児教育を扱った。1979年には，マレーシア内閣委員会の報告が出され，障害児に対して良質の教育を提供することが強調された。この委員会の勧告に基づいて，関係省庁連絡会議（Inter-Ministerial Committee）が組織され，障害児の論点がとりあげられた。そして，社会福祉省と教育省が，障害児教育に関して共管体制をとった。保健省は，障害児の早期介入計画に責任を負った。

マレーシア教育省のモード・ノルディン・ビン・アワング・マットによれば，以上がマレーシアにおける初期の障害児教育の特敦である（Mohd Nordin bin Awang Mat n.d.）。そして，アブドゥル・アジズ・ビン・ジャンタン博士も，次のように同様の指摘をしている。

1981年以前は，マレーシア政府は，障害児の学校教育をほとんど配備しなかった。ボランティア団体が，そうした学校教育を提供していたのである。軽度障害児は，親が希望すれば，普通学校に通うことができたが，脱落してしまう子どもが多かった。

1981年に，マレーシア政府は，障害児教育に責任を負うことになった。具体的には，教育省と社会福祉省（1990年に国家統一開発省に改称）が分担して責任を負った。そして，教育省は，障害児が教育を受ける場として，「最も制限的でない場」（least restrictive environment）と呼ばれる政策を採用した。

これは，通常学校のなかに，障害児のための独立した特別教室（special education classes: SEC）を設けることを意味した。1995年には，障害児教育を扱う特別教育局（Special Education Department）が設けられた（Abdul Aziz Bin Jantan 2007）。

第2節　現況

1．特別教育プログラム

　マレーシアの子どもは，基本的には，4・5歳のプレスクールの後，小学校（Primary School）に満6歳から12歳までの6年間通う。そして，中等教育（Secondary Education）は，13歳から17歳までの5年である。中等教育は，3年間の下級中等学校（Lower Secondary School）と，2年間の上級中等学校（Upper Secondary School）に分けられる。小学校では，読み書き，算数，思考力，道徳といった基礎を養う（Abdul Aziz Bin Jantan 2007）。
　これに対して，障害児教育は，「特別教育プログラム」のもとで行われている。1997年規則第2条は，「特別教育プログラム」として，3つの障害児教育の形態を定める。すなわち，(a) 視覚・聴覚障害児のための「特別学校」（すべての在校生が障害をもっている），(b) 視覚・聴覚障害児と学習障害児のための「統合プログラム」（普通学校のなかにある障害児のための教室（特別教室）），(c)「インクルーシブ教育プログラム」（普通学校のなかにある障害児を統合している普通学級），である。この3つが，障害児教育の骨格となる。
　マレーシア教育青書（2013～2025年）によれば，(a) は6パーセント未満，(b) は89パーセント未満，(c) は5パーセント未満の障害児が通っている。2013年12月16日に筆者がクアラルンプールで行ったインタビューによると，(b) の特別教室で学んでいる者の大部分は，実際には，学習障害児（軽度・中度）である（なお，ここでの学習障害児には，日本でいえば，知的障害児と発達障害児が含まれる）。重度の学習障害児は，「特別教育プログラム」の制度

から外れて,社会福祉局による「地域社会に根ざしたリハビリテーション」(Community based Rehabilitation: CBR) の一環として,教育的な福祉サービスを受けたり,NGOが提供する私立学校 (private school) に通ったりするという。また,(c) のインクルーシブ教育プログラムには,実際には,視覚障害児の数が比較的多いとされる。視覚障害児は,普通学校に適応しやすい (adaptable) ということが,その理由のようである。

2012年の時点で,マレーシアの教育省が提供している上記の障害児教育のもとで,通学している障害児の総数は,合計5万3983人を数える。内訳として,視覚障害児は855人,聴覚障害児が3018人,学習障害児が5万110人である(表5-1)。ここからわかるように,学習障害児が9割以上を占めている。また,通学している障害児の総数は,2008年から2012年までのあいだに着実に増えている(表5-2)。2012年の総数(5万3983人)に,2008年の総数(2万9935人)の1.8倍ほどになっている。

このような,マレーシアの障害児教育の発展は,2008年障害者法の成立

表5-1　学校在籍の障害児総数の障害別内訳(2012年)

(人)

	視覚障害	聴覚障害	学習障害
プレスクール	20	85	669
小学校	383	1,657	29,540
中等学校	452	1,276	19,901
総　数	855	3,018	50,110

(出典)　Special Education Division, Ministry of Education, 2012より筆者作成。

表5-2　学校在籍の障害児総数の過去5年の推移(2008～2012年)

(人)

	2008	2009	2010	2011	2012
プレスクール	606	748	786	811	774
小学校	19,698	23,647	28,018	29,726	31,580
中等学校	9,631	14,515	17,184	19,700	21,629
総　数	29,935	38,910	45,988	50,237	53,983

(出典)　Special Education Division, Ministry of Education, 2012より筆者作成。

や障害者権利条約の批准（2010年）などを背景とするものである。

2．2008年障害者法

　2008年障害者法は，障害者権利条約の規定と同じ規定，あるいは非常に似た規定を含んでいる。ここでは，2008年障害者法の教育分野の規定に関して具体的にみてみよう。

　まず，2008年障害者法第28条2項は，政府と民間教育提供者は，障害者が教育に完全かつ平等に参加することを容易にするため，障害者が生活するうえでの技能および社会的な発達のための技能を習得することを可能とするための適切な措置を講じる，と定める。この規定は，障害者権利条約第24条3項とほぼ同様の規定である。

　また，2008年障害法第28条2項は，サブパラグラフの（a）から（c）をおいているが，これらと同様の規定は，障害者権利条約第24条3項の（a）から（c）にそれぞれみられる。まず，2008年障害法第28条2項（a）は，「点字，代替文字，補助代替コミュニケーションの形態，手段および様式，ならびに歩行技能の習得を容易にすること。また，ピア・サポートおよびピア・メンタリングを容易にする」と定める。これは，障害者権利条約第24条3項（a）と同じ文言である。

　つぎに，2008年障害法第28条2項（b）は，「マレーシア手話の習得およびろう社会の言語的なアイデンティティの促進を容易にする」（傍点は引用者）と定める。手話がマレーシア手話となっている部分を除くと，この規定も障害者権利条約第24条3項（b）と同じ文言である。

　最後に，2008年障害者法第28条3項（c）は，「盲人，ろう者または盲ろう者（とくに子どもの盲人，ろう者または盲ろう者）の教育が，その個人にとって最も適切な言語ならびにコミュニケーションの形態および手段で，かつ，学業面の発達および社会性の発達を最大にする環境で行われることを確保する」と定める。これも，障害者権利条約第24条3項（c）と同じ文言である。

　以上に加えて，2008年障害者法は，障害者権利条約第24条の規定ぶりと

はやや異なるが，政府と民間教育提供者は，教育関係に関して，障害児・者に合理的配慮を提供する旨の規定を設けている。そして，2008年障害者法は，「合理的配慮とは，障害者が障害をもたない者との平等を基礎として生活の質および福利を享有しまたは行使することを確保するための必要かつ適切な変更および調整であって，特定の場合に必要とされるものであり，かつ，不釣合いなまたは過重な負担を課さないものをいう」と定義する。この定義は，次の点を除いて，障害者権利条約における合理的配慮の定義と同じである。すなわち，2008年障害法では「他の者との平等を基礎としてすべての人権および基本的自由」とされている部分が，障害者権利条約では「障害をもたない者との平等を基礎として生活の質および福利」となっている。

　以上のほかに，重要な論点となるのが，「一般教育制度」という文言である。まず，障害者権利条約の規定を確認したい。この条約の第24条2項は，柱書で，「締約国は，1の権利を実現するに当たり，次のことを確保する」として，(a) から (e) まで，5つのサブパラグラフをおいている。これら5つのうち，注目すべき規定として，サブパラグラフ (a) は「障害者が障害を理由として一般教育制度から排除されないこと，および障害児が障害を理由として無償のかつ義務的な初等教育からまたは中等教育から排除されないこと」と定め，サブパラグラフ (d) は「障害者が，その効果的な教育を容易にするために必要とする支援を一般教育制度のもとで受けること」と定める（傍点は引用者）。

　これらの規定について論点となるのが，「一般教育制度」(general education system) という文言の意味内容である。この文言のあり得る解釈として，①普通学校の制度と，②教育省（教育の主担当省，教育の主たる所管省）の管轄下の制度，のふたつがある。条約交渉過程の議論が示唆するように（長瀬2008），「一般教育制度」という文言は，特別学校の制度と対比されるところの普通学校の制度（上記①）を意味するのではなく，教育省の管轄下の制度（上記②）を意味する，と解される。そのため，サブパラグラフ (a) に含まれた「障害者が障害に基づいて一般教育制度から排除されない」という文言は，障害者が教育省の管轄下の制度（上記②）から排除されないことを意

味する,といえよう。

　障害者権利条約第24条 2 項と同様の表現として,2008年障害者法第28条 1 項は,障害者は障害を理由に「一般教育制度」(general education system)から排除されない,と定める。この規定は,素直に解釈すれば,障害者権利条約の上記規定と同じ意味だと考えるべきであろう。そして,そのように解するのであれば,1997年規則のなかに「教育可能」という文言が含まれていたことが問題となる。なぜなら,この文言は,一部の障害者を「一般教育制度」から法的に排除することにつながるからである。この意味で,1997年規則は,障害者権利条約と2008年障害者法に抵触していた,といえる。もっとも,1997年規則にとって代わった2013年規則は,「教育可能」という文言を含んでおらず,この抵触は,法文上は一応解消されることになった。この論点について,以下において詳しくみてみよう。

3．2013年規則

　最近の動向として,とくに注目されるのが,1997年規則にとって代わる新しい規則が,2013年に成立したことである。この2013年規則は,2013年 7 月 5 日に策定され,同年 7 月18日に発効している。

　1997年規則の問題のひとつとして,しばしば指摘されるのが,「教育可能」(educable)という文言が当該規則のなかに含まれていたことである。1997年規則によれば,「特別なニーズのある児童・生徒が教育可能であるとされるのは,その者が他の者の支援なしに自分自身で身の回りのことをすることができて,かつ,医師,教育省の職員および福祉局の職員から構成される審査団が,その者を,全国教育プログラムを遂行可能できる者と承認する場合である」。この文言は,教育省が,一部の重度障害児を排除することを法的に可能にする。2013年12月16日にクアラルンプールで実施した筆者のインタビューによれば,「教育可能」ではない障害児は,特別教育プログラムを受けることができず,社会福祉局のリハビリテーション・サービス(CBR)を受けることになる。

　2013年規則は,「教育可能」という文言を含んでいない。そのため,もは

151

や教育省は，一部の重度障害児の教育に責任を負わない，と法的に主張することができなくなった。もちろん，この文言が存在しないからといって，即座に，重度障害児を含むすべての障害児が特別教育プログラムを実際に受けられるようになるとはいえないであろう。しかし，そうだとしても，教育省は，その方向に向けて絶えず改善する責任を法的に負うことになる。「教育可能な」児童とそうでない児童とを分けて，教育省が前者の児童のみを対象に施策を講じることは，法的には許容されないのである。

この改正は，マレーシアが障害者権利条約第24条2項の規定を遵守するという観点からも注目される。

第3節　課題

以上で述べた2008年障害者法や2013年規則の成立などにみられるように，マレーシアの障害児教育は着実に発展してきている。だが，課題もある。たとえば，2013年規則の成立によって，2008年障害者法（および障害者権利条約）と1997年規則との抵触問題は，法文上は一応解消されたが，実際に，2013年規則が運用されていく段階で，教育省が一部の障害者を事実上排除するようなことがあり得るかもしれない。また，2008年障害者法は，障害児教育との関係において合理的配慮の規定を設けているが，その位置づけは曖昧なままである。というのは，2008障害者法は，障害者権利条約とは異なり，「合理的配慮の否定」を差別として明記していないからである。

以上のほかにも，マレーシアの障害児教育には，いくつも課題がある。ここでは，マレーシアの最近の文書として，2012年に出されたマレーシア子どもの権利連合の報告と，マレーシア教育青書（2013～2025年）を紹介しながら，マレーシアの障害児教育の課題を描いてみたい。

第5章　マレーシアの障害児教育制度の現状と課題

1．マレーシア子どもの権利連合の報告（2012年）

　マレーシア子どもの権利連合（子どもの権利にかかわる7団体の連合体）は，2012年の報告書のなかで，障害児教育の課題を述べている（Child Rights Coalition Malaysia 2012）。第1は，統計の課題である。社会福祉局には，2011年に35万9203人の障害者（視覚障害，聴覚障害，言語障害，身体障害，知的障害，精神障害，重複障害）が登録されているが，この障害者数は，マレーシアの人口の1パーセントほどにすぎないため，少なすぎる（世界保健機関（WHO）の統計では，障害者数は世界人口の15パーセントである）。しかも，この統計は，年齢別ではないので，障害児人口がわからない，という問題がある。

　第2に，障害児の教育機会が十分保障されていない。マレーシアの教育省が提供している障害児教育は，次の3つに分かれる。すなわち，障害児は，①特別学校（障害児のみが通う学校），②普通学校内の特別学級，③普通学校内の普通学級のどれかに通う。これらの学校に通えない障害児は，社会福祉局の管轄下の「地域に根ざしたリハビリテーション」（CBR）プログラムを受けることになる。2012年時点で，マレーシアには28の特別小学校，ふたつの特別中学校，ふたつの特別職業中学校があるが，すべて都心に配置されている。とくに中学校の数は少なく，障害児の教育機会を確保するためには十分ではない。

　第3に，特別学級への入学を決定する評価基準が不透明である。教育省は，普通学校内で授業を受けるか，あるいは特別学校に通うかを判断するための規則を定めていない。そのような決定は，特別教育教員の助言を受けた学校の執行部の裁量と，障害児を普通学級に受け入れたいと思う普通学校の教員の意思とに委ねられている。

　第4は，インクルーシブ教育の原則に関する課題である。インクルーシブ教育を実施するためには，学校の運営と教員の支援が必要である。しかし，そうしたものを欠いているのが，マレーシアの現状である。サラマンカ宣言（1994年）の採択から20年ほど経っているが，マレーシアでは，とく

153

に学習障害児に関して，インクルーシブ教育の課題が山積している。そして，わずかに６パーセントの障害児が普通学級に通っているにすぎないという状況にある。

マレーシア子どもの権利連合は，以上のような分析をふまえて，マレーシア政府に対して，次のような勧告をしている（第27段落）。すなわち，マレーシア政府は，「すべての障害児が無償の教育の機会を享受できることと，かれらが可能なかぎり普通学校と普通学級に効果的に統合されることを確保しなければならない」。また，マレーシア政府は，「物理的なアクセシビリティを向上させることで，また教員，セラピストその他の職員を支援することで，さらに障害意識向上と特別ニーズ教育の基礎とに関する教員研修をすることで，また代替的な教育評価方法を開発することで，障害児が普通学校に通うことを可能にするための資金を拠出しなければならない」。

２．マレーシア教育青書（2013～2025年）

2012年９月に教育省が公表したマレーシア教育青書は，次のように，①特別教育学校，②特別教育統合プログラム，③インクルーシブ教育プログラム，という３つの障害児教育制度の課題を述べている。第１に，オージオロジスト（聴覚訓練士）と作業療法士のような専門家と適格性のある教員が足りない。第２に，障害種別の課程（カリキュラム）は，たとえば視覚障害のある者と聴覚障害のある者の場合には用意されているが，自閉症等の学習障害者向けのものはあまりない。第３に，障害児は，普通学校でのアカデミックなカリキュラムよりも，生活技能を身に付けるための応用的，職業的なカリキュラムのほうが適しているかもしれない，という懸念がある。第４に，普通学校の設備は，全般的に障害児にとって好ましい状況になく，支援機器も不足している。

マレーシア教育青書のなかで，教育省は，普通学校がインクルーシブ教育志向になることが，差別的態度の克服につながる，とするサラマンカ宣言と，「教育への完全かつ平等な参加」を促進するために必要な支援を障害児に提供する，と定める2008年障害者法とに言及しながら，インクルーシ

ブ教育を支持する。ちなみに，2008年障害者法は，障害者権利条約に含まれている「完全なインクルージョンという目標」や「インクルーシブで質の高い無償の初等教育および中等教育」や「あらゆる段階におけるインクルーシブな教育制度および生涯学習」という文言自体を含んでいない。それでもやはり，基本的に，マレーシア政府がインクルーシブ教育を支持していることに変わりはない。

　文部省は，インクルーシブ教育の推進という目的を達成するために，3段階の計画を用意している。第1段階は，現行のプログラムの強化である。第2段階は，この目的の達成に向けて，障害児の教育支援のための専門家集団を養成することである。第3段階は，その評価と強化である。このような計画をめぐる今後の動向が注目される。

おわりに

　障害者権利条約は，障害差別を禁止すると同時に，インクルーシブ教育制度を実現することをマレーシアに求めている。この点，たしかにマレーシアの障害児教育は，インクルーシブ教育を志向するようになってきている。しかし，障害児に関する基本的な統計がなかったり，障害児教育が都市部に偏っていたり，障害児教育のための資源が不足していたり，課題は山積している。また，マレーシアの障害者法は差別禁止アプローチをとっていないため（川島 2010；2012），学校が合理的配慮を否定しても差別にはならない。このように，マレーシアの障害児教育は，障害者権利条約の観点からみて，課題を残している。この点に関して，今後，国連の障害者権利委員会（ジュネーブ）が，どのように評価するかが注目されよう。

〔参考文献〕

＜日本語文献＞
川島聡　2010.「マレーシアにおける障害者の法的定義──2008年障害者法を中心に──」小林昌之編『アジア諸国の障害者法─法的権利の確立と課題─』アジア経済研究所　207-223.
─── 2012.「マレーシアの障害者雇用と国際人権法」小林昌之編『アジアの障害者雇用法制──差別禁止と雇用促進──』アジア経済研究所　187-201.
長瀬修　2008.「教育」長瀬修・東俊裕・川島聡編『障害者の権利条約と日本──概要と展望』生活書院　137-166.

＜外国語文献＞
Abdul Aziz Bin Jantan. 2007. "Primary School Teachers Malaysia; Inclusive Education Malaysia." Ph.D. Thesis, University of Northumbria.
Child Rights Coalition Malaysia. 2012. *Status Report on Children's Rights in Malaysia*. (http://www.unicef.org/eapro/Report_on_Childrens_Rights_.pdf).
Noraini Zainal Abidin. 2009. "What do we Mean by Transition at Secondary School for Students with Special Educational Needs: A Case Study in the Federal Territory." Ph.D. Thesis, University of Warwick, Institute of Education.
Mohd Nordin bin Awang Mat. n.d. *Developing Special Education In Each Country and Enhancing International Mutual Cooperation among Countries in the Asia-Pacific Region*. (http://www.nise.go.jp/kenshuka/josa/kankobutsu/pub_d/d-175/d-175_1_6.pdf).
Equal Rights Trust. 2012. *Washing the Tigers: Addressing Discrimination and Inequality in Malaysia*. ERT Country Report Series 2. (http://www.equalrightstrust.org/ertdocumentbank/Malaysia%20CR%201.pdf).
Vernor Munoz Villalobos. 2009. *Report of the Special Rapporteur on the Right to Education*, Addendum: Mission to Malaysia, 20 March 2009, A/HRC/11/8/Add.2. Geneva: UN Human Rights Council. (http://www.unhcr.org/refworld/docid/49f06efd2.html　2013年3月8日アクセス).

第5章 マレーシアの障害児教育制度の現状と課題

〔章末資料〕

　以下において，3つの資料を訳出する。第1に，1996年教育法（*Malaysian Education Act 1996*）の障害関係部分を訳出する（資料5-A）。第2に，この法律を具体化する1997年特別教育規則（*Education (Special Education) Regulation 1997*）を全訳する（資料5-B）。第3に，1997年特別教育規則にとって代わる2013年特別教育規則（*Education (Special Education) Regulations 2013*）を全訳する（資料5-C）。

〈資料5-A〉1996年教育法（法律第550号）の障害関係部分（抄訳）

第2条　「特別教育」とは，特別なニーズのある児童・生徒のための教育をいう（訳者注：2008年の改正教育法（*Education (Amendment) Act 2008: An Act to amend the Education Act 1996*）によって，「特別教育」の定義において「児童・生徒の特別な教育ニーズ」の代わりに「特別なニーズのある児童・生徒」が用いられることになった。）
　　　「特別学校」とは，第41条に定める規則に定める，特別教育を提供する学校をいう。

第8章　特別教育
　第40条　教育大臣は，第34条1項（b）号に基づいて設置される特別学校または教育大臣が便宜的な手段とみなす初等学校もしくは中等学校において特別教育を提供するものとする。
　第41条　次項および第3項の規定に従うことを条件として，教育大臣は次の事項に関して規則を定めることができる。
　　　（a）特別学校を受けている児童・生徒のニーズに適した初等学校および中等学校の期間
　　　（b）特別教育に関して用いられるカリキュラム
　　　（c）特別教育を必要とする児童・生徒の部類ならびに各部類の特別学校の児童・生徒の教育に適切な方法
　　　（d）教育大臣が，この章の適用上，便宜的な手段または必要な手

段とみなす他のあらゆる事項
 2　前項（a）号に基づいて教育大臣が定める期間は，場合に応じてこの法律に定める初等学校または中等学校の最短期間を下回ってはならない。
 3　第1項（b）号に基づいて定められるカリキュラムは，合理的に実行可能なかぎり，ナショナルカリキュラムの要件を満たさなければならない。

〈資料5-B〉1997年特別教育規則（全訳）

第1条　この規則は，1997年の特別教育規則と呼ぶことができるものとし，1998年1月1日に施行する。

第2条　この規則において，文脈により別に解釈すべき場合を除き，「特別なニーズのある児童・生徒」とは，視覚障害もしくは聴覚障害または学習障害のある児童・生徒をいう。

　　　「特別教育プログラム」とは，次の各号に該当するものをいう。

（a）視覚障害または聴覚障害のある児童・生徒のための特別学校において提供されるプログラム

（b）視覚障害もしくは聴覚障害または学習障害のある児童・生徒のための通常学校における統合プログラム

（c）普通の児童・生徒とともに通常学級に出席できる，特別ニーズのある児童・生徒のためのインクルーシブ教育プログラム

第3条　国立学校および政府補助学校において，特別なニーズのある児童・生徒で教育可能なものは，特別教育プログラムに参加する資格を有する。ただし，次の生徒・学生は除くものとする。

（a）普通の児童・生徒と同様に学ぶ知的能力を有する，身体障害のある児童・生徒

（b）重複障害のある児童・生徒，重度の身体障害のある児童・生徒または重度の精神遅滞のある児童・生徒

　2　特別なニーズのある児童・生徒が教育可能であるとされるのは，その者が他の者の支援なしに自分自身で身の回りのことをすることができて，かつ，医師，教育省の職員および福祉局の職員から構成される審査団がその者を全国教育プログラムの遂行が可能な者と承認する場合である。

第4条　特別教育カリキュラムを実施する場合に，教師は，特別教育の趣旨および目的を達成するために，教育・学習の手法・技術，活動の時間・順序，科目ならびに教材を変更することができる。

1997年12月30日作成

〈資料5-C〉2013年特別教育規則（全訳）

第1条 （引用）この規則は，2013年の特別教育規則と呼ぶことができるものとする。

第2条 （適用）この規則は，特別教育（Special Education）を実施する国立学校および政府補助学校に適用する。

第3条 （解釈）この規則において，

「行動規準」とは，特別教育ニーズのある児童・生徒の教育に関する行動基準をいう。

「特別教育カリキュラム」とは，次の各号に該当するものをいう。

(a) 全国カリキュラム
(b) 教育省長官（Registrar General）によって改訂された全国カリキュラム
(c) 教育省長官によって特別に立案されたカリキュラム
(d) 教育省長官の意見として特別教育ニーズのある児童・生徒にとって適切かつ有益な技能訓練カリキュラム

「特別教育ニーズのある児童・生徒」とは，場合により，医師，検眼医，聴覚訓練士または心理学者が，次の各号に該当する障害または困難をもっている児童・生徒として認定した児童・生徒をいう。

(a) 視覚障害
(b) 聴覚障害
(c) 言語障害
(d) 身体障害
(e) 学習困難
(f) 上記の（a）号から（e）号に掲げる障害または困難の組み合わせ

「特別教育」とは，次の各号に該当する教育の段階に関して，特別学校または特別教育統合プログラムもしくはインクルーシブ教育プログラムを実施する学校における特別教育ニーズのある児童・生徒のための教育をいう。

(a) プレスクールの教育
(b) 小学校の教育
(c) 中等学校の教育
(d) 高等教育の教育

「インクルーシブ教育プログラム」とは，国立学校または政府補助学校の同じ学級において他の児童・生徒とともに特別教育ニーズのある児童・生徒が受ける，かれらのための教育プログラムをいう。

「特別教育統合プログラム」とは，国立学校または政府補助学校の特別学級において特別教育ニーズのある児童・生徒が受けるためだけの，かれらのための教育プログラムをいう。

「個別教育プラン」とは，教育省長官が決定した事項を含む記録で，特別教育ニーズのある各児童・各生徒のための教育プランを記載したものをいう。

第4条 （試用期間における要件）第5条第1項に定める特別教育を受けることについて特別教育ニーズのある児童・生徒の適合性を決定するため，児童・生徒は，国立学校または政府援助学校において3カ月以内の試用期間を受けなければならない。

 2 前項に定める使用期間が終了したとき，当該生徒・児童が通った学校は，試用期間報告を作成し，委員会に提出しなければならない。

 3 前項に定める委員会は，次の委員から構成されるものとする。
  （a）学長，校長または特別教育の上級アシスタント
  （b）国家教育局所長または郡教育事務所長
  （c）社会福祉局長官または障害者開発局長官

第5条 （特別教育への適合性）前条第2項のもとでの試用期間報告を受領したとき，委員会は特別教育を受けることについて特別教育ニーズのある児童・生徒の適合性を決定しなければならない。

 2 試用期間のあいだに特別教育ニーズのある生徒・児童が通った学校は，前項のもとでの委員会による決定を当該生徒・児童に通知しなければならない。

第6条 （訴え）前条第1項における委員会の決定に不服がある者は誰でも，当該決定の通告があった日から30日以内であれば，州教育局長（Registrar）に書面で訴えることができる。

 2 州教育局長の決定は終局のものとする。

第7条 （行動規準）教育省長官は，特別教育ニーズのある児童・生徒のための教育プログラムを計画し，準備しおよび実施するにあたっての指針となる標準的な諸手続からなる行動規準を作成する。

 2 教育省長官は，行動規準を改訂することができる。

 3 特別教育の実施にかかわる者はすべて，行動規準を遵守しなければならない。

第8条 （特別教育の実施）特別教育を実施するため，
 （a）特別教育の実施に関与するいずれの者も，特別教育カリキュラムを用いなければならない。

(b) 教師は，個別教育プランを用いなければならない。
　　　(c) 教師は，次の各号に該当するものを変更することができる。
　　　　（ⅰ）指導および学習の方法または技術
　　　　（ⅱ）各活動の配分割
　　　　（ⅲ）活動準備
　　　　（ⅳ）教育補助
　　2　前項（c）号のもとでのいずれの変更も，特別教育カリキュラムに基づかなければならない。
第9条　（正課併行活動に参加する要件）
　　委員会が第5条第1項に定める特別教育を受けることについて適合していると決定した特別教育ニーズのある児童・生徒は，その児童・生徒の適合性に応じて，1997年教育（全国カリキュラム）規則［P.U.（A）531/1997］において定義される正課併行活動に参加するものとする。
第10条　（特別教育ニーズのある児童・生徒の教育の期間）特別教育ニーズのある児童・生徒の教育は，次のとおり期間を延長することができる。
　　(a) 小学校については2年以内
　　(b) 中等学校については2年以内
　　(c) 小学校については1年および中等学校については1年
　　2　前項（b）号の規定にかかわらず，中等特別教育職業学校の職業教育を受けている特別教育ニーズのある児童・生徒のための教育は，さらに1年延長することができる。
第11条　廃止
　　1997年教育（特別教育）規則［P.U.（A）532/1997］は廃止される。

2013年7月5日作成

第6章
ベトナムの障害者教育法制と就学実態

黒田　学

はじめに

　本章の目的は，ベトナムにおける障害者教育法制とそれに基づく就学実態を分析し，障害児教育・インクルーシブ教育の課題を明らかにすることである。

　本目的に着眼した背景は，障害者の就学率の向上と教育権の保障にはなお多くの課題が見受けられる点にある。ベトナムは，国連の「障害者の権利に関する条約」（以下，障害者権利条約）を2007年10月22日に署名し，国内法の整備として，障害者法を2010年に制定しているが，障害児の就学率は40パーセント程度（2009年推計）にとどまっており，法制度の整備と就学実態には大きな隔たりがある。

　ベトナムにおける障害児教育の変遷は以下のとおりである。その始まりは，1866年，フランスの植民地支配のもとで，カトリック修道院の慈善事業として設立されたろう教室（ホーチミン市近郊ソンベ省）である。1886年には，トゥアン・アンろう学校が，1927年にはグエン・ディン・チュー盲学校が設立された。1945年，第2次世界大戦の終結に伴うベトナム民主共和国の独立，フランスの介入によるインドシナ戦争（1946～1954年），ベトナム戦争（1960～1975年）を経て，1976年，現在のベトナム社会主義共和国が建国された。「5・4・3制」の学校教育制度（小学校5年，中学校4年，高等学校3年）のもとで，盲学校，ろう学校に加え，知的障害児にも対応した特

別学校（障害児学校）が設立されてきた。特別学校は，1991年に36校，1996年に72校，2002年には90校に達し，2012年には107校となっている。なお，1995年までは障害児教育の管理行政機関は，労働傷病兵社会省（MOLISA）であったが，教育訓練省（MOET）に移管された。

　さらに「2001〜2010年教育発展戦略についての首相決定」（2001年12月）において，障害児への教育施策の方向性が定められた。インクルーシブ教育（通常学校），セミ・インクルーシブ教育（特別学級），特別教育（特別学校）の３つの形態のひとつによって学習の機会を増やし，障害児の就学率を2005年までに50パーセント，2010年までに70パーセントにさせることを目標にしてきた[1]。しかしながら，後述するようにその目標は未達成であり，就学率は40パーセント程度とみなされている（チャン・ディン・トゥアン，グエン・スアン・ハイ　2011）。

　なお，後述の現地調査から明らかなように，ベトナムにおけるインクルーシブ教育とセミ・インクルーシブ教育とのちがいは不明確であり，インクルーシブ教育と位置づけられながら実際には特別学級が設置され，セミ・インクルーシブ教育となっている。障害児教育の系統を３形態に区分し，体系化するとしながらもその実態にはかなりのばらつきがあり，特別学校（狭義の障害児教育）に対して，ほかのふたつの形態は未分化な状態であると考えられる。後述する表6-1,表6-2,表6-3のベトナム提供のデータからも，インクルーシブとセミ・インクルーシブの区分がなされていない。したがって，本章では，障害児教育・インクルーシブ教育と表現して論述する。

　また，障害児が学習する場としては，MOET 管轄の正規の学校だけではなく，MOLISA や保健省（MOH）などが管轄する施設（センター）においても教育が行われているが，政府統計等では把握されていない。

　先に記したようにベトナムの学校教育制度は，「５・４・３制」で，義務教育は小学校の５年間である。なお，中央直轄市であるハノイ市，ハイフォン市，ダナン市，ホーチミン市，カントー市の５市においては，中学校までが義務教育であり，地域によって位置づけが異なっている。また，ベトナムでは課程制教育制度をとっているため，学年進級の際に進級試験があり，貧困や障害の要因と相まって留年や退学に至るケースがみられる。障

害児学校での学制は，通常小学校の5年制と異なり，盲学校が6年制，ろう学校が8年制，知的障害児学校が9年制となっている。

なお，障害者に関する統計を入手することはきわめて難しいが，Nguyen Thi Hoang Yen（2012a）は，障害者人口（率）について，国家統計を基に，5歳以上の障害者は人口比15.3パーセント（2006年），またほかの統計を基に障害者人口670万人，7.8パーセント（2009年）としている。

したがって，以下の節では，障害者に関する法と関連諸施策の展開，障害者法の概要と障害児教育・インクルーシブ教育との関連を整理し，障害児の就学実態と各機関の取り組みをふまえたうえで，障害児教育・インクルーシブ教育の充実と就学率向上のための課題について，論述することとする。なお，現地調査では，北部，中部，南部の代表的都市である首都ハノイ（北部），ダナン市，フエ市（中部），ホーチミン市（南部）を対象にしているが，各地域における障害児教育・インクルーシブ教育の実施状況，各地における特徴を把握するために選定している。

第1節　障害者に関する法と関連諸施策の展開

障害者の権利保障に関する法体系は概略，以下のとおりである。

1990年代に，ベトナム社会主義共和国憲法が大幅改正（1992年）されたのをはじめ，障害者法令（1998年）および関連政令（1999年），社会救済政策に関する政令（2000年），教育法（1998年），労働法典（1994年）等が制定され，障害者の権利保障（生活権，教育権，勤労権等）が体系化された。さらに2007年の障害者権利条約の署名を受けて，2010年には障害者法令の刷新により障害者法が制定され，障害者施策の基本的骨格が明確化された。なお，障害者法の概要と障害児教育・インクルーシブ教育との関連については後述することとする。

憲法は，2013年11月28日に約20年ぶりに改正された（2014年1月1日施行）。改正憲法は，改正前の12章147条から新たな条文を加えたうえで11章120条に整理された。また，国民の諸権利を第5章から第2章に移行させている[2]。

改正憲法においても,「人民の人民による人民のための国家」(第2条)と規定したうえで,第2章(14〜49条)を「人権,市民の基本的権利と義務」と題し,基本的権利を定めている。

> ベトナム社会主義共和国において,政治的,市民的,経済的,文化的,社会的分野における人権は尊重される。それらの人権は,市民の権利のなかに具体化され,憲法と法律によって定められる(第14条1項)。

ただし他方で,同14条に次の第2項を定め,「人権,市民権は国防,国家安全保障,社会倫理,社会の健全性を理由として,判例に基づいて制限することができる」(第14条2項)とし,国防等に基づく基本的人権の制限を明記している点は注視するところである。

教育権については,改正憲法では第61条(旧35, 36, 59条の整理)に以下のように規定されている。

1. 教育の発展は,人々の知識や才能,人材育成の向上を促進するための最優先の国策である。
2. 国は,教育への関心や投資を最優先し,初等教育を義務教育として保障し,中等教育は段階的に普遍化する。
3. 国は,山岳地帯,島嶼部,少数民族,経済状況において,とくに社会的及びその他の困難層,障害者,貧困層に対して,教育及び職業訓練のための条件整備を促進する。

教育法(1998・2005・2009年改正)は,国民の学習する権利と義務を定め,国は障害者や少数民族など社会的困難な子どもたちのための学習を優先させること(第10条)を定めている。とくに,第3章「特別学校の種類」(61〜64条)のなかで,少数民族のための学校設立と同様に,「障害者のための学校や学級の設立」(第63条)を次のように定めている。

1. 国は,障害者のための教育,職業訓練,リハビリテーション,地

域社会への統合を有効にする上で，障害者に適切な学校や学級を組織し確立する個人や組織を奨励する。
2．国は，国が開設した障害者のための学校や学級に対して，予算や設備，教師の配分を優先する。

しかしながら，教育法に障害児教育の実施に関する条文は規定されておらず，また教育法に準ずるような障害児教育法も制定されていない。

このように1990年代以降の障害者関連の法制化に従って，2001年4月に「2001～2010年社会経済発展戦略」（ベトナム共産党第9回党大会第8期中央執行委員会）が定められた。産業化・現代化に合わせた教育・訓練の整備をはじめ，生活水準の向上による貧困撲滅を求め，障害児者などへの社会基金と国家援助の結合を志向している。2002年には，MOETは，障害児教育運営委員会を設立し，障害児教育を整備してきた。

労働法典（1994年）は，その第Ⅲ部に，オフィスや企業における障害者の雇用に関する規定が盛り込まれ，第123条では，労働力の2～3パーセントは障害者で構成されていることを規定する割当制度を規定している。

また，国連アジア太平洋経済社会委員会（ESCAP）による「アジア太平洋障害者の十年（1993～2002年）」を受けて，2001年には，同キャンペーン会議がハノイで開催されるとともに，政府のもとに「障害者施策国内調整委員会」（以下，NCCD）が発足した。このNCCDは，障害者施策の基本方向を展望し，行政，NGO各種団体などの関係機関との調整や施策の促進に努めた。さらに，2003年には，「びわこミレニアムフレームワーク」（BMF）の7つの優先的行動領域にかかわって，施策の進展状況への評価会議を開催するなど，その取り組みを強めてきた[3]。

さらに「障害者のための国家行動計画（2006～2010年）」が，2006年10月に承認された。この計画では，幅広い分野が扱われており，ほとんどすべての省庁が関与するものとして，障害者問題へのより包括的なアプローチを提案している。さらに政府は2015年までに，すべての障害児のためのインクルーシブ教育を提供することをめざしている。

第2節　障害者法の概要と障害児教育・インクルーシブ教育との関連

　先述のように，障害者法は，ベトナムにおける障害者施策の展開のなかで基本的骨格を示すものであり，ここではその概要を整理したうえで，障害児教育・インクルーシブ教育との関連について言及したい。

　障害者法（全10章53条）は，2010年6月にベトナム国会にて可決成立した。本法は，1998年に国会常務委員会によって制定された「障害者法令」（全8章35条）を刷新し，「法令」から「法」に格上げされたものである。障害者法は，先の障害者法令と同じく障害者の権利保障と施策の基本方向を提示し，「障害者基本法」としての特徴をもっている。

　障害者法は，障害者の定義について，「障害者は，ひとつまたは複数の身体部分の損失，機能低下によって，就労や学習，日常生活上に困難を引き起こす状態のある人」（第2条）と規定している。さらに障害の種類については，「(a) 物理的・運動機能障害，(b) 感覚障害，(c) 視覚障害，(d) 精神障害，(e) 知的障害，(f) その他の障害」（第3条）の6種類に大別している。

　障害者の権利と義務（第4条）については，次のように規定している。

1. 障害者は以下の権利を保障される。(a) 社会活動における対等な参加，(b) 自立生活と地域社会への統合，(c) 社会活動への一定の貢献の削減や免除の享受，(d) 障害の種類や程度に適した形でのヘルスケア，機能的リハビリテーション，教育，職業訓練，雇用，法的支援，公共施設へのアクセス，交通手段，情報技術，文化，スポーツ，観光，その他のサービスの提供，(e) 法律に定めるところのその他の権利。
2. 障害者は法の下で，市民の義務を履行しなければならない。

　以上のように，本法は障害者の基本的権利を明確にしているが，本法における教育に関する条項（第4章）[4]の特徴のひとつは，障害者法令（1998年）

表6-1 ベトナムにおける特別学校とインクルーシブ学校の生徒数の推移

(人)

年	特別学校	インクルーシブ学校	計
1996	6,000	36,000	42,000
1998	6,332	47,332	53,664
2000	6,664	58,664	65,328
2002	7,000	70,000	77,000
2004	7,500	222,164	229,664
2008	8,700	469,800	478,500

(出所) Nguyen Thi Hoang Yen (2012b) を基に筆者邦訳のうえ作成。

に比べて,「インクルーシブ教育発達支援センター」の設置が新たに規定された点である。

インクルーシブ教育発達支援センターは,インクルーシブ教育(障害児教育)のカリキュラム開発をはじめ,障害の早期発見と早期療育をおもな業務としている。なお,後述するように,現地調査では,中部ダナン市および南部ホーチミン市の「インクルーシブ教育発達支援センター」を訪問し,その実情の把握を試みている。

障害児の就学率については,先述のように,「2001~2010年教育発展戦略についての首相決定」において,インクルーシブ教育,セミ・インクルーシブ教育,特別教育の,3つの形態のひとつによって学習の機会を増やし,障害児の就学率を2005年までに50パーセント,2010年までに70パーセントに引き上げることを目標にした。しかしながら,チャン・ディン・トゥアン,グエン・スアン・ハイ(2011)はその点について以下のように指摘している。「2010年に通学している障害児は70パーセントであるはずであったが,それは達成困難であることがわかり,2015年まで延長されることになっている。不完全であるが2009年までの統計によると,通学している障害児は40パーセントであり,この数字は障害児の通学率が高まったこと」を表わしているが,最初の指針に比べると低いと述べている。

なお,先述のように中央直轄市のハノイ市などの5市においては,中学

校までが義務教育であるが，他地域では義務教育は小学校までであり，障害者の中等教育段階以上の就学保障は，中央直轄都市以外ではきわめて困難な状態であると推察する。

MOET初等教育局長レ・ティエン・タインは，ハノイ師範大学障害児教育学部創設10周年の記念式典（2011年6月，ハノイ師範大学）において，「2011～2020年障害児教育（インクルーシブ教育）発展戦略」について，以下の9点からその内容を説明した。同戦略では，第1に，障害児教育に対する問題意識を向上させ，障害者法などにみられる障害児教育の普及を重視すること，第2に障害児の教育ニーズの把握，統計等の資料整備，第3に障害児教育教員養成，人材育成を展開すること。さらに，第4にインクルーシブ教育を展開するための法的整備，第5に障害概念の統一と標準化，それに基づく障害児教育のカリキュラム整備を行うこと。第6に教育のための最新設備の整備，第7にインクルーシブ教育発展のための専門局の創設，第8に8つの地方・省におけるインクルーシブ教育発達支援センターの創設，第9に障害児教育の到達，学習到達を評価する基準の整備を挙げている（黒田 2011b）。

ただし，ほかの教育関係者は，「障害児のための就学保障に対する国家による財政的裏づけは乏しい」[5]と指摘しており，これらの戦略の実現は相当な時間を要するものと考えられよう。

表6-1は，特別学校とインクルーシブ学校の生徒数の推移を整理したもので，この十年余で，インクルーシブ学校における生徒数が急増していることを示している。

第3節　障害児の就学実態と各機関の取り組み

ベトナムにおける障害児教育・インクルーシブ教育の法制度および施策は，先述のように展開してきたが，ベトナムにおけるその実施状況，障害児の就学実態を明らかにする全国的な統計や公的報告を入手することはきわめて困難である。また，施策の具体的実施は，各地方に任せられ，各省，

各地方行政機関が法制度に基づき実施してもその到達点には格差が生じている。国内における産業発展の格差や経済格差が指摘されているが，障害児教育・インクルーシブ教育についても同様である。

障害児の就学実態に関して，筆者は1994年以来，首都ハノイ，ホーチミン市，フエ市において，障害児教育の研究教育機関，特別学校や療育センターなどへの現地調査，障害児家族の生活実態調査に取り組んできた（黒田2006；2011a）。ベトナムでは障害児教育に関する諸法令，制度，施策に関する文書が官報やインターネット等で一般に公開されているわけではなく，それらを系統的に収集することは困難である。そのため本章は，諸法令を可能なかぎり収集し検討を加えることを試みつつ，これまでに筆者が取り組んだ調査での知見をふまえ，北部，中部，南部の代表的な教育機関等への現地調査，質的調査（インタビュー調査）に基づいて，障害児の就学と障害児教育・インクルーシブ教育を実証的に考察したい[6]。

1．障害児教育にかかわる大学研究教育機関

(1) ハノイ師範大学障害児教育学部

ハノイ師範大学は，1951年に創立された。人文・社会・自然科学の23学部，および20を超える研究所からなり，学部学生数8万1000人，院生9800人，教員数1300人というベトナム最大規模の教育大学である。昼間の正規学生に加え，現職教員の再教育，遠隔地での教員研修なども担っている。正規学生の入試倍率は50倍を超すといわれ，ベトナム随一の難関校でもある。

障害児教育学部は，障害児教育教員養成を担う学部として，2001年に国内で最初に創設された。開設当初は視覚障害，聴覚障害，知的障害の3つの専門教育部門が設置され，2012年からは，自閉症の分野を加え，4つの専門教育部門から構成されている。学生定員は，学部学生数は，1学年50人，4学年で200人，現職教員の再教育コース生50人，大学院生（修士課程）20人である。

同学部の卒業生は各地の特別学校，インクルーシブ学校の教師に加え，障害児（福祉）センター職員，各地教育局の幹部など，多方面で活躍している。

171

なお，大学レベルの障害児教育教員養成は，現在ではホーチミン市師範大学などの17の師範大学や短期大学に広がっている。また，MOETは2002年から現在まで，国内64の地域でインクルーシブ教育を進める管理者教員養成セミナーを実施している。さらにMOETは，2012年より各学校の教師がインクルーシブ教育のための補助教育プログラムに関する研修を受けることを求め，インクルーシブ教育の展開に向けた取り組みを強化している。現在までに，全国の幼稚園，小学校，中学校の教師200万人のうち，1万2000～1万5000人がインクルーシブ教育に関する研修を受けている。

　以上のように，同学部はベトナム国内で障害児教育教員養成の先駆けとして開設され，この十年余で障害児教育・インクルーシブ教育の専門性を高めるうえで，現職教員研修を含め重要な役割を担っていることがわかる。

(2) フエ医科薬科大学OGCDC（Office of Genetic Counseling and Disabled Children）

　フエ医科薬科大学は，1957年，フエ大学の一部として開設された。本学は，中部地域および中部山岳地域の15省に対する医療関係者の養成機関としての役割をもっている。

　同大学に付置されているOGCDCは，1999年1月に開設され，中部地域の障害や疾患のある子どもと家族への支援活動を精力的に行っており，中部地域における障害児者支援の拠点となっている。

　OGCDCは，フエ市の特別学校（トゥオンライ特別学校），山岳地域の特別教室，障害者の職業訓練センター（ヒーボン訓練センター），早期介入センターを併設し，専門スタッフ，教師を擁している。ヨーロッパのNGOであるGerman Society for International Cooperation（GIZ，旧DED）から，スタッフが派遣され知的障害児教育分野の支援を受けるなど，海外からの支援を積極的に受け入れている。中部地域はベトナム戦争時に米軍による枯れ葉剤散布が集中的に行われた地域であり，枯れ葉剤による被害者は第3世代に及んでいるといわれている。OGCDCは，開設以来の代表者であるグエン・ヴェト・ニャン博士によって，枯れ葉剤の影響と考えられる障害児者の支援を出発点としている。

OGCDCの管轄下に「フエ市早期介入センター」が設立されている。
　同センターは，フエ医科薬科大学OGCDCの管轄のもと，2011年に開設された。障害のある子どもに対する早期介入のためのセンター（教育相談，就学支援，療育）である。教職員総数6人（うち，教員は4人）で，早期介入の療育プログラムを受けている幼児は9人（1クラスのみ。集団指導と個別指導）である。また，同センターでは，心臓疾患のある子どものための一時入所施設として，心臓手術の待機施設（母子3床）としての機能をもっている。
　同センターが開設される以前の2003年から，OGCDCは障害児の就学にとって早期介入のもつ重要性にかんがみて，OGCDCのスタッフが障害児の家庭を訪問し，家庭での療育を指導し，就学相談にあたってきた。
　このようにフエ市においてはOGCDCが障害児の就学に向けて積極的な取り組みを行っているが，ある障害児教育関係者は，フエ市をはじめとする中部地方の障害児教育に関する課題について，以下の6点を指摘している[7]。
　第1に，知的障害や自閉症，ADHDの障害のある子どもの場合，障害の診断が適切になされていない。第2に，OGCDC等で障害の診断を行っても，特別なニーズに対応した専門家，言語聴覚士（ST），作業療法士（OT），理学療法士（PT）などの人材が不足している。第3に，障害児教育に対応した教師が不足している。ハノイ師範大学等で障害児教育教員養成が進められているが絶対数が不足しており，また，通常学校の教師の場合には障害についての知識や障害児教育方法についての技術を身につけていない。とくに，自閉症やADHDについてはインクルーシブ教育学校の教師でもまったく受け止められない状況である。第4は，学校教育システムそのものの課題であり，政府の通達や決定があっても，ベトナム全土での統一した教育システムとして徹底されていない。地方の教育局の判断によって異なり，ダナン市ではダナン市インクルーシブ教育発達支援センターやグエン・ディエン・チュー特別学校（旧盲学校）があっても，フエ市には設置されていない。フエ市のビンタン小学校に聴覚障害児のための特別学級があるだけで，中学校への進学は困難である。第5に，障害児医療と教育との連携がなされていない。教育局と保健局との連携がなく，小学校への就学については

関心が高いが，就学前の早期介入は重視されていない。フエ市では，OGCDCが早期介入センターを数年前に設置して，就学前の療育に力を注いでいる。個別教育支援計画（IEP）についても，各機関の連携がうまく行われず，経費や時間の浪費になっている。第6に，学校を修了してからの進路や生活に関する課題であり，就労や社会参加は閉ざされている。保護者の多くは「親亡き後」の生活に大きな悩みや不安を訴えている。

　以上のように，OGCDCはフエ市や中部地域において，障害児への早期介入や障害児教育について先駆的な役割を担っているが，教育関係者の指摘のようにフエ市では専門家をはじめ社会資源が不足し，地方教育局などとの連携が不十分な実態である。また，フエ市は同じ中部地域のダナン市に比べ行政の障害児教育分野への関与が消極的であり，就学そのものの実現に課題が多いことが理解できる。

(3) ホーチミン市師範大学障害児教育学部
　ホーチミン市師範大学は1976年に開設され，その前身はサイゴン大学（1957年設立）である。1995年にホーチミン市国家大学として統合されたが，1999年に再びホーチミン市師範大学と呼称されるようになった。自然・人文・社会科学の17学部を擁し，教員数400人，学生数1万3000人の国内有数の大規模大学である。全国17の師範大学のなかでは，ハノイ師範大学に次ぐ規模であり，南部の教員養成の拠点となっている。

　障害児教育学部は，2003年9月，ハノイ師範大学障害児教育学部の開設に次いで国内2番目に開設された。教員数17人，学生数は1学年40人定員である。開設当初は，視覚障害，聴覚障害，知的障害のうち，ひとつの専門教育分野の履修を卒業要件としていたが，2010年入学生からは知的障害教育分野を基礎として，視覚障害または聴覚障害分野のどちらかを選択させ，ふたつの専門分野をもたせるようにカリキュラム改革を進めた。開設当初はハノイ師範大学障害児教育学部のカリキュラムを模範としたが，ホーチミン市の障害児教育の現状，すなわち知的障害児教育分野の教員養成へのニーズが高いことを背景として，独自の改革がなされた。その他，現職の学校教員を対象とした「社会人コース」も設置している。

同学部の卒業生の進路（就職先）については，学部（大学）として把握しておらず，詳細は不明であるが，何割かは盲学校，ろう学校，特別学校に就職し，インクルーシブ学校に勤務している者もいる。ただし，障害児教育学部の卒業資格だけでは，小学校教師の資格が得られないため，小学校に勤務することが難しく，特別学校の勤務がほとんどであるという。

　したがって，同学部は，ハノイ師範大学障害児教育学部の開設に次いで国内2番目に開設され，南部の障害児教育教員養成の拠点であり，障害児教育の専門家を輩出している。しかし，小学校におけるインクルーシブ教育に関しては，同学部の卒業資格だけでは小学校教師として就職することができず，小学校での障害児教育の専門性を高めるうえでミスマッチが生じていることがわかる。

2．障害児のための学校，療育センター

(1) バクマイ (Bac Mai) 小学校

　ハノイ市にあるバクマイ小学校は，元々は中学校の一部であったがその後独立し，約50年前に設立された。生徒数約900人，教職員数約40人で，通常学級のほかに3つの特別学級が設置されている。2クラスは自閉症児のための学級（生徒数各8人，教員数各3人），もう1クラスは知的障害ほかの障害児学級（生徒数18人，教員数2人）である。自閉症児のクラスは，教育科学院（VNIES）との連携（5年間のパイロット事業）のもとで，2009年9月に開設された。なお本校は比較的きれいに整備されており，教育条件は国内トップクラスのいわゆる「教育モデル校」のひとつである。また，本章の調査にあたって，VNIESの関係者からインクルーシブ教育のモデルとして紹介されたが，実際には特別学級が設置されたセミ・インクルーシブ教育に位置づくものである。

　現地調査では，ひとつの自閉症児クラスの授業（50分間）を見学した。授業は，自然科学（理科）で，野菜の種類や野菜の部分（根・茎・葉）について学習していた。中心指導の教師が野菜の実物をみせ，板書やパネルを使って，視角を生かした授業展開を行っていた。ふたりの補助教師は，相対的

に集中力が低いと思われる生徒に寄り添って指導にあたっていた。しかしながら，一斉授業の形態であるため，授業開始後20分をすぎたあたりで集中力の途切れた生徒が2～3人みられ，その対応の難しさや授業内容やその進度と生徒との理解力とのギャップを垣間見た。自閉症児クラスであるが，知的発達の遅れもみられ，一斉授業の形態だけではなく，個別指導も必要と見受けられた。

以上のように，小学校段階におけるインクルーシブ教育のモデル校として紹介された同校であるが，その形態は特別学級によるセミ・インクルーシブ教育である。教育実践の専門性をさらに高めるために，VNIES等の専門機関との連携をさらに深めていく必要があるだろう。

(2) サオマイ（Sao Mai）センター

ハノイ市にあるサオマイセンターは，おもに就学前の障害児の早期介入を実施する療育機関のひとつであるが，学齢期に達した子どもの準備教育，すなわち通常学校での就学に向けた教育支援の役割も担っている。ハノイ市内にはこのような役割をもったセンターは，後述のフックトゥエセンターや大学附属のセンターなどいくつか設置されている。

本センターは，1995年に開設され，その後2006年6月に現施設（5階建，米国の財団による支援による）が開設された。本センターは非営利の民間施設であり，「障害児を支援する会」の法人登録施設である。生徒数（幼児は全体の7～8割）は200～220人，教職員数90人で大きな規模の施設である。

本センターではおもに，知的障害のある子ども（ダウン症，自閉症，脳性麻痺，ADHDを含め）に対して，障害の早期発見と介入を行うこと，就学前療育としての支援，統合保育を行う幼稚園への入園や小学校への進学を図るための準備教育，13歳以上の子どもに対しては職業訓練や就業前訓練を行っている。ただし民間の施設であるため，利用料の保護者負担が必要である。

そのほかに，障害児の保護者への相談活動，海外からの専門家，ボランティアの受入れ，国内外の他の組織・団体，個人と協同・連携し，情報や経験を交流している。また親の会（2004年創設）が組織され，保護者同士の

第6章　ベトナムの障害者教育法制と就学実態

写真6-1　サオマイセンター（ハノイ市）

（筆者撮影）

交流，障害や療育に関する研修会などに取り組んでいる。センターの1階には，カフェが併設され，障害の啓発や交流の場として生かされている。

　筆者は，同センターをたびたび訪問し調査を重ねてきたが，同センターは就学前の障害児の早期介入について，実践的にも理論的にもつねに改善を図り発展させていると評価している。センター長やスタッフは国内外の研修に積極的に参加し，国外の研究者などの専門家を多数招聘するなど，保護者を含めての研修会をさまざまに実施しており，ハノイ市での早期介入に関する拠点的施設のひとつとして位置づけることができる。

(3) フックトゥエ（Phuc Tue）センター

　ハノイ市にあるフックトゥエセンターは，2001年6月に知的障害児（ダウン症児，自閉症児含む）の教育と支援のために設立された非営利の民間施設であり，「障害児を支援する会」の法人登録施設である。就学前の障害児のための療育施設としての役割と，MOETが管轄する学校ではないが特別学校としての役割を担っている。同センター長は，元小学校教師で，個人の家を知的障害児に開放してセンターを開設した。その後2006年に現在の場所に移設され，さらに2011年に第2施設が，寄宿舎や農場をもつセンターとして近隣に開設されている。

177

2001年の開設当初は生徒数5人（教職員数5人）であったが，現在では第2施設を含め約90人（教職員数22人）の規模に拡大している。4～10歳児は30人，11～20歳未満が40人以上，20歳以上も7人在籍している。知的障害児者は5～6歳児の知的レベルとのことである。就学前の子どもは経済的困難層が多く，ほかのセンターから移ってきた子どもが多い。ただし，ほかのセンターに比べ，利用料は低く抑えてられている。学齢児は，ほかの学校やセンターで教育を受けられず移ってきた子どもも多く，基礎的な教育と職業教育を受けている。

　2008年からMOETが7年間のパイロット事業を委託し，基礎的な教育と社会生活スキルのふたつを軸として，言語学習，自然科学や社会，スポーツ，美術・芸術などの各科目，学習プログラムを実施している。IEPを作成し，子どもの特別な教育ニーズに基づいて教育を実施している。

　筆者は，同センターを先のサオマイセンターと同様に，たびたび訪問し調査を重ねてきた。同センター長の献身的な取り組みにより，就学前の早期介入と学齢障害児の教育保障は，量的にも質的にも拡大している。とりわけ，MOETのパイロット事業を受託することで，専門的な教員の配置など専門性を高めている。訪問した際の授業の様子は，複数の教師のもとで，子どもたちはいくつかの学習グループに分かれ，それぞれの課題ごとに集中して学習していた。非常に落ち着いた学習環境であり，集中して課題に取り組んでいたのが印象的であった。

3．インクルーシブ教育発達支援センター

(1) ダナン市インクルーシブ教育発達支援センター

　同センターは，前掲の障害者法（2010年）に従って2011年に設立された，障害児の早期介入（就学支援，早期療育）と教育相談のためのセンターである。建物は1992年開設のグエン・ディエン・チュー盲学校（現・特別学校）の敷地内に設置されている。教職員総数53人，うち教員数33人で，2012年には80人の障害児（視覚障害以外）に対する早期介入を実施している。なお，グエン・ディエン・チュー特別学校ではセンターとは別に視覚障害児160人

に早期介入を実施している。

　なお，ダナン市における障害児教育・インクルーシブ教育の実情について，ダナン市教育局の関係者から以下の報告を得た。

　ダナン市教育局は，発達の遅れや障害のある子どもに対する教育を重視し，近年とくに，同センターと連携を図って，就学前の子どもたちの発達診断，障害の早期発見に取り組み，IEPを効果的に推進するために努力している。幼稚園での障害の早期発見とインクルーシブ教育の推進には，課題が多いが，幼稚園の教師が子どもの発達や障害について学ぶ研修会を積極的に実施している。

　なお，ダナン市における障害児教育・インクルーシブ教育の実施状況については，以下の表6-2，表6-3を参照されたい。

　さて，同センターは，子どもの発達を診断することで，子どもの発達の遅れや特別なニーズに対応してIEPを作成し，適切な教育を実現することをめざしている。教育局は，各幼稚園がIEPを適切に使用することを指示し，教育訓練省の幼児教育カリキュラムと合わせて教育の改善を図っている。

　また，市教育局は，JICA草の根技術協力事業（立命館大学とハノイ師範大学障害児教育訓練開発センターとの共同事業）によって開発された「発達のチェックリスト（0～6歳児）」（手引き書，DVD含め）を各幼稚園で使用す

表6-2　ダナン市における特別学校とインクルーシブ学校の障害児童生徒数とその比率

(人)

教育階梯	障害児童生徒数	特別学校児童生徒数とその比率（％）	インクルーシブ学校児童生徒数とその比率（％）
幼稚園	280	193(69)	87 (31)
小学校	871	270(31)	601 (69)
中学校	317	38(12)	279 (88)
高等学校	18	0 (0)	18(100)
計	1,486	501(34)	985 (66)

（出所）　Danang Health Department, Introducing a Model of Detection and Care for Children with Disability Integrated into the Existing Primary Health Care System in Danang, May, 2012.を基に筆者邦訳のうえ作成。
（注）　カッコ内はパーセント。

表6-3 ダナン市における小学校レベルのインクルーシブ教育実施状況（2010年）

地域名	小学校数	インクルーシブ小学校数	インクルーシブ教育実施校率（％）	児童数（人）	障害児童数（人）	インクルーシブ教育児童比率（％）
Hai Chan	20	12	60	16,810	71	4.22
Thanh Khe	16	14	88	12,864	67	5.21
Son Tra	14	14	100	8,773	69	7.87
Ngu Hanh Son	9	9	100	4,885	61	12.49
Cam Le	9	9	100	5,712	77	13.48
Hoa Vang	19	19	100	9,768	182	18.63
Lieu Chieu	13	12	92	7,627	74	9.70
計	100	89	89	66,439	601	9.05

（出所）Danang Health Department, Introducing a Model of Detection and Care for Children with Disability Integrated into the Existing Primary Health Care System in Danang, May, 2012. を基に筆者邦訳のうえ作成。

ることで，子どもの発達の到達度や発達の遅れを把握し，それに基づくIEPを作成し，特別ニーズに従った適切な教育を推進することを計画している。

　以上のように，同センターは，市教育局との連携を図りながら各幼稚園，学校，特別学校を指導し，支援することで，早期介入および障害児教育・インクルーシブ教育の拠点的機関としての役割を担い，地域の各学校の専門性を高めるうえで重要な役割を担っている。

(2) ホーチミン市インクルーシブ教育発達支援センター

　同センターは，1989年にホーチミン市教育局によって設立されたホーチミン市障害児教育研究センターを前身としている。同センターの名称は，先述した障害者法の制定前に改名された。なお，障害者法では，同センターの実績に基づいて，各地にインクルーシブ教育発達支援センターを設置することを規定した。同センターは，ベトナムにおける障害児教育研究，研修を行う先駆け的な機関であり，ハノイ師範大学障害児教育学部やホーチミン市師範大学障害児教育学部が設立するまでは，障害児教育教員養成（現職教育）の役割も担っていた。

　同センターの活動は，インクルーシブ教育に関する研究をはじめ，早期介入プログラム，教育相談，調査活動，教職員の教育研修プログラムなど

を実施している。障害児教育教員養成が大学レベルで実施されていなかった時代から，同センターでの教員研修機能は重要な位置を占めていた。1998年から同センターは南部13省の障害児教育に責任をもち，障害児教育に関する教師研修を行ってきた。当時の教員研修は，オランダのNGO，コミティⅡ（Komitee Twee of the Netherlands）の支援によるもので，聴覚障害児教育に関する研修が中心であった。

　0～6歳の障害のある子どもに対する早期介入は，1993年から実施され，現在では年間150人に及んでいるが，当初は聴覚に障害のある子どもへの支援に限られていた。近年では障害は多様化し，知的障害や肢体障害，重複障害，重度障害児に対する対応も行っている。障害の診断は病院の医師によって行われ，各病院からのカルテや診断書に基づいて，同センターでは具体的な介入プログラムを実施し，合わせて保護者の障害受容やIEPに基づく家庭での療育支援を行っている。

　インクルーシブ教育については，管轄地域の障害児のうち3000人が通常学校500校に通学している。インクルーシブ教育を進める通常学校の教師は1000人であるが，そのほとんどは障害児教育の経験がなく，専門性をもたない教師によって担われており，教員研修が大きな課題になっている。インクルーシブ教育を推進するためには，本センターが対象とする3000人の障害のある子どもへの支援を行い，同時に，各県，各区の教育室（地方教育行政）との連携を強めること，特別学校の教師が地域の通常学校を支援する枠組みを構築できるようにと，同センターは，ホーチミン市教育局に要請している。

　たとえば，同センターに隣接する幼稚園では，20数人の聴覚障害児が通っており，経験豊富なふたりの専門教師が個別療育を含め，専門的な対応を行っている。第11区のフートー小学校では2013年に7人の障害児に対応した専門教師が配置され，カンザー県のビンカン小学校では特別学級が1クラス設置され，ひとりの専門教師が対応している。ビンカン小学校では，昼食の時間や遊び時間など，障害のある子どもと健常児との交流を進めている。

　同センターは，インクルーシブ教育については，教育の質を確保するう

181

えで，特別学校の専門性を重視して，各特別学校を拠点に通常学校を支援するシステムを考えている。地方によっては，特別学校がないため，同センターが早期介入や教育方法の改善など，さまざまな支援活動を展開している。なお，ホーチミン市内の特別学校は，公立が20校開設されており，私立については少なくとも6校はあるが，その全容は把握できていない。

　通常小学校への入学を拒否されたケースは多くみられ，同センターへの相談も多く寄せられている。MOETは，2006年に各学校に対して障害のある子どもへの差別を行わないように通達を発しているが，その通達の存在すら認知していない学校も存在している。ひとつの例として，ある小学校での入学式で，学校が保護者を呼び出し，子どもを連れて帰らせたケースがあり，その際に同センターは子どもの発達を検査し，幼稚園での教育を1年間延長することで翌年に就学を実現した。またほかのケースで同センターは，子どもの発達検査に基づいて入学後の教育プログラムを提示し，小学校でのインクルーシブ教育が可能であることを示して就学を実現させた。

　全国におけるインクルーシブ教育発達支援センターは，2013年現在，5カ所（ホーチミン市，ダナン市，ヴィンロン省（南部），フーイン省（中南

写真6-2　ホーチミン市インクルーシブ教育発達支援センター

（筆者撮影）

部),タイグエン省(北部))に設置されており,もう1カ所(ティンザン省(南部))は開設に向けて準備中である。MOETの通達によれば,地域に特別学校があれば,特別学校内にセンターを併設し,学校の機能と合わせることを求め,特別学校がない場合にはセンターを新たに設置することを求めている。

筆者は,1994年以来,同センターをたびたび訪問し調査を重ねてきた。先述のように,同センターは,障害児教育教員養成が大学レベルで実施されていなかった時代から教員研修機能を担い,ホーチミン市にとどまらず南部地域の早期介入および障害児教育の拠点的機関として,障害児教育の専門性を高めてきた。また,障害児の保護者からの就学相談をはじめ,就学のための介入,学校関係者への働きかけなど就学実現に向けた取り組みを積極的に行っている点は特筆すべきである。

第4節　障害児教育・インクルーシブ教育の充実と就学率向上のための課題

最後に,ベトナムの障害児教育・インクルーシブ教育を充実させ,就学率を向上させるうえでの課題を,以下3点指摘したい。

第1に,障害児の就学保障に関してである。ベトナムは,開発途上国の時期から識字率が高く(成人識字率:1990年88パーセント,1995年94パーセント),国連の「児童の権利に関する条約」(子どもの権利条約)を1990年にアジア諸国で最初に批准し,学校教育に力を注いできた。

しかしながら,障害者権利条約(2006年)における,障害者の諸権利および,障害者に対する差別禁止,合理的配慮等の各条項から俯瞰すると,これまでに述べてきたようにベトナムにおける就学保障は不十分な実態であると指摘せざるを得ない。

国民の教育権は憲法,教育法によって明記され,障害者法によって,「国家は障害者がその能力に応じた学習ができるよう条件を整える」(第24条1項)として障害児者の教育保障が規定されている。しかしながら,教育法に

障害児教育の実施に関する条項はなく，障害児者に対しては，実質的な「就学猶予，就学免除」の状態であっても法的な強制力をもって就学を実現する制度になっていない。

　この点について，ヴォー・ティ・ミン・ズン（2009）は，MOETの「障害児のインクルーシブ教育に関する決定（2006）」にふれつつ，障害児を学校が受け入れるかどうかは学校に任せられ，学校側が障害児を受け入れなくても何らの法的措置を受けることはないと指摘している。

　これらのことが，低い就学率（40パーセント）の要因のひとつといえよう。とくに障害の重い場合は，中途退学もあり，就学が実現してもその継続自体が難しい。

　前節の中部地方の教育関係者やホーチミン市インクルーシブ教育発達支援センターでの調査結果から，通常小学校への入学を拒否されたケースやその相談が多く寄せられていること，障害児の就学への差別禁止の政府通達を認知していない学校の存在も指摘されている[8]。さらに，就学保障に対する国家による財政的裏づけの乏しさ，義務教育における課程制教育制度の問題がある。障害のある子どもの学習実態をふまえ，その支援の在り方や進級試験制度そのものの見直しや検討が必要であろう。特別学校についても，先述したハノイのフックトゥエセンターのように，MOET管轄の学校ではない施設（センター）がパイロット事業を受託して正規の教育に「準ずる教育」を行っており，学校教育の位置づけやその責任が不明確である。

　第2は，障害の早期発見と早期療育という早期介入体制に関してである。先述のように，障害者法においてインクルーシブ教育発達支援センターの設置が新たに規定され，障害の早期発見と早期療育をおもな業務のひとつとしている。これは，母子保健制度にも関連する課題である。母子保健制度については全国規模では確立されておらず，そのため障害の発見やその後の母子へのフォローが制度的に保障されていない。したがって，早期介入の国レベルでの制度化を進め，早期介入を実践的・理論的に推進することが課題である。早期介入に取り組む民間の療育施設や大学の研究機関は，海外のODAやNGOなどの支援組織から援助（経済的，理論的，実践的）を受けながら取り組んでいるが，財政的に厳しく，利用者の費用負担を求め

ざるを得ない。したがって経済的困難層にとって障害のある子どもに早期介入を受けさせること自体が難しい。

したがって，ダナン市やホーチミン市等に設置されたインクルーシブ教育発達支援センターの役割は大きく，またこのようなセンターが全国各地に早急に設置されることが望まれている。

またこのことは，フイン・ティ・タン・ビン（2005）が指摘するように，早期介入は障害児が適切な障害児教育・インクルーシブ教育を受ける重要な一歩であり，就学の成果を高めるうえでも重要である。

第3は，障害児教育・インクルーシブ教育としての専門性についてである。子どもの障害や発達，生活に即した障害児教育としての実践的理論的蓄積が伴わず，障害児への特別なケアや必要なサポートが整備されていない。障害児の就学率が目標ほどに伸びない要因のひとつといえよう。ハノイ市のバクマイ小学校のように「インクルーシブ教育」のモデル校（前節）として紹介されていても，実際には特別学級が設置され，通常学級への障害児の受入れや健常児との相互交流ための共同学習プログラムもない。

また，障害児教育・インクルーシブ教育の専門性について，グエン・ティ・ホアン・イエン（2012）は，特別学校の教員もまた通常学級で障害児をサポートする共同学習を行うための訓練が必要であると指摘していることからも，インクルーシブ教育を成立させるうえでの専門性確保の難しさが予測される。

先述のように，大学レベルの障害児教育教員養成課程は，現在ではハノイ師範大学やホーチミン市師範大学などの17の師範大学，短期大学に広がっているが，全国の地方行政組織数（58省，5中央直轄市）から考えれば4分の1程度にとどまっている。

MOETは，障害児への教育方法の改善など，各学校の教師に対するインクルーシブ教育のための研修を強化しているが，障害児教育教員養成課程の少なさをみれば，その専門性を質的にも量的にも高めるための積極的な方策が必要であろう。専門性の向上がなくては，通常学校への「ダンピング」状態を回避できない。障害の多様化，重度化に対応した教育方法の確立も課題である。また，障害者権利条約第24条に規定された中等教育への

アクセスはさらに困難な状態にあり，専門性向上のための課題は山積している。

以上のように，障害者の就学率の向上と通常学校でのインクルーシブ教育の展開はいまだ困難な段階にとどまっているといえよう。ベトナムは，2010年には「開発途上国から中進国へ」と移行した。経済成長に見合った障害児教育・インクルーシブ教育の充実が図られ，どんなに障害が重くともすべての子どもたちに教育が早期に保障されることを期待し，障害者権利条約に基づいた今後の展開に注目したい。

おわりに

ベトナムにおける障害児教育・インクルーシブ教育にかかわる研究者や学校・施設関係者は，障害児のために献身的にそれぞれの職務に従事し，就学率の向上と教育の保障に向けて努力している。しかしながら，ベトナムはあたかも「高度経済成長期」にあり，産業基盤の整備や技術革新に直結するような人材養成，とりわけ高等教育の整備を優先しており，障害児教育・インクルーシブ教育に対する施策は2次的といわざるを得ない。

繰り返しになるが，筆者は1994年以来，毎年のようにベトナムを訪問し，障害児学校や施設の現地調査，生活実態調査に取り組み，この20年間，ベトナムの教育や障害児者の生活の変化を垣間見てきた。2001年に「2001～2010年教育発展戦略についての首相決定」が提案されるとともに，障害児教育教員養成がハノイ師範大学などの大学レベルで開始され，障害児の就学率が飛躍的に向上するものと楽観視していた。その後もさまざまな計画や施策が打ち出されてはいるものの，実情は非常に緩慢な変化にすぎない。とくに，中等教育段階以降における障害児者の就学については，手つかずの状態といっても過言ではない。

また，現地調査を通じて明らかなように，各地域独自の課題や地域間の格差がある。中部地域のダナン市は中央直轄都市の位置づけを与えられており，近年，中部地域の経済社会開発戦略の中心都市として，産業開発，

経済社会開発が推進されてきた。それとともに，貧困緩和，生活水準の向上，さらに教育水準の向上がめざされ，その一環としてここ数年，障害児教育・インクルーシブ教育にも力が注がれている。しかしながら，同じ中部地域においても，フエ市は，ユネスコの世界遺産として観光開発がなされている一方，障害児の教育条件は困難な様相を示している。

　南部地域のホーチミン市は，国内最大規模の人口であり，ベトナム随一の商業都市である。南北統一前からの障害児教育の歴史をもち，特別学校も多数設置されている。しかしながら，通常学校での就学，インクルーシブ教育の実施は，通常学校教員の専門性向上などさまざまな問題を抱えている。

　このように北部，中部，南部の地域ごとの障害児教育・インクルーシブ教育の実情には地域独自の特徴や課題があり，格差が見受けられるが，これらはあくまでも都市部に見受けられる特徴である。都市を離れた農村部や山岳地帯等における障害児教育・インクルーシブ教育の実情は，さらに厳しい状況であろうと推察するが，今後の研究課題のひとつとしたい。

〔注〕
(1) Vietnam Education Statistics in Brief 2000–2001, 2002, Ministry of Education and Training, Vietnam: 64.
(2) 憲法改正に関する報道『日本経済新聞』2013年11月28日。改正憲法（2013年10月17日草案，ベトナム語）については，(http://legal.moit.gov.vn/data/documents/bills/427-Du_thao_Hien_phap_(29-12_lay_y_kien_ND).pdf) に基づいて，筆者がその条文を邦訳している。
(3) NCCD, MOLISA. 2004. Country paper: Vietnam, Regional Workshop on Monitoring the Implementation of the BMF, Bangkok, Thailand. (http://www.worldenable.net/bmf2004/papervietnam.htm#1).
(4) 障害者法，第4章教育に関する条項（第27～31条）については，章末資料を参照。
(5) 2013年1月，ベトナム人教育関係者への筆者によるインタビューに基づくが，回答者の意思とプライバシー保護の観点から所属，氏名等は公表できない。
(6) 2012年度の現地調査は，首都ハノイにおいて実施し，①2013年1月15日，ハノイ師範大学障害児教育学部・学部長，②同日，バクマイ小学校・校長，③同年1月17日，サオマイセンター・センター長，④同日，フックトゥエセンター・センター長のそれぞれに対して筆者がインタビューを行った。
　同様に2013年度の現地調査は，以下の日程で中部ダナン市およびフエ市，南部ホーチミン市において実施した。①2013年6月24日，ホーチミン市師範大学障害児教育

学部，②同日，ホーチミン市インクルーシブ教育発達支援センター，③6月25日，ダナン市教育局，ダナン市インクルーシブ教育発達支援センター，④6月26日，フエ医科薬科大学 OGCDC，フエ市早期介入センター（OGCDC 管轄）。

また，2013年度は，そのほかに，ダナン大学（6月28日）に対しても現地調査を行ったが，障害児教育学部のスタッフへのインタビューは，入学試験の準備期間のため実現せず，国際協力部への訪問にとどまった。そのため具体的な資料を得られなかったことから本章では割愛している。さらに，ハノイ師範大学障害児教育学部（6月29日）に対しては，2012年度の補足調査を行った。

(7) 2013年6月，ベトナム人教育関係者への筆者によるインタビューに基づくが，回答者の意思とプライバシー保護の観点から所属，氏名等は公表できない。
(8) この点に関して，政府通達が地方（省）レベルの担当者に適切に解釈されず在ベトナム日系企業で問題になっているという指摘がある（佐藤 2012）。

〔参考文献〕

<日本語文献>

ヴォー・ティ・ミン・ズン　2009.「ベトナムにおける障害児教育の現状―同分野の法律や施策に関する研究状況と課題の見直し」日本ベトナム友好障害児教育・福祉セミナー実行委員会編『障害者権利条約と教育・福祉』文理閣　42-46.

久保由美子　2011.「障害者法（抄訳）」日本ベトナム友好障害児教育・福祉セミナー実行委員会編『早期介入と就学保障』文理閣　74-77.

黒田学　2006.『ベトナムの障害者と発達保障――障害者と福祉・教育の実態調査を通じて――』文理閣.

―――　2011a.「ベトナムにおける知的障害児の早期介入に関する機関調査研究―ハノイ，フエ市，ホーチミン市を中心に―」日本ベトナム友好障害児教育・福祉セミナー実行委員会編『早期介入と就学保障』文理閣　49-59.

―――　2011b.「ベトナムの障害児教育の動向と課題―ハノイ師範大学障害児教育学部開設10周年記念式典および研究会議（2011年）を踏まえて―」日本ベトナム友好障害児教育・福祉セミナー実行委員会編『早期介入と就学保障』文理閣　70-73.

グエン・ティ・ホアン・イエン　2012.「ベトナムの障害者―歴史と課題」日本ベトナム友好障害児教育・福祉セミナー実行委員会編『セミナー20年の歩み』文理閣　52-78.

佐藤進　2012.「政策決定メカニズム」守部裕行編『ベトナム経済の基礎知識』ジェトロ　16-19.

チャン・ディン・トゥアン，グエン・スアン・ハイ　2011.「ベトナムにおける障害児教育」日本ベトナム友好障害児教育・福祉セミナー実行委員会編『早期介入と就学保障』文理閣　78-89.

フイン・ティ・タン・ビン　2005.「インクルージョン教育を受けるために重要な準備である障害児の早期教育について」日本ベトナム友好障害児教育・福祉セミナー実行委員会編『障害児教育・福祉の新たな動向』文理閣　22-27.

＜外国語文献＞
Nguyen Thi Hoang Yen. 2012a. Special Education and Terminologies. Hanoi: University of Education Publishing House.
——— 2012b. Outline of Special Education and Inclusive Education VIETNAM.（国際シンポジウム 「障害児教育・インクルーシブ教育の国際比較研究─ロシア，ドイツ，モンゴル，ベトナム」（12月）キャンパスプラザ京都．報告者提供資料）．
Luat Nguoi Khuyet Tat. 2010. Hanoi: Nha Xuat Ban Tu Phap.

〔章末資料〕

障害者法　第4章　教育に関する条項（第27〜31条）

第27条　障害者の教育
　第1項　国家は障害者がその能力に応じた学習ができるよう条件を整える。
　第2項　障害者は，普通教育で規定されている年齢よりも高い年齢でも入学することができる。入学試験で優遇され，本人が対応できない教科，または教育内容，教育活動は減免される。また，学費や養育費，その他教育に関わる費用が減免され，奨学金，補助具，教材が支給される。
　第3項　必要な場合，特別な学習方法や資料が提供される。言語・聴覚障害者は記号言語（手話）で学習でき，視覚障害者は国家基準のBraille点字で学習できる。
　第4項　主要な教育訓練省の大臣をはじめ，労働傷病兵社会省の大臣，財政省の大臣は，この条の第2項の細則を定めることとする。

第28条　障害者の教育方法
　第1項　障害者の教育方法には，インクルーシブ教育，セミインクルーシブ教育，特別教育が含まれる。
　第2項　インクルーシブ教育は，障害者にとって主要な教育方法である。セミインクルーシブ教育と特別教育は，障害者がインクルーシブ教育を受けるにあたり，十分な学習条件が整っていない場合に行われる。
　第3項　障害者本人，障害者の両親もしくは保護者は，障害者の能力の発達に応じて教育方法を選ぶ。
　　　　国家は，障害者がインクルーシブ教育という方法によって学習に参加することを奨励する。

第29条　教員，教育管理職，教育支援者
　第1項　障害者に携わる教員，教育管理職，教育支援者は，障害児教育の必要性に応じた専門の技術，訓練や専門職としての教員養成を受けられる。
　第2項　障害者教育に携わる教員，教育管理職，教育支援者は，政府の

規定するところにより，手当ての制度や優遇政策を享受することができる。

第30条　教育設備（施設）の責任（役割）
　第1項　障害者が学習する条件を保障し，法律の規定により，障害者の入学を拒否することはできない。
　第2項　障害者が学習するための十分な条件が整っていない場合，それを整えたり改善したりすること。

第31条　インクルーシブ教育発達支援センター
　第1項　インクルーシブ教育発達支援センターは，学習プログラム，学習設備，教育相談，サービスを供給する基礎となり，障害者の環境や障害特性に応じた教育を組織する。
　第2項　インクルーシブ教育発達支援センターは次のような責任を負う。（次のような役割を持っている。）
　　a）障害者に応じた教育方法を選ぶために，障害を発見すること。
　　b）障害者に応じた教育方法を選ぶために，地域での早期介入を措置すること。
　　c）障害者に応じた教育方法を選ぶために，心理相談，健康相談，教育相談事業を行うこと。
　　d）障害の種別や程度に応じた教材や教育プログラム，教育内容，教育設備を供給すること。
　　đ）家庭，教育施設，地域で障害者を支援する。
　第3項　インクルーシブ教育発達支援センター設立には次の事項に定める条件を満たす必要がある。
　　a）障害者の障害特性に応じたサービスを行うための物理的な条件，設備，手段が整っていること。
　　b）障害者の教育に専門性を持った教員，教育管理職，教育支援者を配置していること。
　　c）障害者の教育方法に合った相談の資料，教育内容，教育プログラムが整っていること。
　第4項　省・中央直轄市レベルの人民委員会委員長が設立しているか，もしくは委員長の許可があること。
　第5項　インクルーシブ教育発達支援センターの設立や活動についての具体的な内容は，教育訓練省の大臣をはじめ労働省の大臣が，本条の第3項に定める。

（出所）　Luat Nguoi Khuyet Tat（2010）；久保（2011）

第7章

インドにおける障害者教育と法制度

浅野 宜之

はじめに

本章では,インドにおける障害者にかかわる教育について,これにかかわる法制度および教育政策に焦点を当てて検討する。

アマルティヤ・センは,「もし多くの人を教育の恩恵にあずかれない状態におき続けるならば,世界は不公正で,安全ではないものになる」としたうえで,基礎教育の普及と実効性が,すべての人々の安全保障を確保するものになると述べたという[1]。この「すべての人々」には本章で対象とする障害者も含まれるべきものであり,インドにおける教育の普及を考えるうえで障害者に対する教育をとりあげることは意義のあることといえる。また,国連「障害者の権利に関する条約」(以下,障害者権利条約)批准とかかわって,いわゆるインクルーシブ教育の推進が図られるようになり,法政策にも影響を及ぼしている。

インドでは障害者にかかわる法律として,「1995年障害者(機会均等,権利保護および完全参加)法」(以下,1995年法)があり,そのほかに「リハビリテーション協議会法」,「1999年自閉症,脳性麻痺ならびに知的障害および重複障害のある者の福祉にかかわるナショナルトラスト法」(以下,1999年法)などがあるが,2007年10月1日にインドが批准した障害者権利条約との整合性を図るため,新たな法律を制定するための取り組みがなされ,1995年法の部分改正ではなく,2012年には新しい法案が作成されている。この新

法案（以下，2012年法案）は法律の構成において1995年法とは大きく異なっており，障害者に対する教育に関する条文についても新しい点がみられる。

　こうした法制面での動きのなかで，障害者の教育を受ける権利や，インクルーシブ教育の推進は具体的にいかなる形で定められようとしているのだろうか。法制度の面でこれらの事項を取り入れようとするならば，何らかの新たな条文を追加しようという動きがみられるはずであり，また，政策面でも具体的な方策を打ち出しているはずである。同時に，それらの新たな条文や施策について問題点や課題も存在するはずである。

　そこで本章は，まず2009年に制定された「2009年無償義務教育に関する子どもの権利法」（The Right of Children to Free and Compulsory Education Act, 2009――以下，RTE法）の内容と，その改正問題について概観する。つづいて，1995年法の教育に関する規定をみたのち，その改正過程において起草委員会によって作成された2011年草案と，これを検討したうえで社会正義およびエンパワーメント省において改めて作成された2012年法案との比較を中心に，障害者教育にかかわる法律について概観する[2]。つづいて，インクルーシブ教育推進のための行動計画と，これに関連のある教育普遍化プログラム――「万人に教育を」政策――（Sarva Shiksha Abhiyan: SSA）について現状を検討する。これらの検討を通じて，障害者の教育にかかわる法政策の現状を把握し得るものと考える。

　なお，障害者の教育といったとき，その内容は就学前の幼児教育から，児童生徒への学校教育，さらには職業教育など多岐にわたるが，本章では原則として児童向けの学校教育を中心にとりあげるものとする。これは，後述するRTE法の対象が，6歳から14歳までの児童生徒であることによる。

第1節　インドにおける障害者と教育

　辻田（2011）は，インドにおける障害者の教育について詳細に述べている。そのなかで，障害者の教育の現状として，たとえば2001年の国勢調査では，総人口の2.1パーセントに当たる2191万人の障害者のうち，識字率は49.3パー

セントと国全体での65.4パーセントよりも大きく下回る状況にあること，また，2002年の全国標本調査（National Sample Survey: NSS）によれば，障害者の就学率は49.7パーセントであるが，性別，都市・農村部，障害種別によって数値に格差があることなどが紹介されている。

また，World Bank（2009, 60-61）は，6歳から13歳の子どものうち就学している割合は38パーセントになるとしている。また，5歳から14歳の子どものうち，重度の障害がある子どもの約4分の3が非識字状態にあることや，初等教育以上の教育を受ける障害児は障害の重さにかかわらず少ないことなどが挙げられている。さらに，就学している5歳から14歳の生徒のうち94.3パーセントが通常の学校に在籍しており，残りの5.7パーセントが特別支援学校に在籍する形となっている。そして，障害者の教育に関しては，いくつかの制度上の問題が存在しているとして，教育制度一般について責任を負う「人材開発省」と「社会正義・エンパワーメント省」との並立，教員の養成にかかわる「リハビリテーション協議会」と「人材開発省」との並立，特別な支援の必要な子どもの発見における協力の欠如と重複，政府とNGOとの役割の収斂などを挙げている。

そして，今後優先して行われるべき事項として，障害がある子どもの発見と教育へのアクセスの促進，教育の質の向上，民間団体も巻き込んでの教育機関の強化を挙げている（World Bank 2009, 79）。

そもそもインドにおける障害者に対する教育について，Alur and Bach（2009）が自らの娘が障害児であった経験を基にした記述のなかで，1970年代には障害児に対する教育などの保障がほとんど得られなかったこと，そのため，のちにカナダの民間団体の協力により，障害児のための教育施設を開く必要があったことなどを示していることをみても，以前から問題が存在し，かつその改善には時間がかかっていることがうかがわれる。

インド政府としても障害者の教育に関して政策を立て，執行しようとしている。2005年に出された「障害がある子どもおよび青年に対するインクルーシブ教育のための行動計画」（Action Plan for Inclusive Education of Children and Youth with Disabilities）では，教育を受ける権利を基本的権利としてとらえ，学習環境を整備することで障害がある児童，青年の教育へのインクルー

写真7-1 聴覚障害児のための口話法学校

(森壮也氏撮影)

ジョンを確かなものにするとしている。また,教育の普及を進めていくうえでさまざまな政策がとられているが,そのうち大規模に進められているもののひとつが,SSA である[3]。SSA は障害児のみならずインド全土において義務教育の完全な普及をめざす政策であり,その実施において障害児に対する教育の普及も重要な分野として挙げられている。同政策のなかでの障害児教育の問題については別項にて後述する。

このように,障害がある子どもたちにも教育を受ける権利を認め,それを保障しようとする動きがみられるが,これを制度的に規定するものがさまざまな法令である。次節以降では,インドにおける障害者に対する教育にかかわる法律を概観する。

第2節　障害者の教育にかかわる法律

1. RTE 法の制定

憲法[4]においては,教育に関する規定としては第4編「国家政策の指導原則」におかれる第41条で,「国は,その経済力および経済発展の段階に応じ

て，労働および教育の権利ならびに失業，老齢，疾病，身体障害またはその他の不当な困窮状態にある者の公的扶助に対する権利を保障するのに有効な規定を設けなければならない」というものが設けられていた程度であった。しかし，2002年に憲法第86次改正がなされ，教育に関する規定が追加・改正された。

憲法第86次改正では，第21A条が追加され，6歳から14歳のすべての児童については普通教育を行わなければならないことが規定された。この条文は第3編「基本的権利および義務」におかれており，裁判により強行されない国家政策の指導原則に設けられている第41条とは意味合いが異なり，「教育を受ける権利」が保障されたものとなった。さらに，同改正では，憲法第45条が6歳未満の子どもへの乳幼児保育と教育に関する規定として，国はこの年齢層の子どもに対して乳幼児保育および教育を行うよう努めなければならないというものに改正されているほか，第51条にk号として，親または保護者であるときには，その子どもが6歳から14歳までのあいだ教育を受ける機会を与え，必要に応じて後見することを基本的義務のひとつとして付け加えている。改正される前の第45条は憲法施行から10年以内に14歳以下の児童に無償の義務教育を行うことを規定していたものであったが，実際には上記の改正まで実現には至らなかったものである。

第21A条は「国は，法律の定めに基づき，6歳から14歳以下の児童に対し無償の義務教育を行わなければならない」という条文で，これに対応するために制定された法律が，2009年RTE法である。牛尾（2012）は，2002年に憲法改正がなされてからRTE法の制定まで時間がかかった背景として，社会的弱者層の教育機会にかかわる議論があったことおよび同法施行のための財政負担についてのすり合わせが必要であったことを挙げている。

RTE法の中心的な内容としては，まず第2条で用語の定義がなされており，そのうちc号では「子ども」とは「6歳以上14歳以下の男女児」とされ，d号では「不利益をこうむっている集団に属する子ども」としては「指定カースト，指定部族，社会的および教育的に後進な階級，および関係する政府が定めた社会的，文化的，経済的，地理的，言語的，ジェンダーおよびその他の要因により不利益をこうむっている集団に属している子ども」を指

すとしている。そして第3条では第1項において,「6歳以上14歳以下のすべての子どもは,その初等教育が終了するまで,近隣の学校において,無償の義務教育を受ける権利を有する」としている。さらに第2項では,「前項の目的を達するため,初等教育を継続し,修了することをさまたげ得る授業料,手数料または費用を支払う必要がない」ことを規定している。さらに,障害がある子どもについては但書きにおいて,「1995年障害者法第2条第1項に定義する障害がある子どもは,同法第5章の規定に基づき無償の義務教育を受ける権利を有する」という文言が付け加えられている。

後述するように1995年法第5章は教育に関する規定であり,上記の但書きはこれらとの整合性を伴いつつ無償の義務教育を実施することを意味している。

2．RTE法の改正

このRTE法について,障害者当事者団体などから,条文の改正を求める声が上がった。これは,同法において障害児に対する教育についても対象とすることを明確にすることを求めたものである。こうした意見を反映して,2012年8月1日から施行されたRTE（改正）法により,以下のような障害児への教育にかかわる条項が設けられている[5]。

まず,第2条d号の「不利益をこうむっている集団に属する子ども」として「障害のある子ども」という文言の追加が提示されている。そして,e号「弱者層に属する子ども」につづいてee号として「障害のある子ども」についての定義が設けられている。これによれば,

(A) 1995年法第2条i号に定める障害がある子ども
(B) 1999法第2条j号に定める障害がある子ども
(C) 1999法第2条o号に定める「重度の障害」がある子ども

が対象となっている。なお,上記の(A)によれば,視覚障害者,弱視,ハンセン氏病元患者,聴覚障害者,肢体不自由者,知的障害,精神疾患を障

害として挙げている。(B) についてみれば、自閉症、脳性麻痺、知的障害のいずれかの状態もしくはその複数の状態にある者または重度の重複障害がある者と定義されている。さらに、(C) 号によれば、重度の障害とはひとつまたは複数の障害で80パーセント以上の障害がある者をいうとされている。なお、(C) 号にかかわる80パーセントという数値は、障害の認定において用いられる数値のことを指す。

上記の定義に基づき、RTE法改正法案では、第3条の改正が提示されている。まず、同条第1項は「<u>第2条d号またはe号に定める子どもを含む</u>6歳以上14歳以下のすべての子どもは、その初等教育が終了するまで、近隣の学校において、無償の義務教育を受ける権利を有する」（下線部筆者）という条文に変えられている。すなわち、障害がある子どもを含む不利益をこうむっている集団の子どもたちも教育を受ける権利をもつことが明示されている。つづいて、第2項但書きが削除され、新たに第3項として障害がある子どもに対する教育について規定が設けられている。その内容は次のとおりである。

> 第3条　第2条 ee 号 (A) にいう障害がある子どもについて1995年法の規定にかかわらず、および同号 (B) ならびに (C) にいう子どもについて、1995年法第5章の規定に基づき無償の義務教育を受ける権利を有する。
> ただし、1999年法第2条 h 号にいう「重複障害」および同条 o 号にいう「重度の障害」がある子どもは、家庭における教育を選択する権利を有する。

このように、障害がある子どもについても無償の義務教育を有する権利があることが明示されている。(A) から (C) に分類される子どものいずれについても教育を受ける権利があることが示されているが、これらの分類は障害の定義の根拠法が1995年法と1999年法とに分かれていることによるものと考えられる。

3．小括

　1995年法における教育にかかわる規定はRTE法の規定にもかかわるもので，現状の障害者の教育にとって重要な位置づけをもつ。RTE法の制定はインドにおける教育の普及という点からみれば，大きな意義をもつものと考えられている。しかし，障害当事者からみればRTE法の規定には不十分な点がみられ，その結果同法改正に向けての意見がみられた。とくに，教育を受ける権利をもつ子どもとは誰を指すのか，という点については，1995年法の改正とも大きな関連をもつ。そこで，次節では1995年法の規定とその改正法案について概観する。

第3節　1995年法および同法改正法案

1．1995年法における教育関連規定

　1995年法[6]は，障害者の権利保護のために連邦および州レベルでコミッショナーをおくこと，教育や雇用などの各場面における権利保障をすることなどを規定する法律である。このなかで，教育にかかわる規定は，とくに同法の第5章に設けられている。
　1995年法第5章では，まず第26条で関係する政府および地方機関は，子どもたちに対して無償の教育を行う旨の規定がなされている。この条文によれば，政府は，

　　a. 障害がある子どもに対して適切な環境で18歳に達するまで無償の教育を行う
　　b. 通常の学級で障害がある子どもの統合教育を進める
　　c. 公立または私立の特別支援学校を，国内のいかなる場所に居住する特別支援教育が必要な子どももこれを受けられるように設置するこ

d．特別支援学校において職業訓練の施設を設けるよう努める

ことが定められている。
　つづく第27条では，政府などがノンフォーマル教育の事業やプログラムを行うことについて規定している。条文によれば，関係する政府などは以下の計画を策定するものとする，として，6点を挙げている。それは，

　　a．5年生までを修了している障害がある子どもで，全日制では学業が継続できなかった者に対して，短時間のクラスを設ける
　　b．16歳以上の子どもに対して機能的識字のため特別な短時間クラスを設ける
　　c．適切なオリエンテーションの後に，必要な人材を活用してノンフォーマル教育を実施する
　　d．放送学校，放送大学を通じて教育を進める
　　e．双方向的な電子的またはその他のメディアを通じて授業および討論を進める
　　f．障害がある子どもに対して無償の特別な書籍および教育上必要とする機器を供給する

というものである。
　障害者の教育に関しては，これらの条文が中心的なものということができるが，同法第5章ではこれらのほかに，第28条で関係する政府は公務員やNGOが教育の機会均等のために新たな支援機器や教材などを開発させることを規定しており，第29条では特別支援学校や通常の学校での教育のために教員養成施設を設置したり，既存の機関やボランティア団体の養成プログラムを支援したりすることを定めている。
　また，教育へのアクセスにかかわり，第30条で政府はその他の条文にかかわらず，以下の事項を提供することを含む総合的な教育事業を実施しなければならないとして，8点を挙げている。それは，

a. 障害がある子どもに対する通学手段または保護者に対する就学のための財政的支援
b. 学校や大学，職業訓練などを実施する施設での建物の構造的障壁の除去
c. 障害がある子どもが就学できるよう書籍，制服その他の物品の提供
d. 障害がある子どもに対する奨学金の提供
e. 障害がある子どもの親の不服に対する改善のための機会実施
f. 視覚障害や弱視の生徒が数学的問題から除外されるよう試験システムを改善
g. 障害がある子どもの利益になるためのカリキュラムの再編
h. 聴覚障害がある生徒のため，ひとつだけの言語をカリキュラムの一部とするようなカリキュラムの再編

となっている。さらに，第31条では，すべての教育機関に視覚障害があるまたは弱視である生徒のために筆記者を提供しなければならないと定めている。

第5章の教育に関する規定は以上であるが，雇用に関する第6章に設けられている第39条では，公立の学校または政府から補助を受けている学校は障害がある者に3パーセントを下回らない留保の枠を設けなければならないことが規定されており，この条文が学校の入学枠での留保に関して用いられてきている。

以上，1995年法の規定をみると，教育に関しても重要な規定が設けられていたことがわかる。しかし，実際にはそれが十分に執行されていない例もみられた。たとえば，2003年の全国視覚障害者連盟のケース[7]では，公立の男子中学校で10年生までしか無償教育が受けられないという規則が問題としてとりあげられている。通常12年生を修了するのが17歳くらいであることから考えれば，18歳まで無償の教育を受けられるようにする1995年法第26条の規定に反するというものであった。デリー高裁は10年生までの制限と収入制限を受益者について定めている点について原告の訴えを認め，規則は法律に違反すると判示している。

こうした1995年法の規定は障害者の権利を保護するために重要な役割を担っているが，障害者権利条約の批准にともない，障害者法の改正を行わなければならないこととなった。新法案起草の過程については浅野（2012）に記述しているが，社会正義・エンパワーメント省が2010年に障害者の権利法案起草委員会を設置し，障害問題の専門家のほか，当事者団体の代表などをまじえて検討を重ね，2011年に委員会報告[(8)]が提出された。これによれば，起草委員会としては権利条約第3条に掲げられている基本原則に基づいて草案を作成したとし，さらにとくに支援の必要な者への配慮や，インド社会における実用的方策の選択などを盛り込んでいるとしている。

　上述の起草委員会により作成された2011年障害者の権利法草案（以下，2011年草案）は，その後の社会正義およびエンパワーメント省において改めて検討がなされ，2012年障害者の権利法案（以下，2012年法案）が作成された。2011年草案と2012年法案とを比較すると，教育に関する規定だけをみてもその内容にちがいがみられる。そこで，以下では2011年草案と2012年法案の教育関連規定のちがいを概観したい。

2．2011年草案および2012年法案における教育関連規定

　2011年草案と2012年法案における教育関連規定の最も大きなちがいは，その条文数である。2011年草案では第7条として「女子および女性の教育を受ける権利」という規定が設けられていたほか，教育に関連する規定が第34条から第55条までの全22カ条にも及び，詳細に規定されていたが，2012年法案では第3章「教育」に盛り込まれている第21条から第23条までの3カ条と，第6章「基準以上の障害がある者に対する特別規定」にある第36条および第37条など，条文数が少なくなっている。もっとも，単純に条文数を比較しただけではその規定内容を明確にすることは困難であるので，つづいて2012年法案の規定を軸に，2011年草案とのちがいを明確にする。

(1) 定義規定の変化

　2011年草案には，第34条として「教育を受ける権利」にかかわる定義規

定が設けられていた。その内容は下記のとおりである。まず第1項で以下の文言について規定している。

「子ども」(child) とは，18歳以下の障害がある子どもを指す。

「近隣の学校」(neighbourhood school) とは，いかなる教育機関であっても初等教育の場合は半径1キロメートル，中等教育の場合は半径3キロメートルの距離にあり，障害がある子どもに教育を行うのに適した環境にあるもの，または障害がある子どもに専門的にもしくは独占的に教育を行うものをいう。

ただし，地形的に危険な場合や，地滑りや洪水などの問題が上記の範囲内にある場合はそれ以外の学校を，また，上記の条件にかなう学校がない場合は家庭または寄宿学校を含む。

「中等教育」(secondary education) とは9年生から12年生までの教育を指す。

「特別支援教諭」(special educator) とは，障害がある子どもの一般的なまたは特別な学習上のニーズに対応するために訓練を受けた教諭，トレーナー，リソースパーソンを含む。

「特別支援学校」(special school) は，おもに障害がある生徒のために設置された学校をいう。

「支援」(support) には以下のものを含む。

a. 必須の資格をもち，訓練を受けた教育者による適切な方法およびコミュニケーション手段による教育的指導
b. 書籍，入学試験準備のための準備教材および適切な方法ならびにコミュニケーション手段による教材の無償配布
c. 障害がある者が初等，中等および高等教育を修了するために必要な支援機器の無償給付
d. 筆記者またはその他の技術的支援の供給
e. 子どもの通学手段または親もしくは保護者に対する就学への財政的インセンティブの提供
f. 女性および女子を優先的に扱う障害がある者への奨学金の給付

g. 試験の時間延長
h. 筆記による試験などの場合のつづり方の容認[9]
i. 親または保護者から希望があり，学校運営者が認めた場合の第2言語および第3言語コースからの免除
j. 数学，地理，経済学および科学に限らずすべての科目における学習のために適切な技術的備品
k. 教室，スポーツ施設，図書館および実験室を含む物理的適応（を可能にすること）
l. 初等，中等および高等教育を修了するために必要なその他の支援
m. 試験やアセスメント・ペーパーにおける視覚的質問以外の選択的手段

　つづいて第2項では，「頭割り料金」（capitation fee）[10]，「初等教育」（elementary education），「保護者」（guardian），「親」（parent）および「審査手続」（screening procedure）は，RTE法に規定されているとおりであることが，また，第3項ではRTE法の第5条，第10条，第13条および第14条が適用されることが定められている。
　しかし，2012年法案ではこれらの文言の定義規定は盛り込まれておらず，RTE法の規定の準用規定についても設けられていない。後者については，前述のRTE法改正の動きが影響している可能性もある。
　2012年法案の第2条が文言の定義規定であるが，そのなかで教育にとくにかかわるものは，p号の「高等教育」について12年間の学校教育を受けた後に進めることのできる教育と定義したものと，同条s号の「インクルーシブ教育」について，障害の有無にかかわらずすべての生徒が，すべてのまたは大半の時間をともに学ぶシステムであり，異なったタイプの生徒のニーズに見合っていて，学習の成果が比較的または満足のいく質を達成しているような教育・学習システムをいう，と規定しているのみである。
　しかし，上述の「支援」という定義に掲げられた事項の多くが，2012年法案第22条「関係する政府および地方機関のインクルーシブ教育を推進する責務」のなかに規定される形をとっている。たとえば，前述の2011年草

案第34条 b 号「書籍，コミュニケーション手段の提供」および第34条 c 号「支援機器の提供」は2012年法案第22条 viii 号に，2011年草案第34条 e 号「通学手段などの提供」は2012年法案第22条 ix 号に，2011年草案第34条 g 号から i 号に定める「試験などの際の便宜」については2012年法案第22条 x 号に同内容の規定が盛り込まれている。このように，草案の段階では「支援」の内容として掲げられた事項を，議会に提出された法案では国のなすべき事項として列挙する形に変えている。

(2)「教育を受ける権利」

2011年草案では第35条において教育の権利について規定している。同条第1項では，すべての障害がある者は，その潜在能力，尊厳の観念，自尊心の発展を可能にし，人格，能力，創造性および精神的ならびに肉体的能力を発展させ，インクルーシブな社会での効率的な参加を可能にするため教育を受ける権利があることを定めている。そして，第2項では，障害を理由として教育システムから疎外されることはなく，関係する政府はすべての障害がある者，とくに女性および女子の教育にアクセスする権利を保障しなければならないことを規定している。

これに対して2012年法案では，単に教育の権利という名称がつけられた条文はなく，第6章第36条において「基準以上の障害がある18歳以下の子どもの教育を受ける権利」として規定されているのみである。第1項では「RTE 法の規定にかかわらず，6歳から18歳までの基準以上の障害がある子どもは，可能なかぎり近隣の学校で，および必要な場合は特別支援学校で無償の教育を受ける権利を有する」とし，第2項では「前項の目的を達するため，18歳までの教育を継続し，修了することをさまたげ得る授業料，手数料または費用を支払う必要がない」としている。第2項の規定は，RTE 法の同様の規定のうち，初等教育という文言を18歳までの教育という文言に変えたものである。そして，第3項では「関係する政府および地方機関は，基準以上の障害がある子どもの適切な環境のもとでの18歳までの教育へのアクセスを保障する」ことを規定している。第1項で教育を受ける権利があることを示し，第3項でそれを保障する国の義務を規定する形をとっ

ている。

(3) 学校施設等に関する詳細な規定の包括化

2012年法案では，第21条で障害がある生徒に対してインクルーシブ教育を行う教育機関の義務という規定が設けられ，以下のような事項が挙げられている。

　　ii　建築物，キャンパスおよびその他の施設について障害者がアクセスできるようにする
　　iii　個人の必要に応じた適切な環境を提供する
　　iv　個人およびその他に対して，学問的および社会的発展を最大化する，および完全なインクルージョン教育の目的に合致する環境に必要な支援を供給する

また，上述の第36条第3項もまた，障害がある者が適切な環境のもとで18歳まで教育を受ける権利を保障するということで，環境面での整備については包括的な規定の仕方になっている。

このほか2011年草案では，第40条で合理的な環境についての国および教育機関の義務について規定があり，第1項で個人の必要に応じた環境を，ジェンダーおよび年齢を考慮に入れながら提供することを，第2項で上述の2012年法案第21条iii号と同様の内容を，そして第3項では適切な教育の質を確保するために，点字や手話の学習などを含む適切な手段をとることを求めている。これらの内容は2012年法案第21条iii号からv号に規定される形で盛り込まれている。

2011年草案では上記の規定のほかに，近隣の学校設置に関する規定なども設けられているが，2012年法案ではこうした規定はみられない。

(4) 高等教育に関する規定の差異

2012年法案第37条では，高等教育機関における留保について規定されている。法文によれば，「すべての公立の高等教育機関および政府から補助を

受けるすべての高等教育機関は，それぞれのコースの5パーセント以内を基準以上の障害がある者に留保しなければならない。ただし，基準以上の障害がある者が留保枠以外の入学枠に応募することをさまたげるものではない」というものである[11]。

2011年草案第50条では，「すべての高等教育機関は，それぞれのコースの6パーセント以内を障害がある者に留保しなければならない。ただし，障害がある者が留保枠以外の入学枠に応募することをさまたげるものではない」となっていた。

法案が作成される段階で，留保枠が1ポイント削減され，また，「基準以上の」という文言が追加されていることがわかる。とくに，留保枠を設定する高等教育機関を，公立または政府からの補助を受けている機関に限定することは，それらを受けていない私立の教育機関を対象から外すことになり，障害者の高等教育を受ける機会が減ることを意味する。

このほか2011年草案では高等教育における支援についての条文が第51条として設けられていたが，2012年法案では明確な形でそのような支援について規定がなされていないことも，変更点のひとつとして挙げることができる。

(5) その他の規定の差異

2011年草案では，第41条で教員一人当たりの生徒の割合を適切なもので維持すべきことが規定されており，また，第44条では中等教育を修了するまでは留年あるいは退学させられないこと，第45条では体罰や精神的ハラスメントを禁止すること，第46条では保護者がRTE法に規定される学校運営協議会のメンバーになること，第47条では学校開発計画において障害児への支援や建築物へのアクセス確保に必要な資源について明記すること，第48条では教育改革委員会を設置することなどが規定されているが，これらについては2012年法案では明確な規定は設けられていない。ただし，2012年法案第21条 vii 号で「障害がある生徒それぞれについて監視，達成段階の評価および学習の到達についての参加を保障する」と規定しているのは，当事者の参加という観点から注目される。

なお，2012年法案で明示された事項として学習障害がある。第21条 vi 号では，「特定の学習障害についてできるかぎり早く発見し，児童生徒がこれを克服できるようにするため適切な教育的およびその他の方法をとる」と規定しており，2011年草案よりも一歩踏み込んだ内容となっている。

このほか，2012年法案で規定されている内容に教員などのスタッフの問題がある。第22条 ii 号から iv 号では，教員養成機関の設置や教員の雇用（とくに点字や手話を身につけている者），さらには教育支援の専門職などの養成について規定している。これらも，「インクルーシブ教育の保障のため」という文言が記載されている。

3．小括

2011年草案と2012年法案との比較をするかぎりでは，草案の段階で詳細に規定されていた事項を含めて包括的な規定に変え，条文数も減らす作業が行われたことがわかる。RTE法の対象となる14歳までの教育をさらに延長させ，18歳までの教育を受ける権利を明確に示した点については2011年草案と2012年法案とで変わっておらず，その点をみるかぎりでは障害がある

写真7-2　ろう学校の授業の様子（ムンバイ）

（森壮也氏撮影）

者の教育を受ける権利を保障するという目的は受け継がれているということができる。また，1995年法における教育関連規定と比べてみても，教育を受ける権利の保障という点では前進した規定が設けられている。

しかし，教育施設の整備や教員の養成など，障害がある者の教育環境の整備は謳われているものの，これをいかにして執行し得るのかが問題となってくる。2012年法案が両院を通過したとしても，今後に残る課題である。そこで，次項では，法律の執行とかかわる障害者教育に関連する政策について概観する。

第4節　障害者教育にかかわる政策

1．「障害がある子どもおよび青年に対するインクルーシブ教育のための行動計画」(Action Plan for Inclusive Education of Children and Youth with Disabilities)

この計画は，2005年に出されたものである。1990年代に各種の障害者立法が制定され，また，障害児教育は1986年国家教育政策 (National Education Policy) および同政策の行動計画の一部をなすことを背景にしている。12万4000人の児童が一般の学校で教育を受けているとし，また，次項で述べるSSAのもとで140万人の障害児が教育を受けているなかで，国全体の識字率が65パーセントであるのに対し障害者の識字率は49パーセントにとどまり，また，2002年NSS調査によれば読み書きのできる障害者のうち中等教育以上の教育を受けた者は9パーセントにすぎないことをもとに，本行動計画を立てたとしている。

(1) 行動計画の目標

本行動計画の目標は，すべての児童が教育を受けられることは基本権のひとつとしたうえで，障害のある児童生徒が，利用可能性のある通常学級での教育環境を整えることにあるとしている。

対象となるのは①0歳から6歳までの特別な支援を必要とする乳幼児，②6歳から14歳までの特別な支援を必要とする児童生徒，③14歳から21歳までの障害がある青年で教育を受ける者とされている。障害とは1995年障害者法および1999年リハビリテーショントラスト法に定めるもので，その範囲は広く，全盲，弱視，ハンセン氏病，聴覚障害，肢体障害，精神遅滞，精神病，自閉症，小児麻痺，重複障害が含まれる。また，0歳から6歳の乳幼児については，発達の遅れ，低体重など障害をもたらし得る医学的問題をもつ者も対象に含め得るとしている。

期待される結果（output）としては，①障害のある児童生徒を通常学級での教育に就かせる②適切なカリキュラム，組織体制，地域とのパートナーシップなどを通じて，通常学級での教育について必要に応じた支援を行う③現行の教育機関への留保枠およびバリアフリーな教育環境の整備を通じて，高等教育および職業教育を支援する④大学等において障害に焦点を当てた研究開発を行う，の4点が挙げられている。本項ではとくに①と②の結果に向けた手段について紹介する。

(2) 障害のある児童生徒を通常学級での教育に就かせるための手段

障害児が通常教育に就学することについての達成点と問題点との要因を明らかにするため，現行のプログラムなどを見直すことがまず挙げられている。確かに，現行のプログラムの問題点を明らかにすることは行動計画を進めるに当たり前提となる作業であるため，理解しやすい。また，地域や，教育関係者，そしてとくに障害児とその両親に対して，障害者も通常学級で教育を受ける権利があること，学校を含めた行政機関は教育へのアクセスを保障する義務があることについて意識化を図ることを次に挙げている。しかし，実際にはいかなる方法で意識化を図るのかが問題となるであろう。その他の手段をみると，まず，年少児童ケアおよび教育事業（Early Childhood Care and Education Programme）において，0歳から6歳までの，特別な支援を必要とする児童の就学を保障すること，現行ではSSAのもとで進められている，6歳から14歳までの年齢層で特別な支援を必要とする児童生徒の無償の義務教育を促進させること，中等教育への進学を希望す

る障害がある生徒を支援することが挙げられている。このように，具体的な事業名が挙げられているのはよいが，実際に取り得る手法については明確に示しておらず，不明瞭な点が残るといえよう。

(3) 通常学級での教育による支援に向けての手段
　②のアウトプットに関しては，インクルーシブ教育に関して，事業の実施，研修，監督および評価にかかわる基準を設定するため，国家的規範を発展させること，つづいて，子どもたちがインクルーシブ教育を受ける環境のなかで働けるよう教員（特別支援教員含む）の研修を行うこと，一般の教員を支援するため，特別支援教員やリハビリテーション専門家などを通じてリソースの供給を行うこと，教材の提供などのために効率的な通信・運送システムを確立すること，全般的な能力開発のためにスポーツ活動や課外活動に参加させるようにすることの5点が関与戦略として挙げられている。
　つづいて，これらの関与戦略を実行する計画の概要を紹介する。

(4) 計画の方向性
　まず上述の関与戦略は，対象者の多様性と個人のニーズに合わせた適切な学習環境を提供するための，インクルーシブ教育システムに向けて政府の努力の一部をなすものと位置づけ，統合からインクルージョンへの動きを補完し，完成させるものとしている。この行動計画では障害のある児童生徒の就学およびインクルーシブ教育を進める環境の整備に焦点を当てるとし，そのうえで上述のアウトプットに合わせて方向性を示している。
　すなわち出生後5年のうちに早期の関与を進める重要性を認識し，人材開発省の女性および児童発達局が，その統合児童発展事業やその他の事業を通じて年少児に対するかかわりを進めるものとしている。また，6歳から14歳までの児童生徒の就学を，SSAの一環として進めるとしている。そして，現行の支援および供与システムについて見直し，強化を図るとともに，建築面でのバリアの除去や交通手段に対しての支援によりアクセスをよりよくすることも優先順位の高いものとしている。さらに，大規模な啓

蒙事業を通じて就学環境を整え，保護者からの教育機会への要請を高めるとする。

　これらのほかには，中等教育の普及に向けた流れのなかで，障害者のニーズも含めていくこと，高等教育などに関しては3パーセントの留保枠が適切に利用されているかの監督を進めることなどが挙げられている。また，インドにおけるインクルーシブ教育の概念について統一見解を得られるようにするため，人権擁護団体や保護者の団体などとの協議を進めること，協議者たちは人材開発省により教育におけるインクルージョンのための基準設定，教員研修方法へのガイドライン作成などを支援し，また，その勧告は行動計画の一部をなすものとする。特別支援学校の役割についても再検討がなされることになる。これらの事業の実施は人材開発省がその任に当たる。

(5) 行動計画におけるすべてのセクターで共通する内容

　最後に行動計画では，第1フェーズの「計画」，第2フェーズの「実施」そして第3フェーズの「見直し」に分けられており，第1フェーズは第1段階「最善のインクルーシブ行動に向けての国家的合意醸成」，第2段階の「現行の政策ならびに事業の効率化およびコンプライアンスの確保」，第3段階の「政策段階での改訂」に分けて方策が提案されている。

　第1フェーズ第1段階では，具体的に「インクルーシブ教育に関する共通認識を醸成する」，「インクルーシブ教育に関する国家的基準等に向けての枠組みを設定する」，「データベースを作成する」，「カリキュラムや教育方法についての枠組みを設定する」，「量的・質的評価を行うための手法を開発する」といった方策が挙げられている。そして第2段階では，「現行の事業をより効果的にするために改善する」，「フィードバックやモニタリングのシステムを確かなものにするための方策を設定する」，「強化すべき内容を明らかにする」などの具体的方策が挙げられ，第3段階では「政策的インプットが必要な事項を明確にする」の2点が挙げられている。

　本計画は，上述の内容からもわかるようにインクルーシブ教育の推進や障害者が教育を受ける権利をもつことを明示しており，障害者の教育にか

かわる法制度や，これにかかわる政策と深い関係をもつ計画であるということができる。たとえば，前述の障害者の権利法案においても，直接的に本計画に基づいて条項が定められたとは示されていないものの，教育環境の整備やインクルーシブ教育実施の保障といった規定には，本計画とのつながりがみられる。今後，本計画をいかにして実行に移していくかが，教育法制の在り方にも大きく影響してくるものと考えられる。

インクルーシブ教育に焦点を当ててみると，インド政府はこれを進めることを方針として掲げ，行動計画を設定している。ただしその内容は基本的に現行の事業を進めるなかでインクルーシブなものにしていくことに重点をおいていることがわかる。そこで次項では，この行動計画でも言及されているSSAについて概観したうえで，その事業のなかでインクルーシブ教育を進めていくために必要な方策とそれにかかわる紛争について検討する。

3．「万人に教育を」政策（Sarva Shiksha Abhiyan: SSA）

(1) SSAの概要

SSA[12]は，インド政府による教育普及政策で，2001年度から開始された。当初の目標は，2010年までにすべての6歳から14歳までの児童生徒が教育を受けられるようにすることであった。また，就学率の向上のみならず，教育の質の向上もまた目標に設定されており，これらの目標を達成させるために，州政府や地域との協働により事業は進められる。とくに地域社会については，モニタリングや計画策定において重要な役割を果たすことが求められている。

SSAは就学していない児童生徒に対して教育を行うこと，また教育の質を向上させることが主要な事業内容となる。就学していない児童生徒のなかには障害児も含まれていることから，障害児に対する教育の普及もSSAの重要な役割となる。

とくに障害児を通常学級で教育を受けられるようにすることの重要性にかんがみ，障害児に対して適切な給付を行うべきであり，また「就学拒否

ゼロ」(zero rejection) 方針を採用し，障害児の教育を受ける権利を保障することがSSAのなかで明示されている。なお，1995年法において障害がある児童は，その必要に応じて支援を受けられるようにすべきことが定められており，そのなかには特別支援学校や自宅学習なども含まれていると理解されていることから，障害児に対する教育について計画を策定するに当たり，彼らへの支援活動（物的支援，教員研修，資金援助など）とこれらにかかわるその他の事業（地域での意識化，公共事業など）との接続について考慮に入れなければならないとされている。なお，SSAの枠組みでは障害児一人当たり1200ルピー（2014年9月現在，約2150円）が給付されることになっており，これは個別の児童への支援のみならず，県レベルでのインクルーシブ教育計画実施に活用されなければならないとされている。つまり，一人ひとりの障害児に個別に1200ルピーが支給されるのではなく，障害児全体の教育計画実施に当たり，一人当たり1200ルピーという額が積算根拠になっているということである。

　SSAの計画マニュアルのなかには，障害児への教育についていかなる観点から計画を立てるのか，また，実施した際にいかなる観点から評価をするのかが項目を挙げて示されている。評価する際の観点についてみれば，①特別な支援を必要とする児童に対して，政府は教育を受けさせるためのアプローチ，あるいは戦略をとっているか，②世帯調査を通じて，政府は特別な支援を必要とする児童を把握しているか，③何パーセントの障害児が就学しているか。そしてすべての児童を就学させるための計画はいかなるものか，④州レベル，県レベルなどのさまざまなレベルで障害児の就学についての体系がつくられているか，⑤何パーセントの障害児が支援機器を必要としているか，⑥支援機器給付のための戦略はいかなるものか，⑦教育者による支援のためのアプローチはいかなるものか（郡や学校ごとのリソース・ティーチャーの派遣，一般教員に対する長期的・短期的な研修，NGOを活用しての教員や地域社会に対する研修など），⑧モニタリングのシステムを政府は設けているか，⑨SSAの事業のもとでの必要経費は児童一人当たり1200ルピーに収まっているか，⑩重度の障害がある児童などに対する支援はどれだけできているか，⑪カリキュラム面でどれだけ児童の要求に応えられ

ているか，という点が挙げられている。

(2) 現状――デリー市の場合――

　デリー市の教育局が示した，SSA のもとでのインクルーシブ教育の現状からは，SSA に基づく障害児教育の状況と課題とが見て取れる。

　まず，インクルーシブ教育については障害の種別などにかかわらず一般の学級で学習させることと理解されがちであるが，単に教室内での教育ばかりではなく，学校を取り巻く地域社会のインクルージョンもまた視野に入れることが示唆されており，「社会正義と衡平の実現に向けての過程でもあり，達成点でもある」とされている。具体的には，すべての児童がともに教育を受けられるようにすること，学校はすべての者のためのものであり，適切な支援が受けられるべきこと，差別は認められず，価値の多様性を認めるべきことなどがインクルーシブ教育を定義づけるものとされている。そのためにも，学校側の準備，教員の研修，社会の支援，バリアフリー環境などが必要とされる。

　2010年度において，まず特別な支援を必要とする児童の把握が進められている。学校に就学している児童のなかで，障害がある児童は2万7785人，このうち学習障害が1万825人を占め，このほか肢体不自由が4509人，低視力が5936人となっている。また，就学していない児童を登校させることも行われ，1645人の児童が就学のための登録を行い，すでに262人が就学している。これらの活動を行うほか，就学した児童の教育を進めるうえで必要なのが教員である。

　デリーでは，SSA の枠組みのなかで，特別支援教諭あるいはリソース・ティーチャーとして300人を着任させることを目標としていたなかで，279人を着任させている。特別支援教諭は学校を巡回して，必要に応じた教育活動を行う。リソース・ティーチャーは，障害種別に対応した技能（点字など）を基に，教育活動に当たるほか，一般教員への研修を行う。しかし，この特別支援教諭らの採用に問題があるのではないか，との意見が出されている。

(3) 特別支援教諭をめぐる紛争

　上述のように，SSA のもとで障害児に対する教育を普及させるように政策の方針も定められていた。しかし，その実行に際しては不十分な点がみられた。そのひとつの例が，教員の採用にかかわる問題である。場合によってはこの問題が，法廷でもとりあげられている[13]。

　インドにおける特別支援教育については，リハビリテーション協議会が教員などの養成について基準を作成し，これに従って公立や私立の組織が，各種の教育プログラムを実施する形をとっている。プログラムは，遠隔地教育により6カ月で修了できるものから，2年間の修士課程まで修了年限は多様であり，障害種別に応じて，また学位や免許状の種類に応じて，さまざまなものが実施されている。リハビリテーション協議会の基準のもとで教育活動を行っている組織は，2010年度の段階でインド全土に426施設（校）あり，たとえばデリー周辺のみでも23施設（校）存在している[14]。

　デリーにおいて2009年の段階で，1万8000人の障害児に対して，特別支援教育を行うことのできる有資格教員は62人にすぎなかった[15]。このような状況に対して，弁護士らにより公益訴訟が提起され，デリー高裁から次のような命令が発せられた[16]。

　「デリー政府などは，教員と生徒との比率を中等教育で1：5に，初等教育で1：2にするよう努めること」，

　「学士」（特別教育）と「学士」（教育学）とを，また「ディプロマ」（特別教育）と「ディプロマ」（教育学），「ディプロマ」（職業訓練）とを同等に扱うこと，

　「6カ月以内に，各校に少なくともふたりの特別支援教諭をおくこと」ただし，教員の数がそろうまでは「NCERT[17]の提示した手法として，2～3校を兼任する」ことなどを挙げた。

　しかし実際には上記の命令が執行されることはなく，教員の補充がなされないままであったため，2011年に再度裁判所はデリー市政府などに対し，特別支援教諭の採用がなされていない状況について説明するよう求めている[18]。さらに2013年にも，裁判所は改めて特別支援教諭を採用するよう，命じている。

また，2012年には，私立学校，とくに補助金を受けていないような学校でも前述の規定が適用され，各校に少なくともふたりの特別支援教諭をおくことが命じられた[19]。これまでは公立の学校のみに特別支援教諭をおく改革が行われてきたが，私立学校にもその範囲が及ぶこととなり，何らかの対応を行っている学校も見受けられる[20]。しかし，実際に障害のある生徒がいないにもかかわらず特別支援教諭をおくことは学校側にとって大きな負担であり，容易に採用できないという意見もみられる。

　なお，2013年に視覚障害の当事者団体からは，視覚障害者が特別支援教諭への応募から排除されているとの不服申立てが，障害者チーフコミッショナー宛てになされている。チーフコミッショナーは，デリー市などに対して，視覚障害者を採用から排除しないよう勧告している[21]。

　このように，特別支援教諭としての職を求める者がいたとしても，採用が予定どおり行われていないため，SSAを実施するうえで重要な役割を果たす者が限られているという現状がある。上述のデリー市のケースでは，裁判所からは再三採用の実施が命じられているにもかかわらず，これが実行に移されていないため，「法廷侮辱に当たる」との通知さえ発せられている[22]。インクルーシブ教育を進めていくうえで特別支援教諭の増加は不可欠なものであり，今後の課題となろう。

3．小括

　SSAとインクルーシブ教育のための行動計画とをみるかぎり，まずは障害児に限らずインド全土における教育の普及をめざしたSSAを推進し，そのなかでインクルーシブ教育を展開させるという方向性がみえてくる。また，インドにおけるインクルーシブ教育とは，基本的には通常学級で，ともに学習する環境を整えることであるという方針もこれらの計画からうかがわれる。

　しかし，その実施という面でいえば，就学していない児童の確定および就学に向けての働きかけという点でおもに進められていることはデリー市の状況からもわかるが，就学した障害のある児童に対する動きかけ，とく

に教員を含めた教育体制の充実という面では，不十分な点もみられる。裁判所が複数回にわたって教員の採用を命じているにもかかわらず，これが実行に移されなかったことは，そのひとつの表れといえよう[23]。その背景には，財政的な問題もあると考えられる。前節で概観したように，法制面での整備が進められるなか，いかなる形でこれを執行していくのかという課題が残っているのが現状といえよう。

おわりに

インドにおける障害者に対する教育については，1995年法から2012年法案にかけて比較してみると，「インクルーシブ教育」という文言をキーワードにして，教育を受ける権利を保障するという形で法案を作成していることがわかる。こうした法案を作成した背景には，障害者の権利条約の批准，そして前節で言及したインクルーシブ教育に向けての行動計画の存在があると考えられるが，当事者からの意見も反映させつつ，新たな形で障害者に対する教育について制度化しようとしていることが見て取れる。前述したようにインドでは，指定カーストや指定部族などの弱者層を含めた多くの未就学児に対し学校教育を施すことが重要な政策目標となっている。インクルーシブ教育の推進は，その流れのひとつとして掲げられているものとみられる。障害児への教育が置き去りにされたままでは，インド全土における教育の徹底という目標が達成できないためである。

さらに，SSAは，その進展状況からも障害児の教育普及に大きな影響を及ぼし得ることが明らかであった。これは障害者のみを対象とした事業ではないものの，障害がある児童生徒への教育の普及に関して最も重要な政策のひとつであるということができる。しかし，今回概観した資料は首都圏のものであり，農村部までどれほど影響力を及ぼし得るかは明確に示すことができなかった。また，就学率の向上という点には進展がみられるとしても，教育面での充実という点では不十分な面があり，これに伴って公益訴訟が提起されるなどしていることも，概観したとおりである。

2002年に公刊された論文のなかで，法学者のアフザル・ワニは，学校などでの教育環境の整備のほかに，各地に教育指導センターを設置し，保護者らへの支援を行うことや，PTA を通じての保護者に対する情報伝達などの必要性を提示している（Afzal Wani 2002, 121-122）。前述の行動計画でも保護者らへの意識化がとりあげられていたが，学校施設や教員の充実に加え，保護者を含めた地域社会の関与も今後の課題となろう。法制面でもこれらの課題にどのように取り組むかは，重要な論点となると考えられる。

　インドにおけるインクルーシブ教育推進に向けての法制面および政策面での動きは，いまだ完成をみているとはいえないが，その進展は徐々に進められており，その状況はインドのみならず南アジア諸国における障害者に対する教育法制について，整備されるべき規定の内容などを考察するに際しての，比較検討のための視点を提供するものにもなるであろう。

〔注〕
(1)　イギリス連邦教育会議での発言。Sharma（2013, 1）参照。
(2)　本章脱稿後の2014年2月7日，上院に障害者の権利法案が提出された。ただし，当該会期においては審議に入らず，提出されたにとどまっている。本章で検討した2011年草案および2012年法案と，議会に提出された法案とを比較すると，一部において語句の差異などがみられるものの，大枠では2012年法案と類似した規程内容となっている。したがって，本章において2011年草案と2012年法案とを比較検討することは，議会に提出された法案について今後検討するに当たっても意義のあることと考える。
(3)　詳細については Government of India（2004）を参照した。
(4)　憲法の規定については，孝忠・浅野（2006）参照。
(5)　RTE（改正）法の内容については人材開発省のウェブサイト（http://mhrd.gov.in/sites/upload_files/mhrd/files/secedu/RTE/33.pdf）を参照（2014年5月2日アクセス）。
(6)　1995年法およびその改正法案については社会正義・エンパワーメント省のウェブサイト（http://socialjustice.nic.in/pwdact1995.php）を照会のこと（2014年5月2日アクセス）。
(7)　*National Federation of the Blind v. Government of NCT of Delhi*, CWP 6456 of 2002.
(8)　社会正義・エンパワーメント省のウェブサイト（http://socialjustice.nic.in/pwd2011.php）を参照のこと（2014年5月2日アクセス）。
(9)　試験などにおいて単語のつづりなどを厳格にとらえないことを示すものと思われる。なお，マハーラーシュトラ州においてこうした内容の命令をボンベイ高裁が発した例として，下記の記事を参照のこと。
　　"Maharashtra orders concessions for students with learning disabilities"（http://

infochangeindia. org / education / news / maharashtra-orders-concessions-for-students-with-learning-disorders.html　2014年5月2日アクセス）。
⑽　学費はこれに含まれない。
⑾　高等教育機関における留保について，浅野（2009）参照のこと。
⑿　ここでの記述に際しては，Government of India（2004）をおもに参照した。
⒀　ここで紹介する事例はすべてデリー高裁のものである。他州においても同様の訴訟は提起されているものと思われるが，公益訴訟を提起する団体や弁護士事務所が多くデリーにあり，訴訟数も多いことが，デリー高裁の判例に注目が集まりやすい要因のひとつと考えられる。
⒁　Rehabilitation Council of India（2012, 69-96）。
⒂　"Only 62 special educators for capital's 18,000 special children" in *The Indian Express*（http://archive.indianexpress.com/news/only-62-special-educators-for-capital-s-18000-special-children/1164872/　2013年9月5日アクセス）。
⒃　*Social Jurist, A Civil Rights Croup vs. Government of N.C.T. of Delhi and another.* W. P.（C）6771 / 2008.
⒄　National Council for Educational Research and Training.の略。本訴訟では各校に最低ひとりは特別支援教諭が所属することが望ましいとしたうえで，教員数などから，まずは数校でひとつのクラスターとし，教員がクラスター内の学校を巡回する方法を提示していた。
⒅　'Court issues notices over special educators in school' in *The Hindu*, 12/07/2011.
⒆　*Social Jurist, A Civil Rights Group vs. Government of NCT of Delhi.* W. P.（C）4618/ 2011.
⒇　私立学校のひとつ，デリー・パブリックスクールは，そのウェブサイト上に「インクルーシブ教育室」を設置していることを明示している。
(21)　*Dr. Anil Kumar Aneja vs. The Secretary, Delhi Subordinate Services Selection Board and others*, Case No. 947/ 1011/ 1213. and *Shri S. K. Rungta vs. The Secretary, Delhi Subordinate Services Selection Board and other*, Case No. 962/ 1011/ 1213.
(22)　"Contempt notice to govt, corporations on special educators" in *Times of India*.（http:// articles.timesofindia.indiatimes.com/2013-08-28/delhi/41537728_1_mcd-schools-special-educators-social-jurist　2013年8月28日アクセス）。
(23)　なお，2013年11月に特別支援教諭（小学校）の募集が行われ，2014年1月に面接試験が実施される予定である。応募者は（書類不備の者を除き）47名であった。
　　　（http://www.freejobalert.com/wp-content/uploads/2011/06/Examresult-DSSSB-Special-Educator-Primary-in-MCD.pdf　2014年1月13日アクセス）。

〔参考文献〕

<日本語文献>

浅野宜之　2009.「インドにおける公益訴訟の展開と憲法解釈からみるインド司法の現在——その他後進諸階級にかかわるタークル判決をもとに——」近藤則夫編『インド民主主義体制のゆくえ—挑戦と変容—』アジア経済研究所　125-154.

─── 2010.「インドにおける障害者の法的権利の確立」小林昌之編『アジア諸国の障害者法—法的権利の確立と課題—』アジア経済研究所　149-182.

─── 2012.「インドにおける障害者の雇用と法制度—判例と新法制定から—」小林昌之編『アジアの障害者雇用法制—差別禁止と雇用促進—』アジア経済研究所　125-155.

牛尾直行　2012.「インドにおける『無償義務教育に関する子どもの権利法（RTE 2009）』と社会的弱者層の教育機会」『広島大学現代インド研究—空間と社会』(2)　3月　63-74.

孝忠延夫・浅野宜之　2006.『インドの憲法-21世紀「国民国家」の将来像—』関西大学出版部.

辻田祐子　2011.「インドの障害児教育の可能性—『インクルーシブ教育』に向けた現状と課題—」森壮也編『南アジアの障害当事者と障害者政策—障害と開発の視点から—』アジア経済研究所　57-87.

<英語文献>

Afzal Wani, M. 2002. "Disabled Children's Right to Education." In *Rights of Persons with Disabilities*, edited by S. K. Verma and S. C. Srivastava. New Delhi: Indian Law Institute, 106-122.

Alur, M. and M. Bach. 2009. *The Journey for Inclusive Education in the Indian Sub-Continent*. New Delhi: Routledge.

Child Rights and You. 2007. *Inclusive Education: Gap between Rhetoric and Reality Kolkata 2007*. Kolkata: Child Rights and You and SRUTI Disability Centre. (http://www.cry.org/resources/pdf/InclusiveEducation_CRYVol_Kol.pdf).

Dhanda, A. and Rajive Raturi eds. 2010. *Harmonizing Laws with the UNCRPD*. New Delhi: Human Rights Law Network.

Government of India. 2004. *Sarva Shiksha Abhiyan a programme for universal elementary education: Manual for Planning and Appraisal*. New Delhi: Department of Elementary Education & Literacy, Ministry of Human Resource Development.

─── 2005. *Action Plan for Inclusive Education of Children and Youth with Disabilities*, (http://www.punarbhava.in/index.php?option=com_content&view=article&id=180&Itemid=121).

─── n.d. Report to the People on Education 2010-2011. New Delhi: Ministry of Human Resource Development.

Jha, M. M. 2010. *From Special to Inclusive Education in India: Case Studies of Three Schools in Delhi*. New Delhi: Pearson Education.
Malik, K. P. 2012. *Right to Elementary Education*. Allahabad: Allahabad Law Agency.
Raturi, R. and Mallika Iyer eds. 2011. *Disability and the Law*. New Delhi: Human Rights Law Network.
Rehabilitation Council of India. 2012. *Annual Report 2011-2012*. New Delhi: Rehabilitation Council of India.
Sharma, M. C. 2013. *Right to Education: Imperative for Progress*. Delhi: Universal Law Publishing.
Singal, Nidhi. 2009. "Education of children with disabilities in India." Paper commissioned for the EFA Global Monitoring Report 2010, Reaching the marginalized. Cambridge: United Nations Educational, Scientific and Cultural Organization.
World Bank. 2009. *People with Disabilities in India: From Commitments to Outcomes*. Washington, D.C.: World Bank.

＜ウェブサイト＞
インド政府社会正義・エンパワーメント省（http://socialjustice.nic.in/）.
インド政府人材開発省（http://mhrd.gov.in/）.
Delhi Public School（http://www.dpsmathuraroad.net/inclusive-education-service-cell.asp/）.

索　引

【アルファベット】

CBR　148, 151, 153
Education for All（EFA）　1, 94, 121, 140
FSL　129-131, 134-136, 139, 141
　――法案　129-131, 139
IEP　104, 174, 178-181
K-to-12法　11, 121, 130, 135, 137, 139
MDGs　1, 4
MOET　164, 167, 170, 172, 177, 178, 182-185
OGCDC　172-174, 188
RTE法　194, 196-200, 205, 206, 208, 209, 220
SPED　112, 114, 116-119, 121, 124, 126, 134, 139, 141
SSA　194, 196, 210-212, 214-219

【あ行】

アクセシビリティ　137, 154
アクセス　1, 5, 10, 12, 24, 31, 36, 37, 40, 50, 75, 78, 84, 97, 98, 117, 121, 122, 124, 132, 168, 186, 195, 201, 206-208, 211, 212
医学モデル　3, 4, 18, 80
一般教育制度　4, 5, 8, 12, 18, 101, 150, 151
インクルーシブ教育　2, 4-10, 12-19, 23-26, 28, 31-34, 37, 39, 41, 43, 44, 46-48, 53, 54, 57, 58, 63, 70-81, 86, 87, 89, 101, 104-107, 128, 129, 145, 147, 148, 153-155, 159, 160, 163-165, 167-173, 175, 176, 178-188, 190, 191, 193-195, 205, 207, 209, 210, 212-216, 218-221
　――制度　14, 16, 23-25, 31, 32, 46, 145, 155
　――のための行動計画　16, 195, 210, 218
　――発達支援センター　169, 170, 173, 178, 180, 182, 184, 185, 188, 191

インクルージョン　16, 46, 53, 129, 134, 212, 213, 216
　完全な――　5, 6, 9, 17, 24, 155, 207
インテグレーション　6, 57, 74, 129
インド　7, 10, 11, 13, 14, 16-18, 193-196, 200, 203, 213, 214, 217-220

【か行】

ガイドライン　7, 10, 12, 15, 41, 111, 117, 121, 127-131, 133, 138, 213
　障害児教育――　111, 121, 127
格差　4, 16, 47, 53, 171, 186, 187, 195
学習障害　48, 112, 114, 137, 147, 148, 154, 159, 209, 216
カリキュラム　69, 99-101, 103, 124, 127, 129, 132, 136, 137, 141, 154, 157-162, 169, 170, 174, 179, 202, 211, 213, 215
韓国　7, 9-11, 13, 14, 18, 23-28, 31, 32, 39, 40, 42, 44, 46, 47
義務教育　7, 11, 13-18, 23, 25, 28-30, 42, 46, 54-56, 58-74, 76, 79, 80, 90-94, 96-98, 104, 105, 135, 164, 166, 170, 184, 194, 196, 197-199, 211
　――法　11, 15, 60, 63-65, 70, 73, 80, 96, 98, 104, 105
教育委員会　9, 26, 29, 32, 59, 74, 81, 98, 99, 120
教育可能　16, 151, 152, 159
教育訓練省（MOET）　164, 167, 170, 172, 177-179, 182-185, 190, 191
教育省　10, 18, 26, 79, 85-88, 91, 99, 101-103, 111, 112, 114, 116, 117, 121, 123, 125-130, 132-134, 136-142, 146, 148, 150-154, 159-161
教育発展戦略についての首相決定（2001～2010年）　16, 164, 169, 186
教育法　10, 11, 16, 25, 27, 46, 50, 51, 60, 63-65, 80, 90, 92, 93, 98, 108, 117, 121,

225

135, 140, 145, 146, 157, 165-167, 183
教育を受ける権利　10, 15-17, 25, 30, 62, 66, 70, 75, 81, 84, 95-101, 103, 194-200, 203, 206, 207, 209-211, 213, 215, 219
教員　5, 17, 22, 30, 33, 36, 41, 42, 46, 51, 68, 70, 79, 81, 86, 96, 101, 102, 106, 107, 111, 115, 117, 119, 121, 125, 130, 131, 134, 135, 139, 141, 153, 154, 170-175, 178, 180, 181, 183, 185-187, 190, 191, 195, 201, 208-210, 212, 213, 215-217, 219-221
教師　44, 46, 61, 115, 117-119, 129, 131, 132, 134-136, 141, 159, 162, 167, 171-173, 175, 177-179, 181, 185
言語　4, 5, 22, 24, 64, 111, 129, 130, 133-137, 139, 141, 149, 173, 178, 190, 197, 202, 205
言語障害　64, 70, 74, 76, 80, 124, 153, 160
憲法　2, 25, 60, 63-66, 80, 83, 95-100, 103, 120, 121, 140, 165, 166, 183, 187, 196, 197, 220
高校　14, 30, 44, 46, 54, 61, 62, 66-69, 75, 104, 133, 135
高等学校　25, 28, 42, 88, 112, 115-117, 120, 122, 163, 179
合理的配慮　3-6, 9, 12, 16, 21, 22, 24, 26, 35, 47, 59, 68, 70, 78, 81, 140, 145, 150, 152, 155, 183
国家教育法　10, 11, 15, 96-98, 100, 103
国家人権委員会　14, 26, 35, 37, 38, 41, 48
個別化教育計画（IEP）　26, 33, 72, 104, 161, 162, 174, 178-181
コミュニケーション　5, 24, 106, 129, 132, 134, 149, 204, 206
雇用　1, 2, 5, 11, 17, 22, 37, 38, 64, 84, 117, 167, 168, 200, 202, 209

【さ行】

差別禁止　4, 9-11, 14-16, 23, 24, 26, 31-35, 37-41, 44-48, 50, 51, 83, 105, 145, 155, 183, 184

差別の禁止　2, 7, 10, 26, 50, 54, 65, 75
サラマンカ宣言　4, 6, 153, 154
支援教育学校　88, 89, 105
視覚障害　6, 24, 27, 48, 56, 59, 64, 70, 74, 76, 77, 79, 81, 88, 116, 117, 123, 124, 147, 148, 153, 154, 159, 160, 168, 171, 174, 178, 190, 198, 202, 218
肢体障害　60, 62, 70, 74, 76, 181, 211
社会モデル　3, 4, 6, 17, 13, 24, 75, 80
就学　6-9, 13-18, 26, 32, 33, 41, 43, 53-59, 61-63, 66-69, 72-74, 78, 79, 81, 85-88, 90-95, 98, 104-108, 114, 117, 120, 163-165, 169-171, 173, 174, 176-179, 182-187, 194, 195, 202, 204, 211-216, 218, 219
――前　59, 61, 62, 66-68, 86-88, 174, 176-179, 194
――免除　15, 90-95, 98, 104, 105, 107, 108, 184
――率　13, 16-18, 54, 55, 58, 63, 78, 114, 115, 163-165, 169, 183-186, 195, 214, 219
手話　5, 22, 24, 37, 106, 111, 121, 129-137, 139, 141, 149, 190, 207, 209
――通訳　37, 134, 141
障害児教育（インクルーシブ教育）発展戦略（2011～2020年）　170
障害者エンパワーメント法　10, 83, 84, 101
障害者学校　84, 85, 88, 89
障害者教育運営法　10-12, 15, 100-103
障害者教育条例　9, 11, 12, 14, 53, 54, 60, 62, 63, 65, 68, 70, 77, 78
障害者権利条約　1-11, 13, 14, 16-18, 21, 23, 24, 35, 47, 53, 54, 60, 65, 67, 68, 70-75, 78-80, 83, 84, 103, 105, 106, 129, 130, 145, 146, 149-152, 155, 163, 165, 183, 185, 186, 193, 203
障害者団体　83
障害者チーフコミッショナー　218
障害者のマグナカルタ　10-12, 15, 121, 122, 124, 125, 140
障害者法　10-13, 15, 16, 83, 107, 140, 145, 148-152, 154, 155, 153, 165, 168, 170,

178, 180, 183, 184, 187, 190, 198, 203, 211
障害者法令　165, 168
障害当事者団体　75, 77, 134
小学校　8, 14, 54, 56, 57, 67, 68, 75, 104, 112, 114–117, 120, 135, 137, 139, 147, 148, 153, 160, 162–165, 170, 172, 173, 175–177, 179–182, 184, 185, 187, 221
初等教育　1, 4–6, 21, 25, 59, 75, 86, 87, 90–93, 98, 108, 120, 150, 155, 166, 170, 195, 198, 199, 204–206, 217
人権　2–4, 14, 21, 26, 35, 37, 38, 41, 48, 84, 95, 150, 166, 213
身体障害　64, 120, 153, 159, 160, 197
随班就読　12, 15, 56–58, 60–62, 64, 69–79, 81
精神障害　70, 76, 153, 168
正当な便宜　26, 33–36, 40, 41, 45, 47, 48, 50
選択権　35, 105
全納教育　63, 80

【た行】

タイ　7, 9, 11, 12, 15, 18, 83–88, 90, 94–96, 98, 103, 105–107
大学　25, 30, 33, 50, 51, 54, 67, 69, 75, 77, 124, 126, 131, 135, 140, 170–176, 179–181, 183–188, 201, 202, 211
ダンピング　6, 18, 75, 81, 185
地域に根ざしたリハビリテーション（CBR）148, 151, 153
知的障害　25, 48, 56, 60, 62, 64, 70, 74, 76, 79, 80, 86–88, 91, 93, 117, 118, 123, 124, 137, 147, 153, 163, 165, 168, 171–178, 181, 193, 198, 199
中学校　8, 14, 28, 42, 44, 54, 56, 67, 75, 104, 115, 116, 121, 125, 135, 153, 163, 164, 169, 172, 173, 175, 179, 202
中国　7, 9, 11–15, 18, 47, 53, 54, 57–59, 61–65, 70, 71, 73, 74, 77–82
中等学校　25, 117, 147, 148, 157, 158, 160, 162

中等教育　5, 6, 8, 19, 21, 25, 28, 29, 32, 35, 46, 51, 59, 75, 85, 88, 96, 105, 137, 147, 150, 155, 166, 170, 185, 186, 204, 205, 208, 210, 211, 213, 217
聴覚障害　6, 24, 37, 48, 56, 59, 70, 74, 76, 78, 79, 88, 114, 117, 123, 124, 129, 147, 148, 153, 154, 159, 160, 171, 173, 174, 181, 190, 198, 202, 211
重複障害　60, 62, 70, 71, 76, 124, 153, 159, 181, 193, 199, 211
通常学校　16, 147, 159, 164, 173, 176, 181, 182, 185–187
点字　5, 22, 27, 37, 77, 85, 106, 121, 123, 133, 137, 149, 190, 207, 209, 216
統合教育　6, 7, 15, 23, 28, 47, 57, 74, 128, 200
特殊学校　5, 13, 17, 27, 30, 32, 33, 41–44, 51, 53, 74, 79, 85, 88, 94, 104, 106, 139
特殊教育　6, 7, 9–15, 23–37, 40–48, 50, 53–64, 66–72, 76, 78–81, 85–89, 101, 102, 104–107, 117, 121, 123–127, 133, 138, 141
　――学校　6, 13, 55–58, 61–64, 68, 69, 71, 72, 79, 80, 86, 87, 105–107, 121, 126
　――教員　36, 70
　――支援センター　26, 30, 32, 34, 43
　――振興法　10, 14, 23, 27–30, 34, 43
　――センター　76, 89, 104–106, 121, 126
　――担当教員　86, 102, 107, 125
　――のための政策とガイドライン　10, 12, 15, 127, 138
　――法　9–11, 14, 23, 25, 26, 28–30, 34–37, 40, 41, 43–46, 50
特別学校　16, 47, 146, 147, 150, 153, 157, 159, 160, 163, 164, 166, 169–173, 175, 177–185, 187
特別教育　10–12, 16, 47, 145–147, 151–154, 157, 159–162, 164, 169, 190, 217
トレーニング　111, 117, 132–134, 139

【は行】

発達障害　41, 48, 141, 147
ハノイ師範大学障害児教育学部　170, 171, 174, 175, 180, 187, 188
万人に教育を（SSA）　194, 196, 210-212, 214-219
万人のための教育（EFA）　1, 7, 18, 140
ピリピノ手話（PSL）　129, 130
フィリピン　7, 10-13, 15, 18, 111, 112, 114-117, 119-131, 133-142
フィリピン手話（FSL）　129-131, 134-136, 139, 141
フエ医科薬科大学 OGCDC　172-174, 188
普通学校　6, 8, 9, 13, 14, 17, 18, 46, 47, 53, 55-59, 61, 62, 64, 67-72, 74-79, 81, 146-148, 150, 153, 154
分離教育　5, 6, 27, 73
ベトナム　7, 10-13, 16, 18, 163-168, 170-173, 180, 183, 186-188
ホーチミン市インクルーシブ教育発達支援センター　180, 184, 188

【ま行】

マレーシア　7, 10-12, 14, 16, 18, 145-149, 152-155
ミレニアム開発目標（MDGs）　1, 4
無償義務教育に関する子どもの権利法（RTE）　17, 194, 196-200, 205, 206, 208, 209, 220
無償教育　15, 17, 28, 30, 96, 97, 99, 202
盲　5, 6, 22, 73, 74, 79, 85, 86, 105, 106, 137, 141, 146, 149, 163, 165, 173, 175, 178, 211
　──学校　5, 6, 73, 79, 106, 117, 146, 163, 165, 173, 175, 178
　──人　5, 22, 85, 105, 149
盲ろう　5, 22, 105, 106, 149

【や行】

融合教育　70, 72, 74, 81

【ら行】

ろう　5, 6, 24, 27, 73-74, 78, 79, 85, 105, 106, 111, 129-139, 141, 149, 163, 165, 175
　──学校　5, 6, 27, 73, 79, 106, 117, 129, 130, 134, 139, 141, 163, 165, 175
　──教育　85, 129, 131-135, 139, 141
　──者　5, 24, 105, 129-135, 139, 141, 149

複製許可およびPDF版の提供について

　点訳データ，音読データ，拡大写本データなど，視覚障害者のための利用に限り，非営利目的を条件として，本書の内容を複製することを認めます。その際は，出版企画編集課転載許可担当に書面でお申し込みください。

　〒261-8545　千葉県千葉市美浜区若葉3丁目2番2
　　日本貿易振興機構　アジア経済研究所
　　研究支援部出版企画編集課　転載許可担当宛
　　http://www.ide.go.jp/Japanese/Publish/reproduction.html

　また，視覚障害，肢体不自由などを理由として必要とされる方に，本書のPDFファイルを提供します。下記のPDF版申込書（コピー不可）を切りとり，必要事項をご記入のうえ，出版企画編集課販売担当宛，ご郵送ください。折り返しPDFファイルを電子メールに添付してお送りします。

　ご連絡頂いた個人情報は，アジア経済研究所出版企画編集課（個人情報保護管理者－出版企画編集課長　043-299-9534）において厳重に管理し，本用途以外には使用いたしません。また，ご本人の承諾なく第三者に開示することはありません。

　　　　　　　　　　　　アジア経済研究所研究支援部　出版企画編集課長

------------------------------- キリトリ線 -------------------------------

PDF版の提供を申し込みます。他の用途には利用しません。

小林昌之編『アジアの障害者教育法制──インクルーシブ教育実現の課題──』
【アジ研選書No.38】　2015年

住所　〒

氏名：　　　　　　　　　　　　年齢：

職業：

電話番号：

電子メールアドレス：

執筆者一覧（執筆順）

小林　昌之（アジア経済研究所開発研究センター）

崔　　栄繁（DPI 日本会議）

西澤希久男（関西大学政策創造学部教授）

森　　壮也（アジア経済研究所開発研究センター）

川島　　聡（東京大学先端科学技術研究センター客員研究員）

黒田　　学（立命館大学産業社会学部教授）

浅野　宜之（大阪大谷大学人間社会学部教授）

[アジ研選書 No.38]
アジアの障害者教育法制
── インクルーシブ教育実現の課題 ──

2015 年 2 月 5 日発行　　　　　定価［本体 2900 円 + 税］

編　者　小林　昌之
発行所　アジア経済研究所
　　　　独立行政法人日本貿易振興機構
　　　　千葉県千葉市美浜区若葉 3 丁目 2 番 2　〒261-8545
　　　　研究支援部　　電話　043-299-9735　（販売）
　　　　　　　　　　　FAX　 043-299-9736　（販売）
　　　　　　　　　　　E-mail　syuppan@ide.go.jp
　　　　　　　　　　　http://www.ide.go.jp

印刷所　岩橋印刷株式会社

Ⓒ 独立行政法人日本貿易振興機構アジア経済研究所 2015
落丁・乱丁本はお取り替えいたします　　　　　無断転載を禁ず
ISBN 978-4-258-29038-3

出版案内
アジ研選書

（表示価格は本体価格です）

37 知られざる工業国バングラデシュ
村山真弓・山形辰史編　2014年　430p.　5400円

「新・新興国」バングラデシュ。その成長の源泉は製造業にある。世界第2のアパレル以外にも芽吹き始めた医薬品、造船、ライト・エンジニアリング、食品、皮革、IT、小売等、各産業の現状と課題を分析する。

36 岐路に立つコスタリカ
新自由主義か社会民主主義か
山岡加奈子編　2014年　217p.　2700円

非武装、高福祉、外資による高成長を記録するコスタリカは、従来の社会民主主義路線と、新たな新自由主義路線の間で揺れている。最新の資料を基に同国の政治・経済・社会を論じる。

35 アジアにおける海上輸送と中韓台の港湾
池上寛編　2013年　222p.　2700円

アジアでは国を跨ぐ国際分業が進化し、国際物流も変貌した。本書ではアジアにおける最大の輸送手段である海上輸送を検討し、中国・韓国・台湾の港湾の現状と課題を取り上げた。

34 躍動するブラジル
新しい変容と挑戦
近田亮平編　2013年　211p.　2600円

新興国の雄として21世紀初頭に世界での存在感を増したブラジルについて、政治、経済、企業、社会、外交、開発をテーマに解説。近年のブラジルが成し遂げた変容や試行する挑戦について、総合的に理解することをめざした一書。

33 児童労働撤廃に向けて
今、私たちにできること
中村まり・山形辰史編　2013年　250p.　3000円

児童労働撤廃をめざし、国際機関・NPO・市民社会・企業等のアクターが新しいアプローチで立ち向かっている現状と、日本の経験について、より深く知るための解説書。

32 エジプト動乱
1.25革命の背景
伊能武次・土屋一樹編　2012年　142p.　1800円

ムバーラク政権はなぜ退陣を余儀なくされたのか。国民はどんな不満を抱いていたのか。1.25革命をもたらした国内要因について、1990年代以降の政治・経済・社会の変化から読み解く。

31 アジアの障害者雇用法制
差別禁止と雇用促進
小林昌之編　2012年　205p.　2600円

アジア7カ国における障害者雇用法制の実態を概説。障害者に対する差別禁止、割当雇用、雇用促進などの諸制度を法学と「障害と開発」の視点から分析する。

30 東南アジアの比較政治学
中村正志編　2012年　209p.　1900円

政治制度に焦点を当てて各章で域内先進5カ国を比較した類例のない概説書。国ごとの差異を一貫した論理で説明する。政治学と各国研究の知見を接合して新たな地域観を提示。

29 ミャンマー政治の実像
軍政23年の功罪と新政権のゆくえ
工藤年博編　2012年　348p.　4300円

テインセイン政権のもとで大胆な改革を進めるミャンマー。改革はなぜ始まり、どこまで進むのか。軍政統治23年の実像を解き明かし、そのうえでミャンマー政治のゆくえを占う。

28 変わりゆく東南アジアの地方自治
船津鶴代・永井史男編　2012年　275p.　3400円

東南アジアの地方は分権化とともに大きく変わった。公共サービスの展開を軸に、政治過程も変えつつある東南アジア4カ国の地方自治の現在と展望を析出する。

27 南アジアの障害当事者と障害者政策
障害と開発の視点から
森壮也編　2011年　197p.　2600円

南アジアのインド、ネパール、バングラデシュ、パキスタンの障害当事者の運動を念頭に、各国の障害者政策や開発の問題を地域研究と障害研究をクロスさせて論じた最初の本。